A REVERSE DICTIONARY OF URDU

A REVERSE DICTIONARY OF URDU

[*c.* 38,000 entries]

DONALD A. BECKER

With an Urdu Foreword by

GOPI CHAND NARANG

MANOHAR

2021

First published 1980
Reprinted 2021

ISBN 978-93-90729-97-5

Published by
Ajay Kumar Jain *for*
Manohar Publishers & Distributors
4753/23 Ansari Road, Daryaganj
New Delhi 110 002

Printed at
Replika Press Pvt. Ltd.

ACKNOWLEDGEMENTS

The production of this book was supported in part by grants from the American Philosophical Society (Penrose Fund) *and the* Graduate School *of the* University of Wisconsin-Madison. *I owe a special debt of gratitude to my good friend* Prof. Gopi Chand Narang *for proofreading a preliminary draft of the reverse list and for writing the Urdu FOREWORD, but most of all for kindling in me an interest in his beloved Urdu. Finally, I wish to thank my wife* Carolyn *for her moral support and practical assistance during the four long years which it took to prepare this work.*

Madison, Wisconsin Donald A. Becker
July 27, 1979

پیش لفظ

گوپی چند نارنگ
پروفیسر شعبۂ اردو
جامعہ ملّیہ اسلامیہ یونی ورسٹی، نئی دہلی

زیرنظر لغت اپنی نوعیت کے اعتبار سے جداگانہ امتیازی شان کی حامل ہے۔ عام لغات مین الفاظ شروع مین آنے والے حروف کے اعتبار سے ترتیب دیے جاتے ہین، جبکہ زیرنظر لغت مین الفاظ آخر مین آنے والے حروف کے اعتبار سے ترتیب دیے گئے ہین۔ گویا یہ لغت مردّف ہے، اور اس مین اندراج بلحاظ آغاز نہین بلکہ بلحاظ اختتام ہے، یعنی سب سے پہلے الف پر ختم ہونے والے الفاظ ہین، اس کے بعد ب پر ختم ہونے والے الفاظ، علیٰ ہذاالقیاس۔ اس سے ایک زبردست فائدہ یہ ہوا ہے کہ جس طرح عام لغات کے ذریعے الفاظ کے شروع کے حصے، سابقے اور ابتدائیے سامنے آجاتے ہین، اس لغت کے ذریعے الفاظ کے آخر کے حصے، لاحقے اور اختتامیے بہ یک نظر بےنقاب ہوجاتے ہین، اور یون زبان کی ساخت، اس کے صوتیاتی اور صرفیاتی نظام اور انسلاکات و مرکبات کی مکمل تصویر سامنے آجاتی ہے۔

یہ لغت ڈاکٹر ڈونلڈ ایلن بیکر کی کئی برس کی محنت شاقہ کا نتیجہ ہے۔ ڈاکٹر بیکر وس کان سن یونی ورسٹی کے شعبۂ جرمن مین معلّم ہین، اور بنیادی طور پر جرمن زبان اور لسانیات کے ماہر ہین، لیکن اردو سے ان کی دلچسپی بھی مثالی درجہ رکھتی ہے۔ سنہ ۱۹۷۰ع مین جب مین وس کان سن یونی ورسٹی مین اردو زبان وادب کا مہمان پروفیسر تھا، مین جان جوشوا کیٹلار کی ہندوستانی گرامر کے ایک نادر نسخے پر کام کر رہا تھا۔ اس مین ہندوستانی الفاظ کے مترادفات چونکہ ڈچ زبان مین درج تھے، اس لیے مجھے ایک ایسے شخص کی ضرورت تھی جو ڈچ جانتا ہو۔ میری تلاش وجستجو مجھے ڈاکٹر بیکر کے پاس لے گئی، اور یہ معلوم ہوکر میری مسرت کی انتہا نہ رہی کہ مختلف یوروپی زبانین جاننے کے علاوہ بیکر صاحب ہندی اور اردو سے بھی واقف ہین۔ اپنے زمانۂ تعلیم مین جب وہ ٹیکساس یونی ورسٹی مین تھے، انھین ان زبانون کے مطالعے کا موقع مل چکا تھا۔ بیکر صاحب سے میری ملاقات رفتہ رفتہ ایک ایسی رفاقت مین تبدیل ہو گئی جو آگے چل کر اردو کی لسانی تحقیق مین باہمی اشتراک کی صورت مین ظاہر ہوئی۔ شروع مین

ہم دونون نے اردو ہندی صوتیات مین ہکاریت اور غنیت Aspiration and Nasalization in the Generative Phonology of Hindi-Urdu پر کام کیا جو لینگوئج (Language, Vol. 47, No. 3, 1971) مین شائع ہو چکا ہے ۔ اس کے بعد بیکر صاحب ہندوستان تشریف لائے اور ہم دونون نے اردو ہندی صوتیات مین معکوسیت کے مسائل Generative Phonology and the Retroflex Flaps of Hindi-Urdu پر مقالہ مکمل کیا جو جنرل لنگوسٹکس (General Linguistics, Vol. 14, No. 3, 1974) مین اشاعت پذیر ہو چکا ہے ۔ صوتیات کے بعد اردو صرفیات پر تحقیق کا منصوبہ بنایا گیا ، اور طے پایا کہ اردو مین اشتقاقیات اور مرکبات کے مسائل پر کام کیا جائے ۔ اس کام کی شروعات بھی کر دی گئی ، لیکن جلد ہی احساس ہوا کہ اس قسم کے کام کے لیے جس بنیادی نوعیت کے وسیلے کی ضرورت ہے ، وہ اردو مین موجود نہین ، اور اردو ہندی تو کیا ، شاید کسی بھی ہندوستانی زبان مین نہین ، یعنی ایسی لغت جس مین الفاظ حرف آخر کی ترتیب سے درج ہون ۔ مغربی زبانون مثلاً فرانسیسی ، جرمن ، انگریزی ، یونانی ، لاطینی ، عبرانی ، اطالوی ، ہسپانوی ، روسی ، ہنگیرین ، رومانین ، پولش وغیرہ مین ایسی لغات عام ہین ، اور زبانون کے اسکالر اور ماہرین لسانیات بالعموم ان سے استفادہ کرتے ہین ۔ اردو مین ایسی لغت کی تیاری کا کام خاصا مشکل اور دقت طلب تھا ۔ بیکر صاحب کی لگن اور ہمت لائق داد ہے کہ انھون نے اس کا بیڑا اٹھا لیا ، اور چار برس کی ان تھک اور مسلسل محنت سے اس کام کو پایۂ تکمیل تک پہنچا دیا ۔ اس لغت مین ۳۸,۰۰۰ سے زائد الفاظ ہین ۔ ان کے کارڈ تیار کرنے، لفظون کی نئی ترتیب جمانے، اس سے پیدا ہونے والے مسائل سے نمٹنے اور ان اوراق کو خود ٹائپ کرنے مین بیکر صاحب نے کتنی صبحون کو سیاہ اور کتنی راتون کو سفید کیا ہوگا ، اس کا اندازہ آسان نہین ۔

یہ لغت زبان پر کام کرنے والون کے لیے ایک بیش بہا تحفہ ہے ۔ الفاظ کی تشکیلات ، انسلاکات ، مرکبات اور اشتقاقیات ، نیز زبان مین لاحقون کے عمل دخل کے مطالعے کے لیے تو اس کا استعمال ناگزیر ہے ہی ، مثلاً اگر معلوم کرنا ہو کہ آور ، پرور ، مند ، آلود ، یا دار یا ساز سے مل کر اردو مین کون کون سے مرکبات بنتے ہین ، یا لا ، ٹا یا پن لگانے سے کون کون سے لفظ بنتے ہین ، اور ان مین کیا معنوی اشتراک ہے ، تو اس لغت مین صرف متعلقہ حرف آخر کے

صفحے کو کھولنے کی ضرورت ھے، اور اس نوعیت کے تمام الفاظ ایک نظر مین سامنے آجائین گے ۔ اسی طرح صوتیاتی مطالعے کے سلسلے مین اگر یہ معلوم کرنا ھو کہ صرفیون کی کونسی قسمین کس خاص صوت یا اصوات پر ختم ھوتی ھین تو لغت کے صرف ان صفحون کو دیکھنے کی ضرورت ھوگی جہان اس صوت یا اصوات پر ختم ھونے والے لفظون کا اندراج ھے ۔ یہ لغت زبان کے طلبہ اور اساتذہ کے لیے بھی مفید ثابت ھوسکتی ھے ۔ اس کی مدد سے مادون، مشتق شکلون اور مرکبات کو ھم‌ساخت مثالون کے سٹ کی مدد سے بآسانی سمجھایا جا سکتا ھے جو تمام وکمال ایک جگہ پر مل سکتے ھین ۔ اس سے ذخیرۂ الفاظ کے بڑھانے، لفظیات کی نوعیت کو ذھن‌نشین کرانے اور زبان مین معنیات کے نظام کو سمجھنے اور سمجھانے مین بھی بےحد اھم مدد مل سکتی ھے ۔ شاعر حضرات کے لیے تو یہ لغت نعمت غیرمترقّبہ کا درجہ رکھتی ھے کیونکہ اس مین تمام ھم قافیہ الفاظ ایک جگہ دیکھے جا سکتے ھین ۔ اصلاً ایسی لغات کا رواج عہد وسطیٰ کے یوروپ مین شاعرون ھی کی ضرورت سے ھوا تھا کیونکہ اس سے تمام قافیے آسانی سے معلوم کیے جا سکتے ھین ۔

زیرنظر اردو لغت مردف غالباً ھندوستانی زبانون مین اپنی نوعیت کی پہلی لغت ھے ۔ ڈاکٹر بیکر نے اپنے ابتدائیے مین اپنے مآخذ اور طریقۂ کار کی وضاحت کردی ھے ۔ جرمن زبان کے اسکالر ھوتے ھوئے اردو سے بیکر صاحب کا والہانہ لگاؤ اپنی مثال آپ ھے ۔ اس لغت کی تیاری مین انھون نے جس محنت اور دلسوزی کا ثبوت دیا ھے، اور معمولی سے معمولی جزئیات پر جو توجہ صرف کی ھے، وہ لائق تحسین ھے ۔ امید ھے کہ اس سے لسانی تحقیق کی نئی راھین کھلین گی ۔

نئی دھلی

۱۰ جون ۱۹۷۹ع

INTRODUCTION

Although only two of the world's languages, Chinese and English, can lay claim to more speakers than Hindi-Urdu, students of Hindi and Urdu have until now lacked a basic research tool that linguists and literary scholars specializing in most European languages have come to take for granted: a reverse dictionary. This book seeks to remedy this situation with regard to Urdu.

Reverse dictionaries, i.e. lists of words arranged alphabetically according to their terminations rather than in the more customary manner according to their initial letters, serve the special needs of a wide variety of individuals:

◊ To the linguist concerned with the processes of word derivation employed in a given language, a reverse dictionary provides an instant 'read-out' of all lexical items ending in a particular configuration of letters. If, for example, a linguist were interested in studying the occurrence of the suffix مند [mənd] in Urdu, he could turn to page 79 of this *Reverse Dictionary* and immediately have at his finger tips a list of forty-two complex words ending in this formative. He could thus begin a systematic investigation of the semantic value of this suffix at once—without having to search first for appropriate examples, but none the less with a considerable degree of assurance that no important example had been overlooked.

◊ The phonologist is equally well served by a reverse dictionary, for it provides him with a comprehensive set of forms ending in a particular sound or sound sequence. If, for instance, he were interested in ascertaining under what conditions the retroflex flap [ṛ] can occur in word-final position in Urdu, he would only have to turn to pages 107-108 of this *Reverse Dictionary* in order to obtain an extensive list of lexical items ending in the letter ڑ. Copious examples of the occurrence of [ṛ] in word-medial position could, moreover, be easily assembled by looking up words in which the retroflex flap precedes common suffixes.

◊ Language teachers benefit from reverse dictionaries in comparable ways. As an aid to vocabulary building a reverse alphabetical list is an invaluable pedagogical resource, for in it the teacher can look up any compound or complex word and find on the same page many similarly constructed forms, which—when presented to his students as an organized set—will help the latter to acquire one of the semantic building blocks of the language. With the aid of a reverse list, the language teacher (or the speech therapist) can also devise numerous pronunciation drills involving word-final and word-medial sounds and sound clusters.

◊ Poets and literary scholars are also assisted in their labors by a reverse dictionary: the former because it groups rhyming words together; the latter because it enables them to reconstruct with greater confidence poorly preserved manuscripts in which the initial letters of certain words are undecipherable.

Listed above are but a few of the uses to which a reverse dictionary can be put. It is probably safe to say that anyone whose work involves language can find some application for a reference volume of this kind.

¤¤¤¤¤¤

Since this *Reverse Dictionary of Urdu* is quite possibly the first such work ever constructed for a modern South Asian language, the user will perhaps require some instruction in its use. The word 'reverse' in the book's title means that its entries are alphabetized as if Urdu in its Arabo-Persian orthography were read from left to right instead of from right to left. Hence, words ending in ا precede those ending in ب, those ending in ب precede those ending in پ, ت etc. By the same token, words terminating in ات are listed before those with final بت, پت, or تت. It is assumed in this work that the Urdu alphabet consists of thirty-nine letters ordered in the following manner:

ا	ج	ر	ض	ک	ئ
آ	چ	ڑ	ط	گ	ی
ب	ح	ز	ظ	ل	ے
پ	خ	ژ	ع	م	ىٰ
ت	د	س	غ	ن	
ٹ	ڈ	ش	ف	و	
ث	ذ	ص	ق	ہ	

When consulting this book, the user should also keep the following points in mind:

◊ Words containing آ have been alphabetized as if they contained ا. Where the distinction between آ and ا constitutes the sole difference in the orthographic representations of two words, the word containing آ follows that containing ا.

◊ The distinction between ن and ں, which is found in Urdu texts written in *nastālīq* calligraphy, unfortunately could not be observed in this type-written work. Since ں is always replaced by ن, this distinction plays no role with regard to alphabetization.

◊ The letters ھ and ہ are regarded as variants of ه. Whether a particular form is written with ه, ھ, or ہ consequently has no bearing on its location in the reverse dictionary.

◊ When written above the letters ا, و, and ی, the symbol 'ء' (*hamza*) is ignored with respect to alphabetization. (When resting upon its own 'carrier' [ئـ], however, it is considered to be a separate letter which occupies the position immediately after ه in the Urdu alphabet.)

◊ Standing at the end of a lexical entry, ی and ے are treated as separate letters. When they occur non-finally within an entry, however, they are treated as alternate forms of the same letter, for in this position they are both often replaced by an ambiguous ـيـ.

◊ The gemination symbol 'ّ' (*tashdīd*) is used quite sparingly in this volume. It is to be found only in entries which would otherwise be completely indistinguishable from another entry in this book. When used, the gemination symbol has no relevance for alphabetization.

◊ Sets of non-homophonous homographs, i.e. words with identical spellings but distinct pronunciations, are identified in this work by means of Arabic numerals (١, ٢, ٣ etc.) placed in parentheses to the right of the members of each such set.

⌘⌘⌘⌘⌘⌘

The entries in this *Reverse Dictionary of Urdu* have been drawn primarily from the following sources:

• Ahmed, Hasan-ud-Din, *Urdu Word Count*, Villa Academy Series 16 (1973).

• Ansari, Z. (ed.), Урду-русский словарь, Moscow: 1964.

• Barker, Muhammad Abd-al-Rahman, Hasan Jahangir Hamdani & Khwaja Muhammad Shafi Dihlavi, *An Urdu Newspaper Word Count*, Montreal: 1969.

• *Ferozsons' Urdu-English Dictionary*, Revised Edition, Karachi: no date.

• Platts, John T., *A Dictionary of Urdu, Classical Hindi, and English*, 5th Impression, London: 1930.

• Khan, Muhammad Mustafa, *Urdū-Hindī Śabdkoś*, Varanasi: 1959.

برپا
کرپا
کھرپا
دیرپا
ہڑپا
سبزپا
گریزپا
سپا
پسپا
آتش پا
نقش پا
چراغ پا
کف پا
کپا
خاک پا
سبک پا
سنگ پا
لپا
پیل پا
فیل پا
چمپا
کمپا
ہم پا
چانپا
سانپا
بے دست وپا
ٹوپا
روپا
بے سر وپا
پھوپا

ٹاپا
مٹاپا
موٹاپا
چھوٹاپا
چھٹاپا
پچاپا
رنڈاپا
سراپا
جلاپا
اناپا
تناپا
کٹناپا
بہناپا
تھاپا
چھاپا
بڈھاپا
بڑھاپا
سیاپا
بپا
پشت پا
ٹپا
ٹپّا
گھوڑی ٹپا
چپا
چپاچپا
چپچپا
سیخ پا
باد پا
صد پا
ہزارپا

کھمبا
تانبا
نان با
اچنبا
کنبا
لنبا
تونبا
وبا
چوبا
ڈوبا
ملغوبا
کیوبا
جھبا
دھبا
صہبا
کھبا
دیبا
دریبا
زیبا
نازیبا
نصیبا
شکیبا
ناشکیبا
جلیبا
پا
آپا
پاپا
سرتاپا
ازسرتاپا
سوتاپا

ہوش ربا
غربا
غریب غربا
اقربا
خویش و اقربا
دل ربا
مربا
آہن ربا
شوربا
کاہ ربا
کھربا
زلہ ربا
دڑبا
صبا
باد صبا
اطبا
خطبا
عبا
آل عبا
قبا
کبا
لبا
لبلبا
طلبا
ملبا
بمبا
تتمبا
لمبا
المبا
تھمبا

آ
آآ
با
ابا
آبا
ابّا
بابا
ادیس آبابا
عدیس ابابا
شتابا
محابا
بے محابا
خون خرابا
شورشرابا
جھابا
دھابا
ڈھابا
ٹبا
نجبا
مرحبا
ادبا
ہندبا
ڈبا (۱)
ڈبا (۲)
ہباڈبا
پن ڈبا
ربا (۱)
ربا (۲)
دربا
ڈربا

اوت نپوتا	ملتا جلتا	پتی برتا	گرماتا	ھپا
توتا	چلتا	پرتا	دھرتی ماتا	پھپا
(۱) جوتا	راہ چلتا	سترتا	کالی ماتا	بستہ پا
(۲) جوتا	راستہ چلتا	سندرتا	ناتا	شکستہ پا
ھل جوتا	منھ بولتا	واحسرتا	رشتہ ناتا	ٹھپا
فرشی جوتا	پھلتا	کرتا	بھاتا	چھپا
دوتا	متا	بھرتا	من بھاتا	دھپا
پروتا	مامتا	پھرتا	چھاتا	پیادہ پا
سروتا	رمتا	کرتا دھرتا	کھاتا	دھول دھپا
سوتا	ککرمتا	پڑتا	اندھیر کھاتا	آبلہ پا
ھوتا سوتا	ممتا	گرتا پڑتا	چالو کھاتا	برھنہ پا
(۱) چکوتا	ھم تا	ستا	بہی کھاتا	پیپا
(۲) چکوتا	بے ھمتا	ستّا	بتا	گیپا
اکلوتا	تانتا	راستا	کبتا	لیپا
یکلوتا	دانتا	سستا	وامصیبتا	چلیپا
سمجھوتا	مانتا	روستا	(۱) پتا	زلف چلیپا
اچھوتا	جنتا	شتا	(۲) پتا	تا
دیوتا	اجنتا	ناشتا	(۱) پتّا	اتا
نیوتا	چنتا	افتا	(۲) پتّا	آتا
ھتا	مگنتا	استفتا	ماتا پتا	الما آتا
چاھتا	ذات ونتا	کتا	بپتا	آتا جاتا
بیاھتا	ستونتا	چکتا	پان پتا	داتا
بھتا	کلونتا	مکتا	تتا	ان داتا
چبھتا	کھونتا	یکتا	چتا	ترتراتا
پن بھتا	(۱) بوتا	لینڈی کتا	ختا	کڑکڑاتا
اٹھتا بیٹھتا	(۲) بوتا	دریکتا	نبختا	کاتا
سوجھتا	بل بوتا	طباقی کتا	رتا	چلچلاتا
چھتا	پوتا	جیتا جاگتا	جکارتا	ماتا
پچ ھتا	لیپا پوتا	منگتا	برتا	گنگا ماتا
دھتا	نپوتا	لتا	سرتا برتا	مدماتا

چانٹا
سانٹا
کانٹا
کیل کانٹا
بنٹا
ٹنٹا
ساونٹا
ٹونٹا
سونٹا
کونڈی سونٹا
جھونٹا
بڑھونٹا
کھونٹا
چوکھونٹا
چیونٹا
گھنٹا
الارم گھنٹا
چینٹا
سینٹا
پھینٹا
چھینٹا
گھینٹا
اوٹا
باوٹا
(۱) بوٹا
(۲) بوٹا
گل بوٹا
بیل بوٹا
پوٹا
پپوٹا

فٹا
کٹا
ھٹاکٹا
بکٹا
(۱) چکٹا
(۲) چکٹا
ترکٹا
چرکٹا
سرکٹا
سکٹا
نس کٹا
مکٹا
نکٹا
گٹھ کٹا
ہونٹھ کٹا
پنکھ کٹا
گٹا
رونگٹا
رینگٹا
گینگٹا
لٹا
الٹا
مالٹا
پلٹا
الٹاپلٹا
چمٹا
غلمٹا
انٹا
بانٹا
ٹانٹا

پن بٹا
بکری بٹا
پٹا
پٹّا
لٹاپٹا
ٹھیکاپٹا
اٹ پٹا
چٹپٹا
لٹ پٹا
جھٹ پٹا
(۱) چپٹا
(۲) چپٹا
بیع پٹا
لپٹا
چھنال پٹا
پوپٹا
دوپٹا
جھپٹا
چیل جھپٹا
ٹٹا
جٹا
(۱) چٹا
(۲) چٹا
گوراچٹا
چرچٹا
پتھرچٹا
تل چٹا
(۱) سٹا
(۲) سٹا
ہرمشٹا

آٹا
سپاٹا
سیرسپاٹا
کنٹاٹا
اراٹا
خراٹا
سراٹا
شراٹا
فراٹا
بھراٹا
پھراٹا
کھراٹا
ساٹا
کاٹا
متی کاٹا
گاٹا
ناٹا
زناٹا
سناٹا
بھاٹا
جواربھاٹا
ڈھاٹا
گھاٹا
بٹا
بٹّا
سٹابٹا
سودبٹا
بازاربٹا
سل بٹا
چھل بٹا

کھتا
کھتی کھتا
مہتا
نہتا
دوھتا
رائتا
چرائتا
گیابیتا
کھاتاپیتا
پپیتا
چوچی پیتا
تیتا
جیتا
چیتا
پریتا
تریتا
سیتا
کالی سیتا
فضیتا
فیتا
ٹکیتا
گیتا
بھگوت گیتا
پلیتا
خلیتا
شلیتا
چاھیتا
سبھیتا
چھیتا
چڑھیتا

دخل بے جا
عمل بے جا
اتہام بے جا
تیجا
بھتیجا
جیجا
کلیجا
ھیجا
بھیجا
چا
آچا
چاچا
ماچا
بچا
کچابچا
پچپچا
ٹچا
جچا
چچا
پرچا
چرچا
خرچا
کرچا
مورچا
پھرچا
سچا
غچا
کچا
ادھ کچا
لچا

استنجا
کرنجا
کھرنجا
کھڑنجا
کنجا
گنجا
لنجا
منجا
بھونجا
بھڑبھونجا
پوجا
پیٹ پوجا
کالی پوجا
دوجا
سوجا
الگوجا
ھجا
چھجا
دھجا
حروف ھجا
بے جا
جا بے جا
داب بے جا
مداخلت بے جا
مدح بے جا
عذر بے جا
حبس بے جا
مصارف بے جا
تصرف بے جا
اشتمال بے جا

باجا
گاجاباجا
راجا
مہاراجا
باجاگاجا
ست ناجا
کھاجا
دوھاجا
بجا
جابجا
رجاپجا
التجا
رجا
پرجا
فرجا
گرجا
سجا
کجا
اک جا
تا بہ کجا
یک جا
گجگجا
ملگجا
لجا
لجلجا
ملجا
نلجا
گانجا
بھانجا
پنجا

پکھوٹا
لکھوٹا
گھوٹا
بھٹا (۱)
بھٹا (۲)
پھٹا
چھٹا
رھٹا
پنسارھٹا
پسرھٹا
کھٹا
اکھٹا
کھٹکھٹا
چوکھٹا
گھٹا
گھٹّا
کالی گھٹا
چوھٹا
بیٹا
سوتیلا بیٹا
پیٹا
چپیٹا
بڑپیٹا
جھپیٹا
ھیٹا
بھیٹا
پھیٹا
ورٹا
جا
آجا

ٹوٹا (۱)
ٹوٹا (۲)
کمرٹوٹا
چوٹا
روٹا
پتھروٹا
پکھروٹا
گوٹا
جمال گوٹا
لنگوٹا
لنگرلنگوٹا
بوگوٹا
لوٹا (۱)
لوٹا (۲)
بلوٹا
کلوٹا
کالاکلوٹا
پہلوٹا
موٹا
چھوٹاموٹا
چموٹا
سانوٹا
ھرنوٹا
پھوٹا
ٹوٹاپھوٹا
جھوٹا
موٹاجھوٹا
چھوٹا
کھوٹا
کھراکھوٹا

ساندا
بساندا
ماندا
(۱) بندا
(۲) بندا
لوہ بندا
چندا
پسندا
حرف ندا
کندا
گندا
نگندا
پلندا
مندا
نندا
کروندا
گھروندا
کوندا
گوندا
لوندا
پھندا
لداپھندا
دھندا
گورکھ دھندا
پیندا
گیندا
اودا
بودا
پودا
چودا

ردّا
سپردا
سردا
فردا
امروز فردا
امروز و فردا
(۱) گردا
(۲) گردا
آوردا
(۱) ہردا
(۲) ہردا
سدا
سدّا
صدا
اعدا
بغدا
فدا
گدا
(۱) گدّا
(۲) گدّا
دگدا
گدگدا
ٹگڑگدا
دوبلدا
یلدا
شب یلدا
مدا
نمدا
ندا
باندا

نربدا
دریائے نربدا
گبدا
مبدا
پدا
ابتدا
مبتدا
اقتدا
مقتدا
اہتدا
جدا
جداجدا
خدا
باخدا
ناخدا
طالب خدا
کتخدا
ناکتخدا
مردخدا
کدخدا
ناکدخدا
شکرخدا
شیرخدا
فضل خدا
نامِ خدا
بندۂ خدا
خانۂ خدا
برائے خدا
ددا
ردا

ضحا
عید الضحا
بطحا
خا
پٹاخا
چٹاخا
تڑاخا
لب خا
چرخا
دورخا
ژاژخا
سخا
تلخا
زنخا
زلیخا
ادا
مبادا
کج ادا
دادا
باپ دادا
پردادا
سکڑدادا
واجب الادا
قابل ادا
بے اولادا
شیرین ادا
رنگین ادا
ناز و ادا
آن و ادا
بدا

لچلچا
کلچا
ڈامچا
پانچا
سانچا
ڈھانچا
کھانچا
اونچا
نیچااونچا
پونچا
کھرونچا
کونچا
کھونچا
پہنچا
بوچا
کھروچا
موچا
سموچا
(۱) کھچا
(۲) کھچا
بچاکھچا
نچاکھچا
پیچا
اک پیچا
تلیچا
نیچا
اونچانیچا
عاقرقرحا
عقرقرحا
فصحا

آرا
بارا
غبارا
چوبارا
پارا
بھپارا
تارا
اتارا
اندھاتارا
چاندتارا
دمدارتارا
اکتارا
یک تارا
چوتارا
دوتارا
جھاڑوتارا
ٹارا
نبٹارا
پٹارا
نپٹارا
کٹارا
اونٹ کٹارا
بنجارا
پنجارا
چارا
بچارا
پچارا
پھچارا
چری چارا
بھائی چارا

پھسینڈا
کینڈا
گینڈا
بلینڈا
مینڈا
ڈانڈا مینڈا
ڈھینڈا
ڈوڈا
سوڈا
پگوڈا
جزائر برموڈا
ڈھوڈا
ھڈا
(۱) پھڈا
(۲) پھڈا
ٹھڈا
کھڈا
آرمیڈا
کینیڈا
حبذا
غذا
چرب غذا
لطیف غذا
کذا
ھکذا
ھذا
مع ھذا
لہذا
ایذا
را

(۲) کنڈا
سرکنڈا
بنکنڈا
ہتھ کنڈا
(۱) گنڈا
(۲) گنڈا
یوگنڈا
پروپیگنڈا
لنڈا
منڈا
سرمنڈا
ڈڑھمنڈا
اونڈا
پونڈا
چونڈا
ڈونڈا
کونڈا
گونڈا
لونڈا
بھونڈا
ھنڈا
بھنڈا
ٹھنڈا
جھنڈا
کھنڈا
ست کھنڈا
پلھنڈا
(۱) بینڈا
(۲) بینڈا
چچینڈا

انڈا
بانڈا
پانڈا
ٹانڈا
ڈانڈا
رانڈا
سانڈا
گانڈا
مانڈا
حلوامانڈا
حلوہ مانڈا
ھانڈا
بھانڈا
ڈھانڈا
کھانڈا
(۱) بنڈا
(۲) بنڈا
(۱) پنڈا
(۲) پنڈا
(۱) ٹنڈا
(۲) ٹنڈا
مسٹنڈا
مشٹنڈا
سنڈا مشٹنڈا
ایجنڈا
ڈنڈا
گلی ڈنڈا
مرنڈا
سنڈا
(۱) کنڈا

سودا
گودا
ھدا
اھدا
بھدا
چھدا
ھدھدا
(۱) شہدا
(۲) شہدا
گھس کھدا
پیدا
ناپیدا
شیدا
سویدا
ہویدا
کھیدا
اڈا
لاڈا
کناڈا
بحری اڈا
جنگی اڈا
ہوائی اڈا
ٹڈا
چڈا
برڈا
(۱) گڈا
(۲) گڈا
تگڈا
چوگڈا
امڈا

زیبرا
پرا
چاپرا
بھراپرا
چپرا
چرپرا
کھوپرا
کھپرا
بسکھپرا
ترا
جاترا
ماترا
سماترا
جزیرۂ سماترا
یاترا
تیرتھ یاترا
پترا
(۱) چترا
(۲) چترا
ترترا
استرا
بسترا
اشترا
افترا
کترا
جیب کترا
لترا
انترا
پینترا
چبوترا

دیارا
پھسیارا
گھسیارا
گلیارا
نیارا
ھتھیارا
ڈھیارا
اندھیارا
دکھیارا
انکھیارا
پنھیارا
برا
برّا
ابرا
کابرا
ببرا
تبرا
الجبرا
شہرخبرا
ڈبرا
بربرا
(۱) کبرا
(۲) کبرا
چت کبرا
مبرا
اڈنبرا
کینبرا
ڈھوبرا
جھبرا
پات گھبرا

پنوارا
کنوارا
پھوارا
اٹھوارا
چھوارا
ایوارا
ھارا
تھکاھارا
بپھارا
دھارا
تدھارا
ددھارا
دودھارا
دودھ دھارا
لکڑھارا
سہارا
بے سہارا
کھارا
معرکہ آرا
جنگھارا
ھنگامہ آرا
تمہارا
پنہارا
پسنہارا
چھہارا
یارا
پیارا
پتیارا
ھتیارا
بھٹیارا

ساھوکارا
بحیرۂ کارا
گارا
انگارا
لال انگارا
رنگارا
لنگارا
لارا
دل آرا
دلارا
گولارا
مارا
عالم آرا
ھمارا
اللہ مارا
جہاں آرا
سخن آرا
حسن آرا
کنارا
وارا
بوارا
بٹوارا
بنٹوارا
دوارا
کوارا
گوارا
ناگوارا
ڈنگوارا
لوارا
نوارا

خارا
بخارا
آلوبخارا
چٹخارا
سنگ خارا
دارا
خدارا
کدارا
اندارا
مسند آرا
چوکیدارا
پنڈارا
بھنڈارا
گدارا
ترارا
کرارا
پھرارا
سریرآرا
سارا
اسارا
بسارا
پسارا
قضارا
صف آرا
تھتکارا
چٹکارا
چھٹکارا
چکارا
چمکارا
ھنکارا

جگرا
ڈگرا
مگرا
ڈونگرا
لونگرا
بھونگرا
اوگرا
ڈوگرا
موگرا
گھگرا
کالرا
امرا
حکومت امرا
بیت الامرا
دارالامرا
امیرالامرا
حمرا
خمرا
ترمرا
چرمرا
مرمرا
کمرا
ٹھمرا
کیمرا
نرا
دھوانرا
بھونرا
چھنرا
ورا
ماورا

بیع و شرا
شعرا
ملک الشعرا
معرا
غرا (۱)
غرا (۲)
شاعر غرا
طغرا
صفرا
استقرا
فقرا
کرا
اکرا
بکرا
ڈکرا (۱)
ڈکرا (۲)
کرکرا (۱)
کرکرا (۲)
شکرا
ناشکرا
بے فکرا
آنکرا
ھنکرا
ٹوکرا
ڈوکرا
چھوکرا
ٹیکرا
ٹھیکرا
پڑاگرا
گھاگرا

گیا گزرا
وزرا
سرا (۱)
سرا (۲)
آسرا
پھلاسرا
بسرا
بھولا بسرا
پھوپسرا
وحشت سرا
پیتسرا
مدح سرا
سسرا
محل سرا
کل سرا
مولسرا
پھلسرا
حرم سرا
مہمان سرا
کاروان سرا
سخن سرا
پوسرا
دوسرا
خواجہ سرا
ہرزہ سرا
کھسرا
نغمہ سرا
بے سرا
تیسرا
شرا

بلاچون وچرا
بے چون وچرا
صحرا
صدا بصحرا
بخرا
نرخرا
نخرا
نازنخرا
نازونخرا
درا
دادرا
دردرا
کھردرا
ناقدرا
اکدرا
گدرا
ادگدرا
بانگ درا
مدرا
جندرا
چندرا
لقندرا
مندرا
تنگ بھدرا
چھدرا
ڈرا
کھلنڈرا
لینڈرا
ذرا
عذرا

لمبوترا
پچوترا
چکوترا
تھوترا
سترابہترا
چھترا
پیترا
لیترا
ٹرا (۱)
ٹرا (۲)
پڑرا
اکسٹرا
آرکسٹرا
ثرا
تحت الثرا
اجرا
باجرا
ماجرا
طرفہ ماجرا
بجرا
گجرا
مجرا
پنجرا
گوجرا
چرا
چچرا
چرچرا (۱)
چرچرا (۲)
کچرا
چون وچرا

د وهرا
تیہرا
ٹیہرا
د یہرا
لیہرا
ایرا
بیرا
سبیرا
(۱) پیرا
(۲) پیرا
سپیرا
عمل پیرا
اوپیرا
پھپیرا
تیرا
چتیرا
کتیرا
بہتیرا
پٹیرا
لٹیرا
ٹھٹیرا
مجیرا
پنجیرا
منجیرا
چیرا
چچیرا
ڈ یرا
پذ یرا
بریرا
ڈ ریرا

جھوجھرا
چھرا
چھرّا
د هرا
سرد هرا
ڈ هرا
پھرهرا
سہرا
د سہرا
کہرا
کھرا
(۱) کھرّا
(۲) کھرّا
اکہرا
بٹکھرا
کھرکھرا
اکل کھرا
گہرا
گھرا
گھاگھرا
د ریائے گھاگھرا
پرگھرا
نگھرا
گھگھرا
بے گھرا
لہرا
بلہرا
مہرا
سنہرا
بوهرا

باهرا
ظاهرا
بہرا
بھرا
بھرّا
هرا بھرا
آشا بھرا
گونگا بہرا
حسرت بھرا
پیٹ بھرا
د رد بھرا
بھربھرا
رس بھرا
ستا رون بھرا
جاد وبھرا
پہرا
اپھرا
چوپہرا
چوکی پہرا
تہرا
تتہرا
ستھرا
صاف ستھرا
متھرا
موتھرا
ٹھرا
ٹہرا
کٹھرا
جھرا
جھرجھرا

کورا
ٹکورا
هلکورا
جھکورا
گورا
اگورا
پنگورا
کنگورا
اد ھ گورا
لورا
هلورا
ایلورا
مورا
جھمورا
هورا
بھورا
سٹھورا
چھورا
پچھورا
چھچھورا
اد هورا
ظهورا
(۱) گھورا
(۲) گھورا
بیورا
سیورا
هرا
(۱) هرّا
(۲) هرّا
اهرا

(۱) بورا
(۲) بورا
(۳) بورا
پوت زمبورا
(۱) پورا
(۲) پورا
کپورا
پتورا
کستورا
د هتورا
بٹورا
چٹورا
کٹورا
لٹورا
کھنکھجورا
چورا
پنچورا
خورا
باد خورا
شکرخورا
بال خورا
میل خورا
شیخی خورا
مد ورا
کند ورا
ڈ ورا
لال ڈ ورا
لنڈ ورا
ڈ هنڈ ورا
شورا

ٹکڑا	پیپڑا	د ھاڑا	ڈ ھیرا	پھریرا
سکڑا	چیپڑا	اکھاڑا	کھیرا (۱)	چھریرا
پھسکڑا	پوتڑا	اگھاڑا	کھیرا (۲)	کھریرا
ککڑا	تھوتڑا	سنگھاڑا	لکھیرا	زیرا
لکڑا	لیتڑا	لہاڑا	بالم کھیرا	بسیرا
مکڑا	پٹڑا	کلہاڑا	گھیرا	رین بسیرا
آنکڑا	کنٹڑا	بڑا	جل گھیرا	کسیرا
پھانکڑا	باجڑا	جبڑا	آڑا	ایراغیرا
پینکڑا	اجڑاپجڑا	کلاجبڑا	باڑا	کیرا
سینکڑا	کنجڑا	کڑبڑا	پاڑا	اٹھائی گیرا
چھکڑا	ھجڑا	کبڑا	جاڑا	خلیرا
پیکڑا	ھیجڑا	توبڑا	گلابی جاڑا	مولیرا
سیکڑا	چڑا	تھوبڑا	کراڑا	میرا
کیکڑا	پچڑا	ھبڑا	کڑاڑا	کمیرا
بگڑا	چڑچڑا	جھبڑا	گاڑا	ممیرا
د گڑا	چھچڑا	چھبڑا	د گاڑا	جنیرا
رگڑا	کھچڑا	پڑا (۱)	لنگاڑا	سویرا
اڑگڑا	چھیچڑا	پڑا (۲)	د وگاڑا	ھیرا
لگڑا	گل جند ڑا	پاپڑا	ماڑا	پھیرا
کانگڑا	کھلند ڑا	پپڑا	ناڑا	ایراپھیرا
لنگڑا	سڑا (۱)	چپڑا (۱)	واڑا	پھپھیرا
کالنگڑا	سڑا (۲)	چپڑا (۲)	راج واڑا	پتھیرا
د ونگڑا	گلاسڑا	چپڑا (۳)	نواڑا	ٹھٹھیرا
بھنگڑا	پھونسڑا	چکناچپڑا	پنواڑا	جھیرا
سینگڑا	پھوسڑا	کپڑا	پچھواڑا	چھیرا
جھگڑا	کڑا	پن کپڑا	بھاڑا	بچھیرا
رگڑاجھگڑا	کاکڑا	روٹی کپڑا	پہاڑا	مچھیرا
د ھگڑا	ناکڑا	مومی کپڑا	ٹھاڑا	د ھیرا
لڑا	تکڑا (۱)	سہاگ پڑا	جھاڑا	اند ھیرا
پلڑا	تکڑا (۲)	جھونپڑا	چھاڑا	گھپ اند ھیرا

افزا
راحت افزا
فرحت افزا
صحت افزا
عشرت افزا
حیرت افزا
غیرت افزا
وحشت افزا
ہمت افزا
رنج افزا
روح افزا
امید افزا
نورافزا
نشاط افزا
رونق افزا
حوصلہ افزا
رنج فزا
جاں فزا
مزا
انفلوائنزا
بوزا
جوزا
الغوزا
استہزا
فتنہ زا
سا
آسا
باسا
پاسا
اپاسا

تڑیڑا
دڑیڑا
کیڑا
میڑا
بہیڑا
بھیڑا
لبھیڑا
الجھیڑا
بچھیڑا
کھیڑا
بکھیڑا
زا
بزازا
بزا
ہیبت زا
وحشت زا
جزا
اجزا
روز جزا
دارالجزا
مرزا
میرزا
سزا
ناسزا
قابل سزا
سنگین سزا
پرچۂ سزا
عزا
مجلس عزا
غزا

تھڑا
چتھڑا
لوتھڑا
تھوتھڑا
چیتھڑا
موٹھڑا
جھڑا
ست بیجھڑا
چھڑا
بچھڑا
چھچھڑا
چھیچھڑا
دھڑا
کھڑا
ماکھڑا
دکھڑا
نرکھڑا
مکھڑا
گھڑا
چکنا گھڑا
چوھڑا
(۱) بیڑا
(۲) بیڑا
تھل بیڑا
نبیڑا
(۱) پیڑا
(۲) پیڑا
تھپیڑا
لکھ پیڑا
تریڑا

اروڑا
مروڑا
لسوڑا
مسوڑا
(۱) کوڑا
(۲) کوڑا
(۳) کوڑا
پکوڑا
مکوڑا
دمکوڑا
گوڑا
نگوڑا
پنگوڑا
پنچنگوڑا
ہگوڑا
بھگوڑا
لوڑا
پھوڑا
راج پھوڑا
کٹھ پھوڑا
تھوڑا
تھوڑا تھوڑا
ہتھوڑا
ادھوڑا
پکھوڑا
گھوڑا
جیوڑا
کیوڑا
گل پھڑا
پھیپھڑا

تلڑا
ست لڑا
پچ لڑا
اک لڑا
چولڑا
پھلڑا
پیلڑا
تامڑا
چمڑا
گومڑا
نڑا
اوڑا
پھاؤڑا
ہابوڑا
پوڑا
توڑا
ستوڑا
متوڑا
ٹوڑا
(۱) جوڑا
(۲) جوڑا
پجوڑا
ہاڑجوڑا
ہڑجوڑا
ہجوڑا
چوڑا
لمبا چوڑا
پدوڑا
گندوڑا
روڑا

سیسا
اسیسا
کیسا
چالیسا
کلیسا
ویسا
ایساویسا
کھیسا
آشا
شیشہ باشا
پاشا
تاشا
ہتاشا
حاشا
تحاشا
بلاتحاشا
بے تحاشا
نراشا
آشانراشا
ابھلاشا
تماشا
میلاتماشا
کھیل تماشا
بھاشا
پراکرت بھاشا
برج بھاشا
دیش بھاشا
دشا
(۱) عشا
(۲) عشا

چوسا
رؤسا
پروسا
بھروسا
کوسا
(۱) موسا
(۲) موسا
فارموسا
سموسا
بھوسا
ٹھوسا
کھوسا
گھوسا
پھس پھسا
ٹھسا
دھسا
گھسا
گھسّا
جبہہ سا
ناصیہ سا
ایسا
چوبیسا
پیسا
روپیہ پیسا
تیسا
ایساتیسا
بتیسا
چھتیسا
جیسا
سندیسا

مسا
(۱) مسّا
(۲) مسّا
رسمسا
صبح ومسا
نسا
بانسا
پیابانسا
سانسا
کانسا
ستوانسا
روانسا
سوانسا
اٹھوانسا
جھانسا
ڈھانسا
روہانسا
عرق النسا
جونسا
کونسا
ہونسا
دھونسا
گھونسا
گھونسم گھونسا
بغلی گھونسا
(۱) ہنسا
(۲) ہنسا
جبین سا
بھینسا
پالاپوسا

نارسا
وارسا
پرسا
ترسا
بخت رسا
چرسا
اندرسا
فرسا
روح فرسا
زلف رسا
گام فرسا
جان فرسا
جبین فرسا
خامہ فرسا
جبہہ فرسا
ناصیہ فرسا
دورسا
ہرسا
آہ رسا
پھرسا
کھرسا
کسا
کسکسا
سالسا
پھالسا
لسلسا
کلسا
گول سا
پھول سا
پھلسا

ہتاسا
پچاسا
داسا
نند اسا
گنڈاسا
منڈاسا
دراسا
نراسا
تھوڑاسا
برق آسا
کاسا
لاسا
دلاسا
دم دلاسا
ست ماسا
چوماسا
اٹھ ماسا
شناسا
جنواسا
ہواسا
مہاسا
پیاسا
بسا
گھربسا
پسا
پھپسا
بہت سا
رسا
رسّا
پارسا

عنقا
کا
آکا
اکا
بھماکا
الپاکا
چھپاکا
پٹاکا
چٹاکا
خاکا
گداکا
بھداکا
ڈاکا
تڑاکا
کڑاکا
لڑاکا
جھڑاکا
دھڑاکا
گھڑاکا
لوساکا
کاکا
شلاکا
جھماکا
دھماکا
ناکا
مناکا
ٹھناکا
چھناکا
بھاکا
برج بھاکا

وفا
باوفا
دستاویز بیع بالوفا
وعدہ وفا
بےوفا
ایفا
قا
آقا
پڑاقا
تڑاقا
قاقا
بقا
آب بقا
دارالبقا
تنازع للبقا
اتقا
ارتقا
حقا
سقا
استسقا
رفقا
لقا
لقّا
القا
ابلقا
ماہ لقا
مہ لقا
حمقا
بقلۃ الحمقا
نقا

تمغا
التمغا
آلتمغا
وغا
داروغا
غوغا
تیغا
بفا
اکتفا
جفا
کفاجفا
خفا (۱)
خفا (۲)
اخفا
شرفا
شفا
دست شفا
دارالشفا
صفا
صفاصفا
اخوان الصفا
اہل صفا
مصفا
اصطفا
استعفا
ضعفا
قفا
جفاکفا
خلفا
سلفا

اعضا
تناسب اعضا
تشریح الاعضا
فضا
خوش فضا
قضا
انقضا
بیضا
ید بیضا
خطا
مادر بخطا
بےخطا
عطا
اعطا
طوطا
ایطا
دعا
ادعا
استدعا
بددعا
مدعا
سلام دعا
امعا
صنعا
آغا
بغبغا
دغا
مرغا
نرغا
کلغا

افشا
رازافشا
کشا
لب کشا
رکشا (۱)
رکشا (۲)
موٹررکشا
سائکل رکشا
سائیکل رکشا
کشورکشا
سکشا
شکشا
دلکشا
مشکل کشا
بھکشا
عقدہ کشا
نشا
انشا
منشا
حسب منشا
خوشا
خاصا
عصا
اقصا
تقاضا
اقتضا
مقتضا
رضا
راضی برضا
استرضا

شعلہ بھبوکا
چوکا
بھولا چوکا
کچوکا
جھروکا
سوکا (۱)
سوکا (۲)
اشوکا
کوکا
لوکا
شلوکا
ھوکا
بھوکا
بھبھوکا
پھوکا
سرپھوکا
تھوکا
جھوکا
دھوکا
ڈھوکا
بھکا
بھبھکا
تھکا
تھکّا (۱)
تھکّا (۲)
ھاراتھکا
تھکم تھکا
جھکا
چھکا
چھکا

جھلکا
چھلکا
ڈھلکا
مکا (۱)
مکا (۲)
تمکا
بھومکا
جھمکا (۱)
جھمکا (۲)
امکا ڈھمکا
ڈھول ڈھمکا
نکا (۱)
نکا (۲)
بانکا
کڑک بانکا
ٹانکا
کاسا بلانکا
ھانکا
تنکا
دنکا
ڈنکا
بڑنکا
لنکا
شری لنکا
منکا
جھونکا
پھنکا
چھینکا
بوکا
بھبوکا

شرکا
بڑکا
تڑکا
سڑکا
لڑکا
ھڑکا (۱)
ھڑکا (۲)
بھیڑبھڑکا
دھڑکا
کھڑکا
زکا
سکا
الاسکا
ٹسکا
چسکا
سسکا
مسکا
ھسکا
ٹھسکا
خشکا
ککا
بالکا
سفید پلکا
لال پلکا
چلکا
جھیل چلکا
دھند لکا
ھلکا
پھلکا
ھلکا پھلکا

چٹکا (۱)
چٹکا (۲)
سٹکا
گٹکا
لٹکا
مٹکا
ٹوٹکا
بھٹکا
بھولا بھٹکا
پھٹکا (۱)
پھٹکا (۲)
جھٹکا
چھٹکا
کھٹکا
چکا
اچکا
چکچکا
لچکا
مچکا
بھونچکا
بھوچکا
ھچکا
دھچکا
دکا
اکادکا
ذکا
مارکا
ترکم ترکا
چرکا
ڈرکا

دھاکا
ڈھاکا
ٹھہاکا
بکا
بکّا
ھکابکا
تھکابکا
ڈبکا
بکبکا
آہ وبکا
بھبکا
پکا
کچاپکا
ٹپکا (۱)
ٹپکا (۲)
چپکا
لپکا
بھپکا
پھپکا
چھپکا
ادھ پکا
تکا (۱)
تکا (۲)
اتکا
ختکا
گتکا
بے تکا
ٹکا
اٹکا
پٹکا

بالا
ابالا
لڑکابالا
آلابالا
بالابالا
افسربالا
بول بالا
حاکم بالا
عالم بالا
ایوان بالا
زیروبالا
تہ و بالا
مندرجۂ بالا
متذکرۂ بالا
مذکورۂ بالا
محولۂ بالا
مرقومۂ بالا
پالا
چوپالا
تالا
چوتالا
ٹالا
اٹالا
گھٹالا
گڑبڑگھٹالا
جالا
اجالا
بجالا
خجالا
چالا

مونگا
ٹھونگا
گھونگا
بھنگا
تربھنگا
بھیڑبھنگا
پھنگا
جھنگا
چھنگا
بے ڈھنگا
لہنگا
مہنگا
چینگا
ھینگا
بھینگا
ٹھینگا
جھینگا
دھینگا
گھینگا
جوگا
مرنے جوگا
چوگا
بھگا
تل بھگا
ڈھگا
ریگا
بھیگا
لا
آلا
الا

ھڑدنگا
پنچرنگا
دورنگا
مچھرنگا
اڑنگا
بڑنگا
ھڑنگا
پھڑنگا
سنگا
پسنگا
نرسنگا
لفنگا
گنگا
آکاس گنگا
آکاش گنگا
دریائے گنگا
تلنگا
شلنگا
جھلنگا
بھک منگا
ننگا
ادھ ننگا
بونگا
پونگا
لاٹھی پونگا
چونگا (۱)
چونگا (۲)
ڈونگا
گونگا
جومالونگا

گرگا
سگا
لگاسگا
لگا
لگّا
والگا
دریائے والگا
پچھلگا
منھ لگا
امگا
انگا
بانگا
تانگا
مانگاتانگا
پیارانگا
امانگا
منھ مانگا
ھانگا
بنگا
ٹربنگا
اڑبنگا
پنگا
پتنگا
اٹنگا
بھجنگا
چنگا
بھلاچنگا
کنچن چنگا
خنگا
دنگا

دھکا
دھکم دھکا
لہکا
ناٹکا
یکا
ایکا
نایکا
ٹیکا
کوسٹاریکا
میکا
جمیکا
پھیکا
ٹھیکا
آگا
باگا
پاگا
تاگا
کاگا
ناگا
بھاگا
دھاگا
سہاگا
سوھاگا
بگا
پگا
تگا (۱)
تگا (۲)
رت جگا
ڈگا
برگا

لڑکی والا
لڑکے والا
ٹانگے والا
چنگی والا
اٹلی والا
جھلی والا
مچھلی والا
آرمی والا
بیمے والا
آنے والا
بھک سے
اڑجانے والا
آنے جانے والا
چھاپے
خانے والا
لنترانی والا
پکانے والا
بھڑکانے والا
کمبائین
چلانے والا
دانت
بنانے والا
چھاپنے والا
بیچنے والا
کوئلہ
کھودنے والا
تماشاکرنے والا
رقص کرنے والا
اڑنے والا
بسنے والا

پھولوالا
آن بان والا
نشان والا
فیشن والا
گاؤن والا
ناؤوالا
چناؤوالا
بدبووالا
ساتھ والا
رکھوالا
آنکھ والا
پنکھوالا
ٹوپی والا
روپے والا
گھاٹے والا
چوٹی والا
روٹی والا
بھٹی والا
بیٹی والا
بیٹے والا
باجے والا
ھنڈی والا
ترکاری والا
لاری والا
کنارے والا
پھرے والا
پھیری والا
کپڑے والا
پگڑی والا
پیسے والا

کم تعداد والا
جائداد والا
اوپروالا
موٹروالا
اندروالا
اگروالا
گھونگروالا
گھنگروالا
عمروالا
حضوروالا
باھروالا
گھروالا
جہازوالا
بس والا
سبزنےٹکس والا
پولیس والا
شوالا
تاش والا
قرض والا
لحاظ والا
منافع والا
ڈاک والا
ناک والا
کوک والا
گوالا
سینگ والا
بال والا
ڈال والا
دل والا
بغل والا

گل مالا
رتن مالا
موھن مالا
دیومالا
کنٹھ مالا
جے مالا
نالا
بنالا
پنالا
پرنالا
چھنالا
پینالا
والا
کتاب والا
جناب والا
جات والا
رات والا
عزت والا
گوشت والا
متوالا
حرمت والا
قسمت والا
ھمت والا
ھوت والا
پیٹ والا
جوالا
مزاج والا
کانچ والا
بیچ والا
دوالا

حالا
خالا
گدالا
ڈالا
گھنگرالا
نرالا
کیرالا
سالا
تسالا
جگت سالا
رنڈسالا
مسالا
گرم مسالا
گوسالا
گوشالا
پاٹھ شالا
کالا
سنگالا
پرکالا
نکالا
دیس نکالا
گالا
بنگالا
لالا
مالا
جپ مالا
دیپ مالا
گوتمالا
ورمالا
زنجیرمالا

بیت الخلا	(۱) چٹلا	گھپلا	گھنگریالا	چکنے والا
خلخلا	(۲) چٹلا	پیپلا	ھریالا	بھاگنے والا
مخلا	سٹلا	حرامی پلا	کوڑیالا	کوئلہ نکالنے والا
اد لا	پوٹلا	(۱) تلا	پنیالا	بولی بولنے والا
باد لا	کوٹلا	(۲) تلا	ڈ ڑھیالا	سامنے والا
بد لا	پھوٹلا	تلّا	(۱) بلا	ھونے والا
اد لا بد لا	(۱) جلا	نپاتلا	(۲) بلا	پاس بیٹھنے والا
کج دَلا	(۲) جلا	جچاتلا	(۱) بلّا	پیٹھنے والا
تھڑد لا	اجلا	نخراتلا	(۲) بلّا	کھینے والا
گد لا	ملاجلا	ابتلا	(۳) بلّا	لاٹھی والا
د لد لا	تجلا	مبتلا	ابلا	لیکھے والا
ھول د لا	نرجلا	(۱) پتلا	الابلا	لگائی والا
کم د لا	کجلا	(۲) پتلا	چبلا	مٹھائی والا
چند لا	د ل جلا	د بلا پتلا	د بلا	ھالا
کند لا	مجلا	تتلا	بد بلا	بھالا
د ھند لا	جنم جلا	چتلا	گیند بلا	بھولا بھالا
بود لا	اد ھ جلا	پرتلا	کربلا	د یکھا بھالا
ڈ لا	چلا	اگرتلا	شہیدکربلا	پھالا
(۱) ڈلّا	چلّا	اڑتلا	باگڑبلا	تھالا
(۲) ڈلّا	بچلا	قتلا	بلبلا	ٹھالا
لاڈ لا	د ل چلا	کتلا	چلبلا	جھالا
بونڈ لا	مچلا	امتلا	کالی بلا	چھالا
رلا	(۱) نچلا	توتلا	پلا	اچھالا
پرلا	(۲) نچلا	د وتلا	(۱) پلّا	پنچھالا
سرلا	من چلا	سکھ تلا	(۲) پلّا	ڈ ھیلاڈ ھالا
مرلا	چونچلا	(۱) پیتلا	اپلا	کھالا
ورلا	چینچلا	(۲) پیتلا	کپلا	د نتیالا
لاڑلا	چوچلا	ریتلا	(۱) پلپلا	مٹیالا
د ھڑلا	چاؤچوچلا	سیتلا	(۲) پلپلا	اجیالا
کھڑلا	خلا	ٹلا	پوپلا	گھونگریالا

گولا
بگولا
انگولا
لولا
لنگڑا لولا
ملولا
مولا
اولا مولا
مست مولا
ممولا
ہرفن مولا
آنولا
سانولا
تھانولا
بنولا
کنولا
(۱) ہولا
(۲) ہولا
بھولا
بالا بھولا
پھولا
پھلا پھولا
گل پھولا
پھپھولا
ٹھولا
مٹھولا
(۱) جھولا
(۲) جھولا
مجھولا
منجھولا

(۲) پولا
پھپولا
تولا
تولّا
بتولا
ٹولا
پٹولا
چڑی مار ٹولا
چھٹولا
کھٹولا
کھاٹ کھٹولا
اڑن کھٹولا
چھیپی ٹولا
چولا
ندولا
ہندولا
(۱) ڈولا
(۲) ڈولا
ہالاڈولا
ہنڈولا
جھنڈولا
رولا
سرولا
ونیزولا
بسولا
(۱) کولا
(۲) کولا
(۳) کولا
ہچکولا
جھکولا

گیگلا
للا
بللا
مارشل لا
سول لا
ملا
املا
خلا ملا
رلا ملا
ہلا ملا
کٹ ملا
برملا
کملا
گملا
نیم ملا
انملا
پٹھ ملا
پیٹھ ملا
نلا
ولا
اولا
باؤلا
پاؤلا
اتاولا
بولا
ببولا
بڑبولا
چوبولا
منھ بولا
(۱) پولا

چٹکلا
چکلا
چوڑا چکلا
چند رکلا
پتھرکلا
دمکلا
کرم کلا
وکلا
حاشا وکلا
جماعت وکلا
مجلس وکلا
کوکلا
پھوکلا
ہکلا
رہکلا
گلا
گلّا
اگلا
ہلا گلا
بگلا
پگلا
دگلا
گلگلا
نگلا
چانگلا
بنگلا
ڈاک بنگلا
جنگلا
کنگلا
ہوگلا

سلا
پسلا
تسلا
خیرسلا
گھونسلا
ڈھکوسلا
موسلا
صلا
اصلا
مصلا
فضلا
طلا
طلّا
مطلا
(۱) علا
(۲) علا
اعلا
استعلا
چوبغلا
اشغلا
دوغلا
باقلا
عقلا
کلا
(۱) کلّا
(۲) کلّا
بکلا
پکلا
(۱) تکلا
(۲) تکلا

دبکیلا
چٹکیلا
لچکیلا
اکیلادکیلا
روڑکیلا
بھڑکیلا
چمکیلا
نکیلا
پنکیلا
نوکیلا
مہکیلا
گیلا
رنگیلا
رنگ رنگیلا
بھنگیلا
روگیلا
(۱) لیلا
(۲) لیلا
راس لیلا
رام لیلا
(۱) میلا
(۲) میلا
شرمیلا
کمیلا
جھمیلا
نیلا
انیلا
بنیلا
پنیلا
لال نیلا

گند یلا
ھڈ یلا
ریلا
گبریلا
سریلا
کریلا
چکریلا
کنکریلا
پتھریلا
زہریلا
پپڑیلا
جڑیلا
چھڑیلا
چھاڑچھڑیلا
(۱) سیلا
(۲) سیلا
رسیلا
کسیلا
کڑواکسیلا
بکسیلا
نسیلا
گھسیلا
نشیلا
جوشیلا
غصیلا
دغیلا
برفیلا
(۱) کیلا
(۲) کیلا
اکیلا

چھبیلا
چھیل چھبیلا
ڈھبیلا
(۱) پیلا
(۲) پیلا
(۳) پیلا
نیلا پیلا
لال پیلا
ذاتیلا
پتیلا
رتیلا
پھرتیلا
استیلا
دنتیلا
سوتیلا
ریتیلا
ٹیلا
پٹیلا
چٹیلا
کٹیلا
سجیلا
(۱) چیلا
(۲) چیلا
خرچیلا
کچیلا
میلاکچیلا
پیچیلا
خیلا
گد یلا
قند یلا

جھابڑجھلا
سنجھلا
منجھلا
چھلا
چھلا
پچھلا
اگلاپچھلا
چھلچھلا
دم چھلا
پونچھلا
چھچھلا
دھلا
چند ھلا
شہلا
نرگس شہلا
(۱) کھلا
(۲) کھلا
کھلاکھلا
کھلم کھلا
کھوکھلا
(۱) ادھ کھلا
(۲) ادھ کھلا
ھلہلا
چومہلا
نہلا
سوھلا
کالاکوئلا
بیلا
البیلا
تنبیلا

چھولا
دھولا
ڈھولا
گھولا
نیولا
ھیولا
(۱) ھلا
(۲) ھلا
ھلّا
کاھلا
بھلا
برابھلا
پہلا
پھلا
پھلّا
پھولاپھلا
ترپھلا
پھلپھلا
چوپہلا
دوپہلا
روپہلا
اتھلا
کوتھلا
کلاٹھلا
کٹھلا
نٹھلا
جہلا
(۱) جھلا
(۲) جھلا
ھلاجھلا

نشوونما
راہ نما
گردہ نما
رہنما
کرہ نما
جزیرہ نما
قبلہ نما
طائرقبلہ نما
سینما
چوما
ڈپلوما
ہما
چھما
چھمچھما
برھما
مہما
ایما
پیما
دشت پیما
باد پیما
شہرپیما
امپیرپیما
شیرپیما
تاپش پیما
تپش پیما
آتش پیما
برق پیما
فلک پیما
راہ پیما
زلزلہ پیما

سلما
علما
شمس العلما
اولما
نما (۱)
نما (۲)
ہوانما
نسب نما
قطب نما
مکعب نما
عبرت نما
دوست نما
انگشت نما
باد نما
مرغ باد نما
بد نما
خود نما
دورنما
ظاہرنما
اعجازنما
قوس نما
خوش نما
برق نما
شمال نما
اپیل نما
گندم نما
دندان نما
جہان نما
جام جہان نما
رونما

موسم گرما
نرما
اورما
چورما
سورما
آزما
قسمت آزما
نبرد آزما
زورآزما
طالع آزما
جنگ آزما
سما
اسما
باپتسما
ادیم السما
ارض وسما
ہماشما
عظما
زعما
معما
یغما
چکما
حکما
مدینۃ الحکما
پرکما
نکما
گما
مقیاس الما
لالما
بلما

ماما
پناما
نہرپناما
جزائربہاما
جھاما
شیاما
آتما
پرماتما
پرم آتما
دھرماتما
مہاتما
پرتما
ٹما
چما
قدما
لمدما
ندما
برما
خرما
چندرما
سرما
موسم سرما
فرما
کارفرما
اجلاس فرما
فرمان فرما
وعدہ فرما
اکرما
ککرما
گرما

منیلا
بھنیلا
تھنیلا
واویلا
نویلا
نیانویلا
ہیلا
تھیلا
گتھیلا
ٹھیلا
میلاٹھیلا
گٹھیلا
ہٹھیلا
چھیلا
دھیلا
ادھیلا
پودھیلا
ڈھیلا (۱)
ڈھیلا (۲)
مانجھاڈھیلا
ڈڑھیلا
بگھیلا
مہیلا
چھائیلا
ما
راما
ڈراما
شاما
لاما
دلائی لاما

ان جانا	الٹاناپلٹانا	بھگتانا	چپانا	کوہ پیما
چھجانا	(۱) مٹانا	متانا	(۱) چپچپانا	بادیہ پیما
(۱) کھجانا	(۲) مٹانا	نیوتانا	(۲) چپچپانا	سیما
(۲) کھجانا	چمٹانا	پچھتانا	تڑپانا	اسیما
لے جانا	نمٹانا	بٹانا	جھڑپانا	آئینہ سیما
بچانا	بنٹانا	نبٹانا	کپکپانا	ہیروشیما
پچانا	اونٹانا	پٹانا	لپانا	لہیما
تپچانا	اوٹانا	پٹپٹانا	لپلپانا	دھیما
پچپچانا	لوٹانا	چٹپٹانا	کلپانا	کوھیما
تچانا	موٹانا	سٹپٹانا	کمپانا	نا
رچانا	ھٹانا	لٹپٹانا	جھپانا	انا
پرچانا	(۱) پھٹانا	چھٹپٹانا	(۱) چھپانا	آنا
(۱) کچکچانا	(۲) پھٹانا	(۱) چپٹانا	(۲) چھپانا	انّا
(۲) کچکچانا	پھٹپھٹانا	(۲) چپٹانا	کھپانا	بانا
ھچکچانا	(۱) چھٹانا	دپٹانا	تانا	تانابانا
لچانا	(۲) چھٹانا	ڈپٹانا	اینچاتانا	چبانا
لچلچانا	کھٹکھٹانا	رپٹانا	(۱) بتانا	دبانا
للچانا	گھٹانا	لپٹانا	(۲) بتانا	ڈبڈبانا
مچانا	جانا	نپٹانا	تتانا	سبسبانا
مچمچانا	آناجانا	جھپٹانا	(۱) جتانا	بساطبانا
نچانا	بجانا	چٹانا	(۲) جتانا	لمبانا
پہنچانا	گانابجانا	چٹچٹانا	(۳) جتانا	ڈھبڈھبانا
چٹخانا	پجانا	ڈٹانا	چتانا	پانا
ٹرخانا	مرجانا	سٹانا	پچتانا	اپانا
لخلخانا	(۱) سجانا	کٹانا	برتانا	(۱) تپانا
دانا	(۲) سجانا	کٹکٹانا	ستانا	(۲) تپانا
نادانا	گجگجانا	(۱) لٹانا	سستانا	(۱) ٹپانا
بدبدانا	لجانا	(۲) لٹانا	مستانا	(۲) ٹپانا
کھدبدانا	مل جانا	الٹانا	کتانا	(۳) ٹپانا
پدانا	ام جانا	پلٹانا	اکتانا	ٹپٹپانا

(۱) چڑچڑانا
(۲) چڑچڑانا
نچڑانا
اڑڑانا
سڑانا
پکڑانا
(۱) کڑکڑانا
(۲) کڑکڑانا
سکڑانا
مکڑانا
گڑانا
(۱) گڑگڑانا
(۲) گڑگڑانا
(۳) گڑگڑانا
لنگڑانا
لڑانا
چوڑانا
د وڑانا
نوڑانا
چھوڑانا
بھڑانا
بھڑبھڑانا
تڑپھڑانا
پھڑپھڑانا
جھڑانا
جھڑجھڑانا
چھڑانا
ہڑھڑانا
لڑکھڑانا
کھڑکھڑانا

(۱) گھرانا
(۲) گھرانا
گھرّانا
گھرگھرانا
لہرانا
مہرانا
وہرانا
گوہرانا
ٹھہرانا
پیرانا
تیرانا
سیرانا
ٹھیرانا
(۱) اڑانا
(۲) اڑانا
(۱) بڑانا
(۲) بڑانا
بڑّانا
(۱) بڑبڑانا
(۲) بڑبڑانا
گڑبڑانا
لڑبڑانا
ہڑبڑانا
پڑانا
چپڑانا
پڑپڑانا
تڑانا
تڑّانا
جڑانا
چڑانا

گرانا
پاگرانا
پگرانا
گرگرانا
مگرانا
چرمرانا
مرمرانا
نرانا
بورانا
تیورانا
ہرانا
بھرانا
بھرّانا
ابھرانا
بھربھرانا
پھرانا
پھرّانا
پھرپھرانا
تہرانا
تھرانا
بتھرانا
پتھرانا
تھرتھرانا
ستھرانا
ٹھرانا
ٹھٹھرانا
جھرجھرانا
د ھرانا
ہرھرانا
گھرانا

ٹرٹرانا
منجرانا
(۱) چرانا
(۲) چرانا
(۳) چرانا
چرّانا
چرچرانا
خرخرانا
د رانا
گدرانا
چندرانا
ڈرانا
سرانا
بسرانا
(۱) سرسرانا
(۲) سرسرانا
غرانا
فرانا
(۱) کرانا
(۲) کرانا
کرّانا
ٹکرانا
چکرانا
ڈکرانا
کرکرانا
مسکرانا
(۱) شکرانا
(۲) شکرانا
مکرانا
ٹھکرانا

چدانا
سردانا
کدانا
گدانا
گدگدانا
سنگدانا
لدانا
پھندانا
پھدپھدانا
ھدھدانا
کھدانا
تلسی دانا
منڈانا
ھنڈانا
کھنڈانا
رانا
برآنا
برانا
گھبرانا
(۱) پرانا
(۲) پرانا
پھٹاپرانا
چپرانا
چرپرانا
ھپرانا
ترانا
اترانا
کترانا
چھترانا
ٹرانا

لہکانا
مہکانا
گانا
اگانا
تگانا
جگانا
جگجگانا
چگانا
دگدگانا
ڈگانا
(۱) ڈگڈگانا
(۲) ڈگڈگانا
لگانا
سلگانا
ہلگانا
جگمگانا
ڈگمگانا
ٹنگانا
رنگانا
منگانا
ہگانا
(۱) بھگانا
(۲) بھگانا
لانا
(۱) بلانا
(۲) بلانا
بلّانا
چبلانا
(۱) بلبلانا
(۲) بلبلانا

ہشکانا
لکانا
بلکانا
ہلکانا
جھلکانا
چھلکانا
ڈھلکانا
چمکانا
لمکانا
دھمکانا
نکانا
چونکانا
ہنکانا
پھنکانا
ٹھنکانا
کھنکانا
بہکانا
پھکانا
تھکانا
تھکتھکانا
ٹھکانا
ٹھورٹھکانا
بے ٹھکانا
(۱) جھکانا
(۲) جھکانا
(۳) جھکانا
بجھکانا
چھکانا
دھکانا
لڑھکانا

بھٹکانا
جھٹکانا
(۱) چھٹکانا
(۲) چھٹکانا
کھٹکانا
چکانا
(۱) بچکانا
(۲) بچکانا
پچکانا
کچکانا
لچکانا
(۱) مچکانا
(۲) مچکانا
ہچکانا
بھچکانا
بدکانا
ڈکڈکانا
ٹرکانا
درکانا
سرکانا
مرکانا
ہڑکانا
بھڑکانا
پھڑکانا
چھڑکانا
اسکانا
چسکانا
مسکانا
پھسکانا
کھسکانا

اوسانا
پھسانا
پھسپھسانا
ٹھسانا
دھسانا
کھسانا
(۱) گھسانا
(۲) گھسانا
ترشانا
بغبغانا
برقانا
کانا
ابکانا
دبکانا
بکبکانا
ہکبکانا
بھبکانا
پکانا
کھاناپکانا
ٹپکانا
چپکانا
لپکانا
جھپکانا
ٹکانا
اٹکانا
چٹکانا
سٹکانا
لٹکانا
مٹکانا
ہٹکانا

گھڑانا
گھڑگھڑانا
نہڑانا
لرزانا
اسانا
بسانا
ابسانا
(۱) پسانا
(۲) پسانا
چسانا
ڈسانا
رسانا
برسانا
ترسانا
چورسانا
کسانا
اکسانا
الکسانا
السانا
لسلسانا
ہلسانا
بھلسانا
جھلسانا
رسمسانا
کسمسانا
مسمسانا
ہمسانا
ہنسانا
پھنسانا
دھنسانا

گمانا
پلمانا
فلمانا
جنمانا
همانا
تهمانا
جهمجهمانا
چهمچهمانا
سہمانا
گھمانا
نانا
بنانا
پنانا
اپنانا
پنپنانا
تنانا
تنتنانا
ٹنٹنانا
جنانا
چنانا
چنچنانا
خنخنانا
دندنانا
پرنانا
سکڑنانا
سنانا
اسنانا
سنسنانا
غنغنانا
دفنانا

کھلانا
دکھلانا
سکھلانا
کھلکھلانا
بوکھلانا
گھلانا
پگھلانا
ٹگھلانا
هلهلانا
کمهلانا
نہلانا
پھیلانا
مانا
تمانا
تمتمانا
ٹمٹمانا
جمانا
چمانا
چمچمانا
رمانا
ارمانا
برمانا
شرمانا
فرمانا
گرمانا
نرمانا
بھرمانا
آزمانا
سمانا
کمانا

کملانا
تلملانا
کلملانا
جهلملانا
ڈهلملانا
نلانا
سونلانا
بولانا
مولانا
کھولانا
هلانا
بہلانا
بهلانا
(۱) بهلبهلانا
(۲) بهلبهلانا
پهلانا
اتهلانا
تهلتهلانا
ٹہلانا
اٹهلانا
جهلانا
جهلّانا
جهلجهلانا
جهنجهلانا
چهلچهلانا
(۱) دهلانا
(۲) دهلانا
چندهلانا
سہلانا
کہلانا

دلانا
بدلانا
گدلانا
پھندلانا
ڈلانا
منڈلانا
(۱) رلانا
(۲) رلانا
ہرلانا
(۱) سلانا
(۲) سلانا
پسلانا
سلسلانا
(۱) پھسلانا
(۲) پھسلانا
کھسلانا
ورغلانا
فلانا
کلانا
کلّانا
کلکلانا
هکلانا
گلانا
(۱) پگلانا
(۲) پگلانا
گلگلانا
نگلانا
انگلانا
ملانا
گھلانا ملانا

چلبلانا
کلبلانا
هلبلانا
کهلبلانا
(۱) پلانا
(۲) پلانا
(۱) پلپلانا
(۲) پلپلانا
تلانا
بتلانا
پتلانا
تتلانا
جتلانا
تلتلانا
متلانا
توتلانا
ٹلانا
ٹلٹلانا
جهٹلانا
(۱) جلانا
(۲) جلانا
کجلانا
جلجلانا
(۱) کهجلانا
(۲) کهجلانا
چلانا
چلّانا
(۱) چلچلانا
(۲) چلچلانا
مچلانا

(۱) چلوانا
(۲) چلوانا
(۱) دلوانا
(۲) دلوانا
بدلوانا
ڈلوانا
(۱) سلوانا
(۲) سلوانا
نکلوانا
(۱) ملوانا
(۲) ملوانا
قبولوانا
جھلوانا
چھلوانا
دھلوانا
(۱) ڈھلوانا
(۲) ڈھلوانا
کہلوانا
(۱) کھلوانا
(۲) کھلوانا
پگھلوانا
نہلوانا
نوانا
(۱) بنوانا
(۲) بنوانا
(۱) پنوانا
(۲) پنوانا
جنوانا
چنوانا
(۱) گنوانا

پسوانا
(۱) کسوانا
(۲) کسوانا
پھنسوانا
ٹھسوانا
(۱) گھسوانا
(۲) گھسوانا
بخشوانا
بکوانا
پکوانا
چپکوانا
رکوانا
چھڑکوانا
(۱) پھنکوانا
(۲) پھنکوانا
پھکوانا
تھکوانا
جھکوانا
گوانا
لگوانا
رنگوانا
سنگوانا
منگوانا
لوانا
بلوانا
(۱) پلوانا
(۲) پلوانا
(۱) تلوانا
(۲) تلوانا
جلوانا

لدوانا
چھدوانا
کھدوانا
منڈوانا
ڈھنڈوانا
کھنڈوانا
اتروانا
(۱) چروانا
(۲) چروانا
(۳) چروانا
کروانا
گروانا
مروانا
پھروانا
دھروانا
تڑوانا
(۱) جڑوانا
(۲) جڑوانا
اجڑوانا
نچڑوانا
پکڑوانا
گڑوانا
توڑوانا
پھڑوانا
جھڑوانا
(۱) چھڑوانا
(۲) چھڑوانا
اکھڑوانا
گھڑوانا
سوانا

(۲) جتوانا
ستوانا
کتوانا
بٹوانا
(۱) پٹوانا
(۲) پٹوانا
چٹوانا
(۱) کٹوانا
(۲) کٹوانا
(۱) لٹوانا
(۲) لٹوانا
بھٹوانا
چھنٹوانا
چھٹوانا
گھٹوانا
بجوانا
پجوانا
سجوانا
پنجوانا
بھجوانا
چوانا
(۱) مچوانا
(۲) مچوانا
(۱) نچوانا
(۲) نچوانا
پہنچوانا
کھنچوانا
کھینچوانا
کھچوانا
چخوانا

کفنانا
چکنانا
گنانا
گنگنانا
منانا
کنمنانا
منمنانا
(۱) بھنانا
(۲) بھنانا
بھنّانا
بھنبھنانا
پہنانا
پھنپھنانا
ٹھنٹھنانا
جھنّانا
جھنجھنانا
چھنانا
چھنچھنانا
گہنانا
گھنگھنانا
ہنہنانا
پینانا
پھینانا
بوانا
چبوانا
لپوانا
مپوانا
چھپوانا
توانا
(۱) جتوانا

هچکیانا	مہانا	رہانا	تھتھانا	(۲) گنوانا
ککیانا	(۱) نہانا	سرھانا	اٹھانا	منوانا
مکیانا	(۲) نہانا	اڑھانا	بٹھانا	بھنوانا
نکیانا	پنہانا	بڑھانا	پٹھانا	(۱) چھنوانا
گیانا	یانا	پڑھانا	گٹھانا	(۲) چھنوانا
گی آنا	(۱) بیانا	سکھانا پڑھانا	بیٹھانا	ھوانا
آگیانا	(۲) بیانا	(۱) چڑھانا	پیٹھانا	چبھوانا
تگیانا	پبیانا	(۲) چڑھانا	بجھانا	اٹھوانا
تنگیانا	تنبیانا	بڑھانا چڑھانا	لگانا بجھانا	گٹھوانا
ننگیانا	پپیانا	(۱) کڑھانا	سمجھانا بجھانا	چھوانا
گھگیانا	پتیانا	(۲) کڑھانا	رجھانا	بچھوانا
لے آنا	جتیانا	لڑھانا	مرجھانا	پچھوانا
کلیانا	لتیانا	(۱) سہانا	سجھانا	سد ھوانا
ممیانا	بھتیانا	(۲) سہانا	الجھانا	بند ھوانا
مومیانا	چھتیانا	کھانا	سلجھانا	گند ھوانا
پنیانا	کھتیانا	کاٹ کھانا	سمجھانا	ڈ ھوانا
کنیانا	چٹیانا	چکھانا	چھانا	پڑھوانا
ویانا	مٹیانا	(۱) دکھانا	بچھانا	چڑھوانا
وی آنا	چچیانا	(۲) دکھانا	ترچھانا	کڑھوانا
ھتھیانا	کچیانا	پرکھانا	پھرچھانا	رکھوانا
سٹھیانا	خوخیانا	(۱) سکھانا	(۱) چھچھانا	لکھوانا
مٹھیانا	ٹنڈ یانا	(۲) سکھانا	(۲) چھچھانا	بہانا
کچھیانا	ھڈ یانا	لکھانا	د ھانا	بھانا
لچھیانا	رریانا	مکھانا	بد ھانا	ٹبھانا
اد ھیانا	ھریانا	گھانا	سد ھانا	چبھانا
چند ھیانا	پپڑیانا	اگھانا	بند ھانا	لبھانا
چوند ھیانا	ھتھوڑیانا	سنگھانا	اوند ھانا	رمبھانا
لڑھیانا	سیانا	لنگھانا	ڈ ھانا	نبھانا
(۱) بنا	کسیانا	گھگھانا	لنڈ ھانا	پھانا
(۲) بنا	کھسیانا	لہلہانا	ڈ ھڈ ھانا	ھپھپھانا

(۲) چپٹنا	بیونتنا	(۱) چھپنا	شہد پنا	ابنا
د پٹنا	سینتنا	(۲) چھپنا	کوارپنا	چابنا
ڈ پٹنا	پوتنا	ڈ ھپنا	ترپنا	د ابنا
رپٹنا	لیپنا پوتنا	کھپنا	بڑپنا	بت بنا
لپٹنا	جوتنا	گھپنا	تڑپنا	کھٹ بنا
نپٹنا	سوتنا	ٹیپنا	جھڑپنا	د بنا
جھپٹنا	موتنا	چیپنا	سپنا	اوبنا
جٹنا	بھتنا	لیپنا	لپنا	ڈ وبنا
اچٹنا	بیتنا	جھیپنا	کلپنا	پھبنا
ڈ ٹنا	جیتنا	چھیپنا	مپنا	کھبنا
آڈ ٹنا	چیتنا	گھیپنا	کمپنا	پنا
رٹنا	ریتنا	تنا	نپنا	(۱) پنّا
سٹنا	سکیتنا	(۱) اتنا	چانپنا	(۲) پنّا
گھسٹنا	چھیتنا	(۲) اتنا	کانپنا	اپنا
(۱) کٹنا	ٹنا	راتنا	ھانپنا	تاپنا
(۲) کٹنا	اٹنا	کاتنا	بھانپنا	ٹاپنا
چکٹنا	آٹنا	(۱) بتنا	پھانپنا	چاپنا
اگٹنا	پاٹنا	(۲) بتنا	جھانپنا	الاپنا
(۱) لٹنا	اپاٹنا	(۱) جتنا	ڈ ھانپنا	ماپنا
(۲) لٹنا	چاٹنا	(۲) جتنا	پنپنا	ناپنا
الٹنا	چوماچاٹنا	برتنا	سونپنا	تھاپنا
پلٹنا	ڈ اٹنا	ستنا	گھونپنا	ستھاپنا
سلٹنا	کاٹنا	اعتنا	مین پنا	چھاپنا
مٹنا	(۱) بٹنا	(۱) کتنا	جھینپنا	ڈ ھاپنا
چمٹنا	(۲) بٹنا	(۲) کتنا	توپنا	تپنا
سمٹنا	ابٹنا	بھگتنا	چوپنا	ٹپنا
نمٹنا	نبٹنا	متنا	روپنا	چھٹپنا
نٹنا	(۱) پٹنا	پلک متنا	تھوپنا	جپنا
بانٹنا	(۲) پٹنا	تنتنا	چھوپنا	چپنا
چانٹنا	(۱) چپٹنا	سونتنا	تھپنا	بچپنا

گوچنا
موچنا
نوچنا
هوچنا
بهچنا
کهچنا
بیچنا
سیچنا
الیچنا
میچنا
بهیچنا
حنا
د زد حنا
خنا
پخنا
ٹخنا
پٹخنا
چٹخنا
تڑخنا
چیخنا
دنا
پادنا
لادنا
ہدنا
پهپدنا
گردنا
گدنا
بگدنا
لدنا
جاندنا

پرچنا
چرچنا
خرچنا
کهرچنا
سچنا
لچنا
الچنا
پلچنا
(۱) مچنا
(۲) مچنا
نچنا
بانچنا
ٹانچنا
جانچنا
جنچنا
چنچنا
کهرونچنا
پهنچنا
کهنچنا
اینچنا
پینچنا
سینچنا
بهینچنا
پهینچنا
کهینچنا
د بوچنا
کهروچنا
(۱) سوچنا
(۲) سوچنا
کوچنا

بهانجنا
پنجنا
گنجنا
منجنا
گونجنا
بهنجنا
پینجنا
پوجنا
سوجنا
پسوجنا
کهوجنا
بهجنا
هربهجنا
بیجنا
اسیجنا
پسیجنا
بهیجنا
چهیجنا
سهیجنا
چنا
چنّا
باچنا
ناچنا
بچنا
پچنا
رچناپچنا
تچنا
جچنا
(۱) رچنا
(۲) رچنا

لپیٹنا
گهسیٹنا
لیٹنا
میٹنا
سمیٹنا
بهیٹنا
پهیٹنا
ٹنا
اٹنا
استٹنا
بحٹنا
جنا
باجنا
براجنا
ساجنا
لاجنا
(۱) بجنا
(۲) بجنا
پجنا
اپجنا
(۱) تجنا
(۲) تجنا
رجنا
برجنا
گرجنا
سجنا
اسجنا
پانجنا
گانجنا
مانجنا

ڈانٹنا
سانٹنا
چهانٹنا
بنٹنا
اونٹنا
گهونٹنا
چهنٹنا
پهینٹنا
چهینٹنا
اوٹنا
ٹوٹنا
کهسوٹنا
نوچناکهسوٹنا
کوٹنا
بکوٹنا
(۱) لوٹنا
(۲) لوٹنا
(۳) لوٹنا
پهوٹنا
چهوٹنا
گهوٹنا
بهٹنا
پهٹنا
(۱) چهٹنا
(۲) چهٹنا
کهٹنا
(۱) گهٹنا
(۲) گهٹنا
پیٹنا
روناپیٹنا

ابرنا
(۱) ترنا
(۲) ترنا
اترنا
(۱) کترنا
(۲) کترنا
چھترنا
ٹھٹرنا
(۱) چرنا
(۲) چرنا
(۳) چرنا
آدرنا
ڈرنا
گذرنا
بررنا
گزرنا
درگزرنا
(۱) سرنا
(۲) سرنا
اسرنا
بسرنا
پسرنا
قرنا
کرنا
مکرنا
گرنا
ڈگرنا
مرنا
لڑمرنا
سمرنا

لہکارنا
اگارنا
ٹگارنا
سنگارنا
الارنا
دلارنا
مارنا
وارنا
سنوارنا
ہارنا
اہارنا
بہارنا
ابھارنا
ڈپھارنا
بتھارنا
نتھارنا
مٹھارنا
چھارنا
دھارنا
ادھارنا
پدھارنا
(۱) سدھارنا
(۲) سدھارنا
سہارنا
تکھارنا
نکھارنا
کھنکھارنا
بگھارنا
نہارنا
برنا

پھپکارنا
دتکارنا
تھتکارنا
دھتکارنا
ٹٹکارنا
چٹکارنا
پھٹکارنا
پچکارنا
چچکارنا
مچکارنا
چھچکارنا
ڈکارنا
سکارنا
سسکارنا
ششکارنا
لشکارنا
ہشکارنا
کلکارنا
للکارنا
ہلکارنا
پھلکارنا
چمکارنا
بنکارنا
ٹنکارنا
سنکارنا
ہنکارنا
پھنکارنا
پھکارنا
چھکارنا
چھچھکارنا

ڈانڈنا
مانڈنا
ہانڈنا
منڈنا
امنڈنا
مونڈنا
ڈھونڈنا
ہنڈنا
(۱) کھنڈنا
(۲) کھنڈنا
اینڈنا
الینڈنا
ارنا
ابارنا
پارنا
اپارنا
اتارنا
تتارنا
چتارنا
ٹارنا
بچارنا
پٹخارنا
ہٹخارنا
چٹخارنا
گذارنا
گزارنا
سارنا
بسارنا
پسارنا
پکارنا

پھاندنا
کودنا پھاندنا
چھاندنا
رندنا
گندنا
نگندنا
مندنا
روندنا
کوندنا
موندنا
پھپھوندنا
کھوندنا
(۱) پھندنا
(۲) پھندنا
نیندنا
پودنا
چودنا
کودنا
اچھلنا کودنا
گودنا
کھودنا
چھدنا
کھدنا
خریدنا
کریدنا
رگیدنا
بھیدنا
چھیدنا
کھیدنا
امڈنا

سکوڑنا
گوڑنا
موڑنا
نوڑنا
بھنبھوڑنا
پھوڑنا
جھنجھوڑنا
چھوڑنا
بچھوڑنا
پچھوڑنا
نکھوڑنا
کھکھوڑنا
نہوڑنا
بھڑنا
لڑنا بھڑنا
تھڑنا
لتھڑنا
جھڑنا
(۱) چھڑنا
(۲) چھڑنا
بچھڑنا
پچھڑنا
اد ھڑنا
اکھڑنا
گھڑنا
نہڑنا
نبیڑنا
(۱) پیڑنا
(۲) پیڑنا
کھدیڑنا

لالے پڑنا
(۱) جڑنا
(۲) جڑنا
اجڑنا
چڑنا
نچڑنا
سڑنا
اکڑنا
پکڑنا
جکڑنا
سکڑنا
گڑنا
بگڑنا
رگڑنا
جھگڑنا
لڑنا جھگڑنا
لڑنا
مڑنا
بوڑنا
بھنبوڑنا
نپوڑنا
توڑنا
جوڑنا
جھنجوڑنا
چچوڑنا
نچوڑنا
د وڑنا
مروڑنا
توڑنا مروڑنا
ھنسوڑنا

پکھیرنا
گھیرنا
(۱) اڑنا
(۲) اڑنا
لباڑنا
نباڑنا
اپاڑنا
تاڑنا
لتاڑنا
اجاڑنا
گاڑنا
بگاڑنا
ماڑنا
ھاڑنا
پھاڑنا
چیرنا پھاڑنا
چتھاڑنا
چھاڑنا
پچھاڑنا
د ھاڑنا
اکھاڑنا
چنگھاڑنا
لے اڑنا
بڑنا
نبڑنا
پڑنا
رونا پڑنا
چپڑنا
گرپڑنا
سپڑنا

ٹھرنا
ٹھٹھرنا
(۱) جھرنا
(۲) جھرنا
(۳) جھرنا
چھرنا
د ھرنا
سد ھرنا
اکھرنا
بکھرنا
نکھرنا
گھرنا
لہرنا
(۱) نہرنا
(۲) نہرنا
ٹھہرنا
پیرنا
تیرنا
(۱) ٹیرنا
(۲) ٹیرنا
اٹیرنا
چیرنا
لکیرنا
گیرنا
ٹھنگیرنا
ویرنا
ھیرنا
پھیرنا
ٹھیرنا
کھیرنا

لے مرنا
بورنا
بٹورنا
چورنا
بچورنا
چچورنا
بد ورنا
ھند ورنا
بسورنا
ٹکورنا
سکورنا
ھلکورنا
اگورنا
ہلورنا
ھلورنا
سنورنا
تھورنا
گھورنا
(۱) ھرنا
(۲) ھرنا
بہرنا
بھرنا
ابھرنا
پہرنا
پھرنا
اپھرنا
بپھرنا
تھرنا
بتھرنا
نتھرنا

دارالفنا
تڑقنا
کنا
تاکنا
چاکنا
ڈاکنا
بکنا (۱)
بکنا (۲)
ابکنا
چبکنا
دبکنا
ڈبکنا
سبکنا
ھبکنا
بھبکنا
پھبکنا
پکنا
تپکنا
ٹپکنا
چپکنا
گپکنا
لپکنا
ھپکنا
تھپکنا
جھپکنا
تکنا
ٹکنا (۱)
ٹکنا (۲)
اٹکنا
پٹکنا

وفاناآشنا
خزاں ناآشنا
صورت آشنا
جگت آشنا
زود آشنا
تراشنا
خراشنا
دیرآشنا
غرض آشنا
حرف آشنا
رنگ آشنا
رحم آشنا
چشم آشنا
عالم آشنا
خزاں آشنا
بخشنا
ترشنا
کرشنا
دریائے کرشنا
عنا
رعنا
گل رعنا
غنا (۱)
غنا (۲)
داغنا
استغنا
دغنا
غنغنا
فنا
غلافنا

ٹھنسنا
دھنسنا
ھینسنا
پوسنا
چوسنا
پروسنا
مسوسنا
کوسنا
ڈکوسنا
نکوسنا
بھکوسنا
ڈھکوسنا
موسنا
دھوسنا
کھوسنا
بھسنا
ٹھسنا
دھسنا
کھسنا
گھسنا (۱)
گھسنا (۲)
گھرگھسنا
پیسنا
ٹیسنا
اسیسنا
لیسنا
کھیسنا
آشنا
وفاآشنا
ناآشنا

ترسنا
اڑسنا
کسنا
اکسنا
بکسنا
نکسنا
لسنا
بلسنا
ھلسنا
بھلسنا
جھلسنا
مسنا
ھمسنا
پانسنا
تانسنا
ڈانسنا
گانسنا
ھتوانسنا
پھانسنا
ٹھانسنا
جھانسنا
دھانسنا
کھانسنا
ڈنسنا
تونسنا
ھونسنا
ٹھونسنا
کھونسنا
ھنسنا
پھنسنا

گھسیڑنا
سکیڑنا
بھیڑنا
چتھیڑنا
لتھیڑنا
چھیڑنا
ادھیڑنا
زنا
نوازنا
لرزنا
ولدالزنا
انگیزنا
سنا
اسنا
باسنا
پاسنا
اپاسنا
پلاسنا
انواسنا
کھاسنا
بسنا (۱)
بسنا (۲)
ابسنا
رسنابسنا
پسنا
چسنا
ڈسنا
رسنا
برسنا
پرسنا

(۲) ٹھنکنا
چھنکنا
دھنکنا
کھنکنا
رینکنا
سینکنا
مینکنا
پھینکنا
جھینکنا
(۱) چھینکنا
(۲) چھینکنا
اوکنا
ٹوکنا
چوکنا
چوکنّا
ڈوکنا
روکنا
دڑوکنا
کوکنا
لوکنا
ہوکنا
تھوکنا
ٹھوکنا
جھوکنا
ڈھوکنا
بہکنا
بھکنا
ٹہکنا
پھبھکنا
پھکنا

جھمکنا
دھمکنا
انکنا
آنکنا
ٹانکنا
ہانکنا
پھانکنا
جھانکنا
ڈھانکنا
تنکنا
(۱) سنکنا
(۲) سنکنا
کنکنا
منکنا
پونکنا
چونکنا
ہونکنا
(۱) بھونکنا
(۲) بھونکنا
پھونکنا
جھاڑنا پھونکنا
ٹھونکنا
جھونکنا
چھونکنا
دھونکنا
ہنکنا
بھنکنا
(۱) پھنکنا
(۲) پھنکنا
(۱) ٹھنکنا

(۱) ٹسکنا
(۲) ٹسکنا
چسکنا
سسکنا
کسکنا
مسکنا
بھسکنا
(۱) پھسکنا
(۲) پھسکنا
ٹھسکنا
دھسکنا
کھسکنا
لکنا
(۱) بلکنا
(۲) بلکنا
ٹلکنا
دلکنا
ڈلکنا
(۱) ہلکنا
(۲) ہلکنا
جھلکنا
چھلکنا
(۱) ڈھلکنا
(۲) ڈھلکنا
تمکنا
چمکنا
دمکنا
لمکنا
ہمکنا
ٹھمکنا

(۲) بدکنا
کدکنا
بھدکنا
پھدکنا
رکنا
برکنا
(۱) چرکنا
(۲) چرکنا
درکنا
سرکنا
مرکنا
ہرکنا
تھرکنا
گھرکنا
بڑکنا
تڑکنا
رڑکنا
سڑکنا
کڑکنا
مڑکنا
ہڑکنا
بھڑکنا
پھڑکنا
جھڑکنا
چھڑکنا
دھڑکنا
کھڑکنا
گھڑکنا
(۱) سکنا
(۲) سکنا

(۱) چٹکنا
(۲) چٹکنا
(۱) سٹکنا
(۲) سٹکنا
غٹکنا
گٹکنا
لٹکنا
(۱) مٹکنا
(۲) مٹکنا
ہٹکنا
بھٹکنا
پھٹکنا
ٹھٹکنا
جھٹکنا
چھٹکنا
(۱) کھٹکنا
(۲) کھٹکنا
جھجکنا
(۱) چکنا
(۲) چکنا
اچکنا
بچکنا
پچکنا
سچکنا
کچکنا
لچکنا
ہچکنا
بھچکنا
جھچکنا
(۱) بدکنا

نگلنا
ملنا (۱)
ملنا (۲)
بولنا
ھنسنا بولنا
قبولنا
پپولنا
تولنا
ٹولنا
ٹٹولنا
ڈولنا
رولنا
کولنا (۱)
کولنا (۲)
جھکولنا
گھنگولنا
مولنا
ھولنا
بھولنا
پھولنا
پھلنا پھولنا
جھولنا
چھولنا
کھولنا (۱)
کھولنا (۲)
گھولنا
ھلنا
بہلنا
سنبھلنا
پھلنا

پلنا (۱)
پلنا (۲)
تلنا (۱)
تلنا (۲)
ٹلنا
جلنا (۱)
جلنا (۲)
ملنا جلنا
چلنا
بچلنا
کچلنا
مچلنا
دلنا
بدلنا
کھندلنا
ڈلنا (۱)
ڈلنا (۲)
انڈلنا
رلنا (۱)
رلنا (۲)
سلنا (۱)
سلنا (۲)
مسلنا
پھسلنا
کھسلنا
اٹکلنا
نکلنا
گلنا
اگلنا
پگلنا

ھگنا
ٹھگنا (۱)
ٹھگنا (۲)
بھیگنا
اپالنا
پالنا
ٹالنا
جھٹالنا
اجالنا
ڈالنا
سالنا
اکالنا
نکالنا
ھنکالنا
اگالنا
جگالنا
کھنگالنا
ھالنا
بھالنا
دیکھنا بھالنا
سنبھالنا
پھالنا
جھالنا
اجھالنا
اچھالنا
ڈھالنا
پکھالنا
گھالنا
بلنا
ابلنا

تگنا (۲)
جگنا
چگنا
پچ گنا
دگنا
ڈگنا
چارگنا
دس گنا
لگنا
سلگنا
ھلگنا
ٹانگنا
الانگنا
پھلانگنا
مانگنا
ٹنگنا
چنگنا
رنگنا
کنگنا
گنگنا
بلنگنا
امنگنا
اونگنا
ٹونگنا
ٹھونگنا
ٹھنگنا
رینگنا
چوگنا
سوگنا
بھوگنا

تھکنا
ٹھکنا (۱)
ٹھکنا (۲)
ٹھٹھکنا
جھکنا
بجھکنا
چہکنا
چھکنا
دھکنا
ڈھکنا
لڑھکنا
گہکنا
لہکنا
مہکنا
چپکنا
ٹیکنا
جھیکنا
چھیکنا
گنا
گنّا
اگنا
تاگنا
جاگنا
بھاگنا
لے بھاگنا
جھاگنا
پڑھاگنا
تیاگنا
پگنا
تگنا (۱)

(۳) پونا
ٹونا
ہٹونا
(۱) جونا
(۲) جونا
چونا
پتھرچونا
(۱) دونا
(۲) دونا
رونا
رونّا
رونا رونا
پرونا
سیناپرونا
گڑونا
(۱) سونا
(۲) سونا
کونا
اکونا
تکونا
ستکونا
سکڑکونا
چوکونا
گونا
بگونا
بھگونا
لونا
الونا
بلونا
پچلونا

(۱) سننا
(۲) سننا
کہناسننا
(۱) گننا
(۲) گننا
مننا
بھوننا
ھننا
بھننا
جلنابھننا
پہننا
ٹھننا
(۱) چھننا
(۲) چھننا
دھننا
گھننا
بیننا
چھیننا
اونا
پاؤنا
ڈراؤنا
ناونا
گھناؤنا
بھاونا
سہاونا
(۱) بونا
(۲) بونا
ڈبونا
(۱) پونا
(۲) پونا

تھمنا
سہمنا
جیمنا
میمنا
ننا
اننا
تاننا
جاننا
پہچاننا
گرداننا
گذراننا
گزراننا
ساننا
پلاننا
ماننا
ہاں نا
بھاننا
ٹھاننا
چھاننا
بکھاننا
(۱) ہننا
(۲) بِننا
(۳) بننا
(۱) پننا
(۲) پننا
تننا
گھٹننا
جننا
(۱) چننا
(۲) چننا

ڈھکیلنا
بگیلنا
میلنا
پھیلنا
ٹھیلنا
جھیلنا
چھیلنا
کھیلنا
منا
آمنا
سامنا
آمناسامنا
کامنا
چنامنا
ننامنا
تھامنا
بمنا
تمنا
(۱) جمنا
(۲) جمنا
دریائےجمنا
رمنا
گمنا
انمنا
جنمنا
منمنا
تومنا
چومنا
جھومنا
گھومنا

پھولناپھلنا
اتھلنا
ٹہلنا
جھلنا
اجھلنا
(۱) چھلنا
(۲) چھلنا
اچھلنا
بچھلنا
پچھلنا
چھچھلنا
(۱) دھلنا
(۲) دھلنا
ادھلنا
(۱) ڈھلنا
(۲) ڈھلنا
(۱) کھلنا
(۲) کھلنا
گھلنا
پگھلنا
ٹگھلنا
بیلنا
پیلنا
پٹیلنا
انڈیلنا
ریلنا
سیلنا
تحصیلنا
کیلنا
دھکیلنا

سرہنا	پوچھنا	گٹھنا	سراہنا	سلونا
کاڑھنا	دھنا (۱)	گانٹھنا	کراہنا	سانولاسلونا
ٹھاڑھنا	دھنا (۲)	اینٹھنا	گاہنا	بارسلونا
بڑھنا	ادھنا	روٹھنا	اگاہنا	کم سلونا
پڑھنا	سادھنا	ہٹھنا	الاہنا	ہنسلونا
لکھناپڑھنا	نادھنا	بیٹھنا	بیاہنا	کھلونا
چڑھنا (۱)	بدھنا	پوج بیٹھنا	بہنا	مونا
چڑھنا (۲)	سدھنا (۱)	مل بیٹھنا	جلابہنا	سمونا
کڑھنا (۱)	سدھنا (۲)	پیٹھنا	لہنابہنا	نونا (۱)
کڑھنا (۲)	باندھنا	امیٹھنا	چبہنا	نونا (۲)
گڑھنا	راندھنا	بجھنا	نبہنا	ہونا
مڑھنا	ناندھنا	رجھنا	نبھنا	پاہونا
اوڑھنا	بندھنا (۱)	الجھنا	لوبھنا	چبھونا
لوڑھنا	بندھنا (۲)	سلجھنا	پہنا	چھونا
بیڑھنا	رندھنا	سمجھنا	پاتھنا	بچھونا
سہنا	گندھنا	منجھنا	ناتھنا	اوڑھنابچھونا
شہنا	اوندھنا	جھنجھنا	پتھنا	دھونا (۱)
کہنا	سوندھنا	بوجھنا (۱)	پرارتھنا	دھونا (۲)
چاکھنا	کوندھنا	بوجھنا (۲)	ستھنا	نہانادھونا
لاکھنا	گوندھنا	جوجھنا	گتھنا	رونادھونا
ست کھنا	بیندھنا (۱)	سوجھنا	متھنا	ڈھونا
چکھنا	بیندھنا (۲)	ریجھنا	نتھنا	کھونا
دکھنا (۱)	ریندھنا (۱)	اسیجھنا	گونتھنا	سیونا
دکھنا (۲)	ریندھنا (۲)	باچھنا	گوتھنا	باہنا
رکھنا	سیندھنا	پاچھنا	گلگوتھنا	نباہنا
پرکھنا	سودھنا	بچھنا	تھوتھنا	چاہنا
مرکھنا	بیدھنا	پچھنا	چیتھنا	داہنا (۱)
نرکھنا	لنڈھنا	کچھنا	ٹہنا	داہنا (۲)
لکھنا	منڈھنا	چانچھنا	اٹھنا	ڈاہنا
بلکھنا	رہنا	پونچھنا	بناٹھنا	راہنا

(۲) بٹوا
جٹوا
چٹوا
ٹینٹوا
بھٹوا
جوا
چوا
چوّا
بچوا
کینچوا
حوا
فحوا
دوا
دؤا
لادوا
مردوا
چندوا
تیندوا
گیندوا
ردواکھدوا
بےدوا
ڈوا
رنڈوا
منڈوا
بھنڈوا
رنڈوابھنڈوا
روا
لاروا
ناروا
(۱) بروا

بھلاوا
چھلاوا
پھیلاوا
ماوا
مأوا
پہناوا
سمجھاوا
دھاوا
بدھاوا
بڑھاوا
بت بڑھاوا
چڑھاوا
دکھاوا
بوا
ببوا
(۱) پوا
(۲) پوا
پوّا
توا
تتاتوا
الٹاتوا
رتوا
ستوا
استوا
خط استوا
فتوا
التوا
تانتوا
ماھی‌توا
(۱) بٹوا

چھینا
ڈھینا
کھینا
مہینا
وا
آوا
باوا
تاوا
پچھتاوا
جاوا
آواجاوا
پچاوا
بحیرۂ جاوا
لداوا
مداوا
ڈراوا
گراوا
پہراوا
اکساوا
پھساوا
بہکاوا
لاوا
بلاوا
(۱) تلاوا
(۲) تلاوا
براتسلاوا
پھسلاوا
مکلاوا
ھلاوا
بہلاوا

(۱) بینا
(۲) بینا
نابینا
دانابینا
مادرزاد نابینا
چبینا
چرچبینا
(۱) پینا
(۲) پینا
کھاناپینا
جینا
مرناجینا
چینا
دینا
لینادینا
(۱) سینا
(۲) سینا
(۳) سینا
پسینا
ابوعلی سینا
گینا
لینا
ملالینا
پلینا
لےلینا
(۱) مینا
(۲) مینا
نینا
مرگ نینا
بھینا

مکھنا
کھونکھنا
سوکھنا
پیکھنا
چیکھنا
دیکھنا
سیکھنا
لیکھنا
گہنا
گھنا
گھنّا
کم گھنا
لانگھنا
نانگھنا
اونگھنا
سونگھنا
لہنا
الھنا
کولھنا
(۱) مہنا
(۲) مہنا
طعنۃ مہنا
پوھنا
ٹوھنا
جوھنا
دوھنا
پروھنا
سوھنا
موھنا
لیھنا

باھا	پیچھوا	حلوا	رسوا	(۲) بروا
چاھا	بدھوا	نلوا	بکسوا	(۱) پروا
تراھا	ودھوا	گھولوا	ھنسوا	(۲) پروا
چوراھا	بڑھوا	پھلوا	بیسوا	لاپروا
دوراھا	کھوا	ٹہلوا	پیشوا	بے پروا
ساھا	پکھوا	ایلوا	دعوا	حاجت روا
لاھا	انکھوا	موا	اغوا	چروا
جلاھا	گھوا	اموا	مقوا	کروا
ہکلاھا	مقیاس الھوا	ادھموا	کوا	لنگروا
درماھا	چلھوا	نوا	کوّا	پھلروا
چرواھا	مہوا	بانوا	کالاکوا	مروا
سرواھا	علم ھوا	شنوا	تکوا	کام روا
ہرواھا	آب و ھوا	گوش شنوا	ٹکوا	فرمان روا
ہلواھا	تبدیل آب و ھوا	خوش نوا	چکوا	پوروا
ھاھا	کرۂ ھوا	منوا	نکوا	کہروا
اھاھا	ٹیوا	بے برگ و نوا	کنکوا	گھروا
پھاھا	دیوا	آشفتہ نوا	ھنکوا	سیروا
بیاھا	پانی دیوا	لکھنوا	بھکوا	گیروا
ان بیاھا	پریوا	بے نوا	اگوا	پڑوا
بن بیاھا	ھریوا	ھوا	نکاراگوا	چڑوا
سیاھا	سیوا	ھوّا	پھگوا	کڑوا
بہا	ٹھاکرسیوا	واہ وا	(۱) لوا	گڑوا
آبہا	لیوا	تھوا	(۲) لوا	بھڑوا
گابہا	جان لیوا	بتھوا	(۱) بلوا	برڑوا
جنبہا	نیوا	جھوا	(۲) بلوا	بورژوا
راج بہا	جنیوا	(۱) بچھوا	(۱) تلوا	(۱) سوا
کل جبہا	تھیوا	(۲) بچھوا	(۲) تلوا	(۲) سوا
سبہا	کھیوا	پچھوا	ٹلوا	(۳) سوا
مہاسبہا	ھا	کچھوا	(۱) چلوا	ماسوا
راج سبہا	اھا	مچھوا	(۲) چلوا	بسوا

آگاپیچھا
د ھا
اد ھا
آد ھا
راد ھا
د بد ھا
اسرد ھا
شرئ ھا
اژد ھا
صد ھا
گد ھا
اند ھا
بال باند ھا
کاند ھا
رنگ اند ھا
جنم اند ھا
د ن اند ھا
بند ھا
لگابند ھا
چند ھا
کند ھا
اوند ھا
رتوند ھا
سوند ھا
کوند ھا
سیند ھا
بسیند ھا
جود ھا
سید ھا
الٹاسید ھا

الجھا
رانجھا
مانجھا
جھانجھا
سنجھا
اوجھا
بوجھا
جانابوجھا
گوجھا
(۱) اچھا
(۲) اچھا
باچھا
کاچھا
بچھا
برچھا
پرچھا
پون پرچھا
ترچھا
کرچھا
مورچھا
پھرچھا
گچھا
لچھا
گل مچھا
چھونچھا
اوچھا
انگوچھا
چھوچھا
چھچھا
پیچھا

ٹھونٹھا
جوٹھا
بجوٹھا
روٹھا
بروٹھا
کوٹھا
انگوٹھا
لوٹھا
پلوٹھا
موٹھا
انوٹھا
جھوٹھا
بھٹھا
ٹھٹھا
ھنسی ٹھٹھا
بیٹھا
(۱) پیٹھا
(۲) پیٹھا
جیٹھا
ریٹھا
بریٹھا
سیٹھا
میٹھا
کھٹامیٹھا
ھیٹھا
ساجھا
آد ھا ساجھا
لاجھا
بد رجھا
گجھا

ھتھا
ٹھا
اٹھا
پاٹھا
ساٹھاپاٹھا
پراٹھا
ساٹھا
ماٹھا
ٹھاٹھا
(۱) پٹھا
(۲) پٹھا
رگ پٹھا
(۱) چٹھا
(۲) چٹھا
ڈٹھا
کٹھا
اکٹھا
گٹھا
گولی گٹھا
لٹھا
لٹھم لٹھا
پھلٹھا
(۱) مٹھا
(۲) مٹھا
(۳) مٹھا
کھٹ مٹھا
ٹانٹھا
کنٹھا
گنٹھا
ھونٹھا

لوک سبھا
راجیہ سبھا
بیش بہا
قبہا
گبھا
گران بہا
اچنبھا
خون بہا
شوبھا
بے بہا
گپھا
گپّھا
پھوپھا
ماتھا
تتھا
جتھا
اشتھا
کتھا
کتّھا
گتھم گتھا
متھا
انتہا
لاانتہا
بے انتہا
پوتھا
چوتھا
موتھا
ناگرموتھا
تھوتھا
نیلاتھوتھا

تیہا
مافیہا
د نیا و مافیہا
نیہا
یا
آیا
تایا
پٹاپٹایا
جایا
خدایا
بارخدایا
ھدایا
برایا
پرایا
تڑایا
سایا
کساکسایا
وصایا
قضایا
عطایا
رعایا
بقایا
کایا
لگالگایا
پلاپلایا
ملایا
جزیرہ نماملایا
مایا
الوپ مایا
بنابنایا

چولھا
اٹھاؤ چولھا
دولھا
کولھا
لہلہا
مہا
تنہا
تن تنہا
کنہا
منہا
گھڑمنہا
کل منہا
تڑھ منہا
ننھا
ٹونہا
کل مونہا
تڑھ مونہا
اوھا
پوھا
چوھا
دوھا
پروھا
سوھا
کوھا
لوھا
کچلوھا
ھوھا
پھوھا
بچھوھا
پپیہا

پنکھا
فراشی پنکھا
چوکھا
روکھا
جھروکھا
سوکھا
روکھاسوکھا
گوکھا
موکھا
انوکھا
کھوکھا
تیکھا
تیزتیکھا
ان دیکھا
منھ دیکھا
ریکھا
پریکھا
لیکھا
لکڑبگھا
پگھا
کرگھا
ھاتھ کرگھا
بارہ سنگھا
کنگھا
سونگھا
بیگھا
سالہا
تلہا
دلھا
پھسلہا

مسوڑھا
موڑھا
ڈیوڑھا
بیڑھا
ٹیڑھا بیڑھا
پیڑھا
پدپیڑھا
ٹیڑھا
کیڑھا
ٹیڑھا میڑھا
سہا
رہاسہا
بسہا
فقہا
کہا
پاکھا
ساکھا
لاکھا
پناکھا
بھاکھا
برکھا
پرکھا
انگرکھا
گورکھا
لکھا
پڑھالکھا
بے پڑھالکھا
نولکھا
مکھا
چومکھا

بڈھا
چڈھا
گڈھا
منڈھا
مونڈھا
لینڈھا
مینڈھا
ڈھڈھا
رہا
بارہا
ہزارہا
برہا
ھرہا
پاڑھا
داڑھا
ڈاڑھا
کاڑھا
گاڑھا
چڑھابڑھا
پڑھا
لکھاپڑھا
چڑھا
بڑھاچڑھا
سرچڑھا
گھڑچڑھا
نک چڑھا
منھ چڑھا
گڑھا
بوڑھا
پوڑھا

ثریا
دریا
لب دریا
چدریا
شاخ دریا
قعر دریا
شیر دریا
پلک دریا
بندریا
معاون دریا
آمودریا
تہ دریا
گڈریا
کریا (۱)
کریا (۲)
ڈکریا
کپال کریا
گریا
نریا
بوریا
توریا
فتوریا
وکٹوریا
لٹوریا
پری ٹوریا
کھجوریا
سیندوریا
ڈوریا
کوریا
گوریا

دیا (۲)
لادیا
لیادیا
بدیا
ٹھگ بدیا
ہلدیا
بندیا
چندیا
ودیا
نمودیا
ڈڈیا
سانڈیا
رنڈیا
لونڈیا
ہنڈیا
ڈھنڈیا
کمبوڈیا
ہڈیا
ریا
آریا
چوربازاریا
قماریا
تلواریا
نیاریا
خبریا
کبریا
تریا
پتریا
آسٹریا
بیکٹریا

چٹیا
سٹیا
کٹیا
پچ گٹیا
لٹیا
مٹیا
پوٹیا
لنگوٹیا
جھنجھٹیا
چورھٹیا
کھٹیا
گھٹیا
پیٹیا
پکھال پیٹیا
السیٹیا
جیا
جارجیا
کنجیا
گنجیا
ٹٹ پونجیا
کھوجیا
بھجیا (۱)
بھجیا (۲)
چچیا
حیا
احیا
باحیا
بےحیا
پخیا
دیا (۱)

روپیا
بہروپیا
ایتھوپیا
چھپیا
تیا
چپڑقناتیا
بتیا
تتیا
چتیا
ستیا
ست ستیا
بالشتیا
کتیا
گتیا
جگتیا
لتیا
مونتیا
توتیا
جوتیا
چوتیا
موتیا
ہتیا
بچھتیا
اڑھتیا
اٹیا
لپاٹیا
بٹیا
پٹیا
چٹ پٹیا
ٹٹیا

پروایا
چروایا
زوایا
کثیرالزوایا
متساوی الزوایا
سوایا
الوایا
پھایا
چھایا
دھویادھایا
ہوسہایا
رکھارکھایا
سیکھاسکھایا
بیا
ربابیا
ببیا
جبیا
ڈبیا
پوربیا
امبیا
گمبیا
کولمبیا
انبیا
لوبیا
فریبیا
لیبیا
پیا (۱)
پیا (۲)
پپیا
گپیا

سپولیا	انگیا	جمہوریۂ اندونیشیا	پھکوڑیا	تلوریا
سنپولیا	سوانگیا	تیونیشیا	بھڑبھڑیا	ھریا
تولیا	ڈنگیا	اوصیا	(۱) پھڑیا	کھریا
بچولیا	سارنگیا	ضیا	(۲) پھڑیا	گھریا
مالیخولیا	سرنگیا	طوطیا	چتھڑیا	لہریا
منگولیا	گڑنگیا	بغیا	بچھڑیا	بے ریا
ٹھلیا	مونگیا	برفیا	کھڑیا	لائبیریا
چھلیا	ڈھونگیا	اصفیا	(۱) گھڑیا	پنچ پیریا
چھلیا	ڈینگیا	فلاڈلفیا	(۲) گھڑیا	نائجیریا
ڈھلیا	جوگیا	صوفیا	بھیڑیا	تقریریا
ابابیلیا	روگیا	ساقیا	بکھیڑیا	ملیریا
پیلیا	لال بیگیا	اتقیا	پولینیزیا	باڑیا
تیلیا	جالیا	اشقیا	آسیا	کباڑیا
زھرتیلیا	سسرالیا	کیا	سنگ آسیا	لباڑیا
آسٹریلیا	کالیا	ڈاکیا	تپسیا	لپاڑیا
دولت	دوالیا	چالاکیا	رسیا	راڑیا
مشترکۂ	چھالیا	دبکیا	رنگرسیا	پہاڑیا
آسٹریلیا	بلیا	ٹکیا	کن رسیا	بڑبڑیا
برازیلیا	پلیا	ناٹکیا	دھونسیا	چڑبڑیا
بھیلیا	تلیا	اذکیا	ھنسیا	ھڑبڑیا
میا	خلیا	ھڑکیا	پروسیا	(۱) پڑیا
میسوپوٹامیا	دلیا	ڈھولکیا	نکوسیا	(۲) پڑیا
مومیا	دال دلیا	جھونکیا	کلیسیا	پپڑیا
بھومیا	ڈلیا	سینکیا	اشیا	جڑیا
کرائمیا	علیا	گیا	دوبھاشیا	چڑیا
سیمیا	کلیا	آگیا	انٹیلجینشیا	سون چڑیا
کیمیا	چھنگلیا	آیاگیا	ایشیا	گدڑیا
علم کیمیا	اولیا	پگیا	وسط ایشیا	روکڑیا
ماھرعلم کیمیا	پولیا	پرتگیا	رھوڈیشیا	گڑیا
نیا	ترپولیا	مرگیا	اندونیشیا	لپوڑیا

بوئیا
پوئیا
بٹوئیا
رسوئیا
موئیا

*****

بچھیا
چھچھیا
بدھیا
سندھیا
کندھیا
رتوندھیا
دودھیا
بڈھیا
ڈڈھیا
اڑھیا
(۱) بڑھیا
(۲) بڑھیا
چگ دڑھیا
لمڈڑھیا
گڑھیا
دکھیا
پرکھیا
سکھیا
مکھیا
پنکھیا
سنکھیا
گھیا
جانگھیا
کلھیا
ھنڈکلھیا
مہیا
ٹوھیا
ٹاپاٹوھیا
چوھیا
لوھیا

(۲) گویا
پھویا
مرزا پھویا
پچھویا
ڈھویا
(۱) کھویا
(۲) کھویا
(۳) کھویا
بولیویا
کھیویا
ھیا
بہیا
بھیا
ابھیا
چھٹ بھیا
پہیا
پھیا
چوپہیا
بتھیا
چوتھیا
ھتھیا
گئوھتھیا
کوھستان کارپیتھیا
ٹھیا
پٹھیا
گٹھیا
لٹھیا
مٹھیا
گنٹھیا
سونٹھیا

پرچونیا
تکونیا
شگونیا
لونیا
پھسلونیا
امونیا
سقمونیا
ایمونیا
قانونیا
استھونیا
لیتھونیا
پھنیا
(۱) دھنیا
(۲) دھنیا
مکھنیا
سردینیا
جزیرۂ سردینیا
کینیا
آرمینیا
بن بویا
لاٹ ویا
جویا
چویا
نچویا
رویا
تعبیرالرویا
عالم رویا
سویا
کویا
(۱) گویا

ماوریٹانیا
اسلامی جمہوریۂ
ماوریٹانیا
مسانیا
تسمانیا
جزیرۂ تسمانیا
بنیا
پنیا
تنیا
نت نیا
ٹنیا
جنیا
چنیا
خنیا
دنیا
طالب دنیا
لوث دنیا
علائق دنیا
تارک الدنیا
اھل دنیا
پرنیا
لہسنیا
اغنیا
کنیا
چکنیا
کماری کنیا
گنیا
شگنیا
منیا
پونیا

ثانیاً
****

عقلاً
کاملاً
مجملاً
عملاً
اولاً
اصولاً
طولاً
قولاً
فعلاًوقولاً
تمثیلاً
تفصیلاً
حتماً
لازماً
رسماً
عموماً
یوماً
یوماًفیوماً
دائماً
امتحاناً
آناًفاناً
احیاناً
ضمناً
قانوناً
یقیناً
تخمیناً
جزواً
سہواً
افواہاً
کرہاً
طوعاًوکرہاً

فرضاً
ایضاً
احتیاطاً
اوسطاً
مشروطاً
لفظاً
اطلاعاً
شرعاً
قطعاً
معاً
جمیعاً
انصافاً
حرفاً
حرفاًحرفاً
عرفاً
شرعاًوعرفاً
حلفاً
مذاقاً
اتفاقاً
اخلاقاً
سابقاً
مطلقاً
اصلاًمطلقاً
تبرکاً
شمالاً
مثلاً
نسلاً
اصلاً
فعلاً
مستقلاً

عاریتاً
کلیتاً
ثالثاً
مزاجاً
خارجاً
صلحاً
صریحاً
تفریحاً
ابداً
ابتداً
فرداً
فرداًفرداً
قصداً
عمداً
عموداً
تاکیداً
جبراً
مختصراً
مجبوراً
فوراً
قہراً
جبراًوقہراً
تحریراً
مجازاً
اندازاً
طنزاً
قیاساً
شخصاً
خصوصاً
عرضاً

شرقاًغرباً
غالباً
اغلباً
اسلوباً
جنوباً
قریباً
تقریباً
نسبتاً
بغتتاً
وراثتاً
صراحتاً
مصلحتاً
ارادتاً
عادتاً
ضرورتاً
صورتاً
سرعتاً
دفعتاً
ظرافتاً
وقتاًفوقتاً
حقیقتاً
اصالتاً
وکالتاً
قیمتاً
ضمانتاً
عداوتاً
کراہتاً
حکایتاً
ولایتاً
کنایتاً

مجمل حساب
علم حساب
تصفیۂ حساب
بے حساب
انساب
شاب
خوشاب
شیخ و شاب
پیشاب
اعصاب
قصاب
نصاب
خضاب
طاب
خطاب
عتاب و خطاب
اقطاب
قطب الاقطاب
لعاب
اسیعاب
مرغاب
دریائے مرغاب
قاب
غرقاب
عقاب
القاب
آداب و
القاب
معلی القاب
نقاب

پرآب
تراب
ابوتراب
جراب
محراب
خراب
خانمان خراب
خانہ خراب
سراب
شراب
ضراب
مضراب
اضطراب
اعراب
غراب
گراب
زہرآب
سیراب
احزاب
تیزاب
احتساب
اکتساب
انتساب
حساب
بحساب
مدحساب
روزحساب
یوم الحساب
مبادی الحساب
علی الحساب

جاب
مستجاب
حجاب
بے حجاب
استعجاب
پنجاب
سنجاب
ایجاب
چاب
سحاب
اصحاب
سطح آب
انتخاب
سرخاب
تلخاب
کمخاب
داب
آداب
شاداب
القاب وآداب
رعب داب
زرد آب
سرد آب
گرد آب
رعب و داب
نخود آب
ڈاب
عذاب
کذاب
راب

گوہرشب تاب
کرمک شب تاب
(۱) پرتاب
(۲) پرتاب
سرتاب
شتاب
عتاب
خطاب وعتاب
آفتاب
ظرف آفتاب
گل آفتاب
راہ آفتاب
پنجۂ آفتاب
کتاب
حساب کتاب
صاحب کتاب
لال کتاب
ام الکتاب
اہل کتاب
عالم تاب
آفتاب عالم تاب
گران تاب
آب آہن تاب
آب و تاب
پیچ و تاب
ماہ تاب
مہتاب
شب مہتاب
بے تاب
مثاب

ب
اب
آب
باب
آب آب
حباب
احباب
استحباب
فتح باب
سد باب
رباب
ارباب
درباب
اسباب
مسبب الاسباب
سامان و اسباب
شباب
عنفوان شباب
کباب
سیخ کباب
گولر کباب
نرگسی کباب
شامی کباب
لباب
الباب
اولوالالباب
لب لباب
تاب
آب تاب
شب تاب

جب	فیض یاب	نیم خواب	عالی جناب	بے نقاب
حاجب	شرف یاب	گران خواب	چناب	ارتکاب
واجب	کامیاب	بے خواب	دریائے چناب	رکاب
ناواجب	ناکامیاب	دوآب	طناب	پابرکاب
حواجب	کم یاب	صواب	(۱) اطناب	بدرکاب
کسر واجب	بہرہ یاب	جواب باصواب	(۲) اطناب	پادررکاب
غیر واجب	سبب	ناصواب	عناب	ہم رکاب
کسر	بسبب	استصواب	مناب	گران رکاب
غیرواجب	مسبب	واللہ اعلم بالصواب	نائب مناب	گاب
مواجب	بہ سبب	(۱) نواب	خونناب	تالاب
محتجب	بے سبب	(۲) نواب	خوناب	جلاب
رجب	ملبب	تہ آب	بادۂ ناب	منجلاب
(۱) عجب	تب	التہاب	مے ناب	اسطرلاب
(۲) عجب	راتب	کرۂ آب	ابواب	اصطرلاب
تعجب	مراتب	(۱) شہاب	تواب	اصلاب
متعجب	حفظ مراتب	(۲) شہاب	ثواب	طلاب
معجب	ماھی مراتب	میدہ و شہاب	کارثواب	انقلاب
وجب	کاتب	وھاب	ایصال ثواب	گلاب
مستوجب	مکاتب	یاب	جواب	سداگلاب
موجب	اب تب	پایاب	لاجواب	عرق گلاب
بموجب	مترتب	سزایاب	بجواب	کٹھ گلاب
بے موجب	کرتب	نایاب	حاضرجواب	سیلاب
(۱) حب	(۱) مرتب	بے آب	کلاتوڑجواب	مآب
(۲) حب	(۲) مرتب	ماھی بے آب	جواب الجواب	مشیخت مآب
صاحب	کتب	صحت یاب	سوال جواب	عزت مآب
لاٹ صاحب	فہرست کتب	دستیاب	بے جواب	علم آب
مصاحب	مکتب	فتح یاب	خواب	سیماب
صاجب	طفل مکتب	باریاب	بدخواب	ناب
مصاحب	ہم مکتب	ظفریاب	کم خواب	اجتناب
مستحب	ٹب	بازیاب	ہم خواب	جناب

آہ نیم شب
روزوشب
یشب
سنگ یشب
غاصب
ناصب
مناصب
عصب
تعصب
غصب
نصب
منصب
حلف منصب
اہل منصب
جاہ ومنصب
غضب
مغلوب
الغضب
غیظ و غضب
ہائے غضب
طب
(۱) مخاطب
(۲) مخاطب
ضمیرمخاطب
رطب
قطب
مطب
علم طب
تعب
رعب

سبّ
محاسب
کاسب
تناسب
نسبت تناسب
متناسب
غیرمتناسب
مناسب
نامناسب
غیرمناسب
محتسب
(۱) حسب
(۲) حسب
بحسب
کسب
اہل کسب
ہم کسب
نسب
انسب
صحیح النسب
پسرصحیح النسب
مجہول النسب
حسب و نسب
شب
نخشب
آخرشب
نصف شب
امشب
نیم شب
آفتاب نیم شب

ضرب
دارالضرب
حاصل ضرب
طرب
مضطرب
مطرب
عرب
معرب
بحیرۂ عرب
سعودی عرب
غرب
مغرب
جنوب مغرب
نمازمغرب
شمال مغرب
مشرق و مغرب
شرق وغرب
قرب
اقرب
تقرب
عقرب
نیش عقرب
مقرب
کرب
پورب
گند ھرب
کھرب
ارب کھرب
حزب
سب

(۲) رب
ارب
تجارب
محارب
شارب
مشارب
ضارب
اقارب
خویش و اقارب
متقارب
سوڈا بائیکارب
پرب
(۱) ترب
(۲) ترب
یثرب
مجرب
چرب
حرب
آلات حرب
دارالحرب
فن حرب
آلۂ حرب
مخرب
(۱) سرب
(۲) سرب
شرب
مشرب
رند مشرب
ہم مشرب
اکل و شرب

عمل حب
محب
منتخب
دب
ادب
باادب
متأدب
ترک ادب
مأدب
علم ادب
بےادب
سوئے ادب
محدب
اردب
آبنائے باب المندب
مؤدب
ڈب
جاذب
کاذب
صبح کاذب
تذبذب
متذبذب
مذبذب
جذب
منجذب
کذب
مہذب
نامہذب
غیرمہذب
(۱) رب

این جانب	انشراح قلب	صلب	مترکب	بے رعب
جوانب	حضورقلب	طلب	مرکب	صعب
مجتنب	ضعف قلب	جواب طلب	مرکّب	کعب
جنب	ضعیف القلب	راحت طلب	ضرب مرکب	مکعب
ذات الجنب	رقیق القلب	دقت طلب	تناسب مرکب	لعب
هم جنب	(۱) مقلب	مرمت طلب	سود مرکب	لہوولعب
(۱) ذنب	(۲) مقلب	تنقیح طلب	مقدارمرکب	راغب
(۲) ذنب	اطمینان قلب	امرتنقیح طلب	کسرمرکب	غبغب
مذنب	منقلب	فورطلب	جہل مرکب	شغب
طنب	تناسب منقلب	عیش طلب	تقسیم مرکب	شوروشغب
عنب	سکۂ قلب	فیض طلب	کوکب	ثاقب
بنت العنب	(۱) کلب	واجب الطلب	موکب	شہاب ثاقب
قنب	(۲) کلب	عند الطلب	لب	نجم الثاقب
اوب	جوع الکلب	مطلب	لبّ	مراقب
دریائے اوب	شیریں لب	آرام طلب	لبالب	تعاقب
حبوب	بستہ لب	مفید مطلب	طالب	متعاقب
محبوب	پستہ لب	نفس مطلب	مطالب	مناقب
لبوب	گرفتہ لب	عرض مطلب	غالب	عواقب
انبوب	تشنہ لب	حرف مطلب	ظن غالب	(۱) مترقب
معتوب	ایلب	بے مطلب	قالب	(۲) مترقب
مکتوب	دریائے ایلب	حسن طلب	بلب	عقب
آشوب	ہمب	توجہ طلب	مہربلب	لقب
محجوب	کٹمب	بہانہ طلب	لبلب	ملقب
وجوب	کھمب	تصفیہ طلب	جان بلب	نقب
چوب	نب	بے طلب	یاقوت لب	(۱) کب
زرد چوب	جانب	ثعلب	جلب	(۲) کب
کارچوب	اجانب	اغلب	حلب	راکب
مصحوب	حق بجانب	تغلب	شکرلب	کواکب
خوب	ازجانب	قلب	زیرلب	مواکب
دوب	من جانب	اختلاج قلب	سلب	مرتکب

عجیب و	تل ابیب	دھب دھب	بد اسلوب	مندوب
غریب	انابیب	ڈھب	خوش اسلوب	ڈوب
فریب	حبیب	کڈھب	مسلوب	سرڈوب
فند فریب	ربیب	بے ڈھب	مصلوب	مجذوب
پرفریب	طبیب	ذھب	مطلوب	جاروب
دل فریب	یونانی طبیب	مذھب	غیرمطلوب	مشروب
جعل فریب	لبیب	مذّھب	طالب ومطلوب	مضروب
مردم فریب	مکاتیب	لامذھب	مغلوب	غروب
عالم فریب	ترتیب	رند مذھب	قلوب	خاک روب
ابلہ فریب	نظام و ترتیب	غیرمذھب	تسخیرقلوب	میکروب
قریب	بے ترتیب	ہم مذھب	تالیف قلوب	محسوب
تقریب	جیب	رکابی مذھب	مقلب القلوب	یعسوب
مشرق قریب	چورجیب	وہابی مذھب	مقلوب	منسوب
عن قریب	عجیب	اشہب	جنوب	شوب
ماضی قریب	مجیب	عنبراشہب	موہوب	آشوب
زیب	نجیب	لہب	ایوب	پرآشوب
پازیب	ادیب	نہب	ٹیوب	شہرآشوب
نازیب	تادیب	وہب	عیوب	منصوب
بدزیب	تکذیب	تائب	ستارالعیوب	مخطوب
اورنگ زیب	تہذیب	عجائب	معیوب	مرطوب
تن زیب	ریب	غرائب	علام الغیوب	مرعوب
جامہ زیب	اریب	عجائب و غرائب	ڈنیوب	مرغوب
سیب	تقاریب	صائب	دریائے ڈنیوب	یعقوب
آسیب	لاریب	مصائب	مذاھب	کوب
شیب	بلاریب	معائب	راھب	پاکوب
نشیب	جریب	غائب	واھب	زرکوب
نصیب	تخریب	ضمیرغائب	پھب	سرکوب
بدنصیب	تعریب	نائب	ملتھب	زدوکوب
تنصیب	غریب	نوائب	لپ جھب	سینہ کوب
وحشت نصیب	شہرغریب	معایب	جھب	اسلوب

جھڑپ
زپ
اسپ
د ل چسپ
شپ
شپاشپ
بشپ
آرچبشپ
شپ شپ
غپ شپ
گپ شپ
لیڈرشپ
سکالرشپ
چیمپین شپ
غپ
غپاغپ
(۱) کپ
(۲) کپ
(۱) گپ
(۲) گپ
لپ
لپالپ
لپ لپ
کایاکلپ
سنکلپ
سٹامپ
اسٹامپ
پمپ
ہواپمپ
اسٹیمپ

ماپ
ناپ
اناپ
اناپ شناپ
بھاپ
تھاپ
چھاپ
اپنے آپ
تپ
(۱) ٹپ
(۲) ٹپ
ٹپاٹپ
اللٹپ
جپ
(۱) چپ
(۲) چپ
(۱) چپ چپ
(۲) چپ چپ
گپ چپ
گلخپ
منڈ پ
رپ
سرپ
یورپ
تڑپ
سڑپ
غڑپ شڑپ
غڑپ
گڑپ
ہڑپ

پ
آپ
باپ
سوتیلا باپ
ماباپ
د ھرم باپ
ماں باپ
باپ رے باپ
پاپ
اپاپ
مہاپاپ
تاپ
پرتاپ
پھونک تاپ
ٹاپ
ٹیپ ٹاپ
گٹ اپ
جاپ
چاپ
چپ چاپ
ڈ راپ
سراپ
غڑاپ
شاپ
ورکشاپ
میک اپ
الاپ
بلاپ
ملاپ
میل ملاپ

اسالیب
عندلیب
صلیب
تصلیب
منیب
مہیب
نہیب
*****

بد نصیب
خوش نصیب
کم نصیب
حرمان نصیب
بے نصیب
قضیب
(۱) طیب
(۲) طیب
خطیب
سنبل الطیب
مال طیب
عیب
پنج عیب
بے عیب
غیب
ترغیب
ازغیب
آوازغیب
ھاتف غیب
عالم الغیب
لسان الغیب
ابن الغیب
عالم غیب
علم غیب
پردۂ غیب
رقیب
نقیب
ترکیب
شکیب
نا شکیب

نباتات
باغ نباتات
علم نباتات
ماہر
علم نباتات
بہتات
حادثات
گردش
حادثات
جات
حاجات
قاضی
الحاجات
قبلۂ حاجات
اخراجات
خرچ
اخراجات
اصل
اخراجات
مفاجات
مرگ مفاجات
مناجات
احتیاجات
صوبجات
درجات
کجات
نجات
خانجات
پروانجات
بیرونجات

ت
بات
خرابات
محررحسابات
ثبات
اثبات
نفی و اثبات
بے ثبات
واجبات
جذبات
تجربات
مجربات
قصبات
خطبات
مرکبات
گول بات
نبات
دنیائے نبات
مشروبات
ماکولات و مشروبات
بے بات
طیبات
پات
آپات
جات پات
ذات پات
تیج پات
اسپات
گھاس پات
ساگ پات

سیپ
کیپ
فلس کیپ
لیپ
ٹھیپ
چھیپ
کھیپ
*****

گوپ
الوپ
انوپ
چھوپ
دھوپ
دوڑدھوپ
ہپ
ہوپاہپ
جھپ
جھپاجھپ
ہپ جھپ
چھپ
چھپ چھپ
دھپ
سرکھپ
گھپ
اندھیراگھپ
گھاؤگھپ
پائپ
ٹائپ
لائنوٹائپ
پیپ
ٹیپ
سٹیپ
ساھوکاری ٹیپ
چیپ
دیپ
جزائرمالدیپ
سراندیپ
کریپ

کیمپ
کنسنٹریشن کیمپ
لیمپ
برقی لیمپ
چانپ
سانپ
کانپ
جھانپ
کھانپ
سونپ
کھونپ
جھینپ
اوپ
پوپ
توپ
مورٹرتوپ
قلعہ شکن توپ
داروغۂ توپ
ٹوپ
گھٹاٹوپ
کن ٹوپ
روپ
اروپ
(۱) سروپ
(۲) سروپ
رنگ روپ
بہروپ
بے روپ
(۱) سوپ
(۲) سوپ

دارالمکافات
اختلافات
مافات
تلافیٔ مافات
التفات
نظرالتفات
قابل التفات
مزخرفات
تصرفات
عرفات
صفات
ذات و
صفات
ستودہ
صفات
تکلفات
وفات
بارہ وفات
اتفاقات
ملاقات
بھینٹ
ملاقات
عندالملاقات
طبقات
متفرقات
خرچ متفرقات
لقات
تعلقات
متعلقات
اوقات

لوزات
سات
اقتباسات
پانچ سات
برسات
محسوسات
نشات
کورنشات
خواھشات
قضات
قاضی القضات
مغلظات
مراعات
طاعات
اطلاعات
مخترعات
متفرعات
مقطعات
واقعات
رقعات
مطبوعات
شروعات
مصنوعات
باغات
لغات
سوغات
آفات
خرافات
مضافات
مکافات

حشرات
حاضرات
حضرات
خطرات
قطرات
جمعرات
کالی جمعرات
فرات
دریائے فرات
قرأت
سکرات
مسکرات
سہاگ رات
مرآت
راتوں رات
تورات
مستورات
عورات
زیورات
ھرات
جواھرات
ازواج مطھرات
خیرات
تعزیرات
مجموعہ تعزیرات
تغیرات
تعمیرات
چاندنی رات
سرپڑات
فلزات

یک ذات
قائم بالذات
اسم ذات
کم ذات
ھم ذات
کمین ذات
رات
بارات
اعتبارات
اخبارات
بخارات
ادارات
مدارات
اشارات
استعارات
عمارات
اختیارات
تفویض اختیارات
برات
شب برات
پرات
اثرات
جرأت
گجرات
نادرات
مخدرات
چاندرات
کھنڈرات
ذرات
پھررات

میوہ جات
اصطلاحات
مفرحات
رشحات
مصطلحات
فتوحات
بتصریحات
مواخات
عبادات
سادات
فسادات
عادات
خارق عادات
افادات
اعتقادات
جمادات
علم جمادات
واردات
موقع واردات
مجردات
مفردات
موجودات
علم موجودات
ذات
بذات
حب ذات
عورت ذات
نیچ ذات
بدذات
کاغذات

هات
مباهات
فکاهات
بهات
جهات
چهوت
چهات
(۱) دهات
(۲) دهات
مهادهات
اژدهات
کهات
گهات
دانوگهات
امهات
وجوهات
مکروهات
دیهات
هیهات
آیات
هدایات
محاسبی
هدایات
رایات
شکایات
عنایات
روایات
ابیات
کتابیات
ادبیات

امکانات
حیوانات
علم حیوانات
ماهرعلم حیوانات
بنات
جنات
حسنات
محسنات
قنات
سکنات
حرکات و سکنات
ممکنات
کائنات
سرورکائنات
(۱) تعینات
(۲) تعینات
وات
مداوات
مساوات
سماوات
دوات
اصوات
دعوات
مستجاب الدعوات
مجیب الدعوات
صلوات
اموات
شرح اموات
مال اموات
سنوات

انعامات
علامات
قدرتی علامات
خدمات
مقدمات
محرمات
لوازمات
طلسمات
مسمات
نغمات
مسلمات
ظلمات
بحرظلمات
کلمات
ممات
خصومات
مطعومات
معلومات
شه مات
مهمات
تسلیمات
آداب وتسلیمات
ماهرتعلیمات
محکمۂ تعلیمات
بانات
رجحانات
احسانات
نشانات
نقصانات
مکانات

ترک موالات
خیالات
تبادلۂ خیالات
محلات
واصلات
وزارت مواصلات
وزیرمواصلات
محکمۂ مواصلات
مفصلات
عضلات
فضلات
مشکلات
جنگلات
داروغۂ جنگلات
محکمۂ جنگلات
شاملات
معاملات
مهملات
محصولات
داروغۂ محصولات
معقولات
دخل درمعقولات
منقولات
ماکولات
تحصیلات
تفصیلات
مات
کرامات
الزامات
اشتمال بےجاالزامات

بسااوقات
اکثراوقات
بسراوقات
بعض اوقات
انضباط اوقات
تضیع اوقات
نظام الاوقات
نقشۂ اوقات
همۂ اوقات
مخلوقات
اشرف المخلوقات
تحقیقات
زیرتحقیقات
میقات
محاکات
برکات
حرکات
زکات
ملکات
نکات
گات
لات
آلات
حالات
محالات
کمالات
جامع الکمالات
حوالات
سوالات
موالات

لعبت
رغبت
رضا و رغبت
عاقبت
معاقبت
مناقبت
منقبت
کبت
نکبت
سمبت
منبت
رطوبت
صعوبت
عقوبت
نوبت
تپ نوبت
مواہبت
موہبت
مصیبت
(۱) عیبت
(۲) غیبت
پس غیبت
ہیبت
باہیبت
(۱) پت
(۲) پت
آپت
اچاپت
پراپت
سماپت

جنابت
ثوابت
مہابت
نیابت
تبت
مرتبت
والامرتبت
ثبت
(۱) مثبت
(۲) مثبت
مصاحبت
صحبت
ہم صحبت
محبت
فرط محبت
ازراہ محبت
مقاربت
پربت
نانگا پربت
تربت
لوح تربت
شربت
غربت
قربت
سبت
مناسبت
کسبت
نسبت
بنسبت
مواظبت

معدنیات
ماہرمعدنیات
علم معدنیات
ادویات
جزویات
واہیات
الہیات
بدیہیات
وبائیات
جزئیات
حساب جزئیات
(۱) بت
(۲) بت
بابت
طبابت
محکمۂ طبابت
یونانی طبابت
کتابت
خط و کتابت
سہوکتابت
ثابت
اجابت
نجابت
غرابت
قرابت
اصابت
خطابت
رقابت
صلابت
انابت

ریاضیات
ماہر ریاضیات
ارضیات
ماہرارضیات
عطیات
اشعاعیات
طبعیات
ماہرطبعیات
علم طبعیات
طبیعیات
باقیات
فرد باقیات
اخلاقیات
برقیات
ترقیات
افسر ترقیات
بحالیات
افسر بحالیات
محکمۂ بحالیات
مالیات
وزارت مالیات
محکمۂ مالیات
بلیات
کلیات
جرمیات
رسمیات
جرثومیات
جراثیمیات
لسانیات
ماہرلسانیات

نباتیات
حیات
آب حیات
اکسیرحیات
حین حیات
ٹھیکا حین حیات
استحقاق حین حیات
معافی حین حیات
عین حیات
تابہ حیات
عرصۂ حیات
ذی حیات
نوآبادیات
اقتصادیات
فردیات
حشریات
ماہرحشریات
نشریات
عطریات
نظریات
شعریات
ضروریات
پھکوڑیات
لوزیات
حبسیات
نفسیات
ماہرنفسیات
معاشیات
خصوصیات
اراضیات

فوق
العادت
افادت
جلادت
ولادت
روز ولادت
شہادت
شب
شہادت
انگشت
شہادت
ادائے
شہادت
سیادت
عیادت
قیادت
جدت
حدت
وحدت
شدت
عدت
مساعدت
موعدت
مدت
عمدت
معاندت
معاودت
جودت
برودت
مودت

نیم پخت
تخت
صاحب تخت
پایہ تخت
پائے تخت
دخت
رخت
درخت
کرخت
سخت
لخت
یک لخت
کیمخت
شیخوخت
دوخت
فروخت
محصول فروخت
خرید و فروخت
سوخت
واسوخت
شکست و ریخت
مشیخت
دت
عبادت
ارادت
عادت
اعادت
حسب عادت
سعادت
خرق عادت

نصیحت
فضیحت
اخت
تاخت
پرداخت
غور پرداخت
غور و پرداخت
ساخت
ابن الاخت
شناخت
ناقابل شناخت
بخت
نخت بخت
بد بخت
بیدار بخت
شور بخت
کور بخت
سبز بخت
فیروز بخت
خوش بخت
نیک بخت
کم بخت
شوم بخت
جوان بخت
نگون بخت
سیاہ بخت
فرخندہ بخت
تیرہ بخت
شومیٔ بخت
دم پخت

راحت
استراحت
جراحت
سنگ جراحت
صراحت
مساحت
علم مساحت
فصاحت
وضاحت
فلاحت
ملاحت
کان ملاحت
سیاحت
تحت
ماتحت
مدحت
فرحت
صحت
روبصحت
وزیرصحت
حفظ صحت
علم حفظ صحت
غسل صحت
تصدیق نامۂ صحت
مناکحت
مصالحت
ناقابل مصالحت
مصلحت
غیرمصلحت
قرین مصلحت

بپت
لت پت
چپت
دھرپت
برھسپت
گپت
چمپت
نپت
کھپت
تت
شماتت
تشتت
خباثت
وراثت
استحقاق وراثت
بعثت
لجاجت
حاجت
قضائے حاجت
سماجت
حجت
بہجت
چت
انٹاچت
بچت
اک چت
انچت
اباحت
صباحت
قباحت

بہرصورت
پاک صورت
قبول صورت
اہل صورت
مسمسی
صورت
رونی صورت
عورت
ستر عورت
کسان عورت
مورت
مہورت
بھرت
پھرت
ترت پھرت
چلت پھرت
شہرت
مغایرت
حیرت
سیرت
بد سیرت
پاک سیرت
نیک سیرت
بصیرت
ارباب
بصیرت
غیرت
رگ غیرت
بے غیرت
آڑت

علیاحضرت
مضرت
فطرت
پست فطرت
تسخیرفطرت
مافوق الفطرت
عالی فطرت
مسافرت
منافرت
مغفرت
نفرت
قابل نفرت
ناقابل نفرت
پراکرت
سنسکرت
امرت
نرت
مشاورت
کدورت
ضرورت
بالضرورت
عندالضرورت
(۱) سورت
(۲) سورت
مشورت
صورت
بصورت
خوب صورت
بد صورت
درصورت

بکثرت
اجرت
مہاجرت
ہجرت
آخرت
مفاخرت
مبادرت
قدرت
دست قدرت
مناظرقدرت
مظاہرقدرت
صانع قدرت
مقدرت
کارخانۂ قدرت
ندرت
معذرت
عذرمعذرت
سرت
حسرت
پرحسرت
عسرت
کسرت
مسرت
مباشرت
معاشرت
عشرت
آب عشرت
عیش و عشرت
نصرت
حضرت

ضعف بصارت
نضارت
نظارت
غارت
سفارت
فن سفارت
حقارت
اکارت
بکارت
امارت
عمارت
سوارت
بھارت
مہابھارت
مدھیہ بھارت
بجھارت
طہارت
مہارت
زیارت
واجب الزیارت
(۱) برت
(۲) برت
سدابرت
عبرت
مون برت
پرت
ترت
عترت
بسنت رت
کثرت

عقیدت
مکیدت
پنڈت
مہاپنڈت
کھنڈت
لذت
گناہ بے لذت
رت
عبارت
طرزعبارت
رنگینئ عبارت
تجارت
وزارت تجارت
وزیرتجارت
ایوان تجارت
ادارت
صدارت
زیرصدارت
حرارت
مقیاس الحرارت
ایصال حرارت
انتقال حرارت
درجۂ حرارت
آلۂ حرارت
شرارت
وزارت
جسارت
اشارت
بشارت
بصارت

بادہ پرست
مادہ پرست
ضابطہ
پرست
فرقہ پرست
مے پرست
درست
نادرست
تندرست
فہرست
سست
سخت سست
(۱) شست
(۲) شست
نشست
مقام نشست
تہ نشست
شکست
فتح و شکست
اگست
مجالست
مست
بدمست
خرمست
سرمست
شیرمست
الست
مال مست
من مست
سیاہ مست

مطلب پرست
ذات پرست
بت پرست
راحت پرست
صورت پرست
رجعت پرست
شہوت پرست
جمہوریت پرست
ملوکیت پرست
شہنشاہیت پرست
پھوٹ پرست
امرد پرست
خود پرست
زرپرست
سرپرست
ظاہرپرست
نفس پرست
ہوس پرست
آتش پرست
اغراض پرست
موقع پرست
حق پرست
جنگ پرست
خیال پرست
شکم پرست
قوم پرست
سیم پرست
حسن پرست
وطن پرست
شاہ پرست

افسربالادست
آبدست
دست بدست
چرب دست
زبردست
سردست
دوردست
زیردست
حاکم زیردست
درازدست
تیزدست
پیش دست
کف دست
چالاک دست
چابک دست
سبک دست
تنگ دست
ہم دست
کوتاہ دست
کشادہ دست
چیرہ دست
تہی دست
ممارست
پرست
خدا پرست
وفاپرست
اناپرست
آشناپرست
ہواپرست
آفتاب پرست

مماست
خواست
درخواست
بازخواست
ریاست
ناگاریاست
سیاست
(۱) بست
(۲) بست
(۳) بست
حدبست
نقشۂ حدبست
چیزبست
تھوک بست
نقشۂ حد و بست
بند و بست
غیربند و بست
پیمائش بند و بست
اقرارنامۂ بند و بست
محکمۂ بند و بست
دروبست
پست
بالاوپست
(۱) جست
(۲) جست
چست
خست
نخست
دست
بالادست

پڑت
لڑت
گھڑت
دبازت
اجازت
تمازت
مبارزت
عزت
ہتک عزت
بےعزت
ذی عزت
ست
نجاست
برخاست
نشست برخاست
کچہری برخاست
راست
ناراست
حراست
زیرحراست
بازحراست
فراست
چپ و راست
راہ راست
براہ راست
نفاست
کاست
کم و کاست
بےکم و کاست
سلاست

منقصت	بازگشت	مہرۂ پشت	ناقابل برداشت	فاقہ مست
ریاضت	گل گشت	کاسہ پشت	بازداشت	دانست
معاوضت	انگشت	ماہی پشت	عرض داشت	موانست
نہضت	سرانگشت	تشت	چشم داشت	یبوست
وساطت	جہانیاں	وحشت	نگاہ داشت	پوست
لواطت	جہاں گشت	خشت	نگہ داشت	نحوست
حفاظت	بالشت	دشت	گذاشت	دوست
استحقاق	مشت	گذشت	واگذاشت	وفادوست
حفاظت	ہشت مشت	رفت گذشت	فروگذاشت	مطلب دوست
محکمۂ	یک مشت	سرگذشت	گزاشت	صلح دوست
حفاظت	ایک مشت	رفت و گذشت	واگزاشت	یار دوست
غلاظت	گوشت	خارشت	فروگزاشت	زردوست
موعظت	آب گوشت	نیم برشت	بشاشت	فقیر دوست
محافظت	بدگوشت	درشت	کاشت	مردم دوست
طباعت	نوشت	سرشت	بکاشت	تن دوست
شجاعت	خود نوشت	بد سرشت	خود کاشت	وطن دوست
زراعت	سرنوشت	بیہودہ سرشت	ناقابل کاشت	ہفتہ دوست
وزیر زراعت	ہشت (۱)	زشت	بے کاشت	خانہ دوست
ساعت	ہشت (۲)	گزشت	پائے کاشت	پیوست
بد ساعت	بہشت	رفت گزشت	پشت	ہست
نیک ساعت	ارد بہشت	سرگزشت	آب پشت	گرہست
شیشۂ ساعت	در بہشت	رفت و گزشت	سات پشت	زیست
ہمہ ساعت	اردی بہشت	طشت	ہفت پشت	تا بہ زیست
اشاعت	ہفت ہشت	کشت (۱)	خارپشت	نیست
نشرو اشاعت	دہشت	کشت (۲)	پشت در پشت	چاشت
محکمۂ	معیشت	اشکشت	کوزپشت	نماز چاشت
نشرو اشاعت	رخصت	گشت	پس پشت	داشت
بضاعت	فرصت	شب گشت	سنگ پشت	یاد داشت
رضاعت	عدیم الفرصت	مٹرگشت	پشت بہ پشت	برداشت
طاعت	شصت	شہرگشت	شورہ پشت	قابل برداشت

حذاقت
طاقت
ناطاقت
مرکزگریز
طاقت
تاب و طاقت
بے طاقت
اسپی طاقت
فضائی طاقت
رفاقت
طلاقت
حماقت
لیاقت
مسابقت
مطابقت
سبقت
دقت
بدقت
رقت
مفارقت
فرقت
مشقت
بامشقت
قید بامشقت
بلامشقت
مرافقت
منافقت
موافقت
ناموافقت
شفقت

طرفت
معرفت
اہل معرفت
گرفت
آمد و رفت
ذرائع آمد و رفت
مکاشفت
صفت
مناصفت
اسم صفت
نصفت
فرشتہ صفت
ذرہ صفت
ہمہ صفت
عاطفت
معاطفت
ملاطفت
عفت
گفت
الفت
مخالفت
کلفت
مفت
مال مفت
نفت
روغن نفت
عطوفت
کوفت
ہفت
صداقت

نحافت
مخافت
رافت
شرافت
ظرافت
کسافت
مسافت
اضافت
فک اضافت
لطافت
نظافت
ثقافت
خلافت
یافت
دریافت
بازیافت
ضیافت
بالائی یافت
زربفت
ملتفت
جفت
طاق جفت
طاق و جفت
خفت
رفت (۱)
رفت (۲)
حرفت
صنعت و حرفت
آمد رفت
پیش رفت

بے وقعت
رکعت
خلعت
طلعت
ماہ طلعت
مہ طلعت
مجامعت
نعت
ممانعت
صنعت
اہل صنعت
فضائی صنعت
مشایعت
بیعت
طبیعت
مقتضائے طبیعت
ودیعت
شریعت
دباغت
فراغت
بافراغت
بلاغت
علم بلاغت
لغت
بلوغت
علامت بلوغت
سن بلوغت
آفت
بافت
کثافت

اطاعت
استطاعت
عدم استطاعت
اہل طاعت
شفاعت
جماعت
مزدور جماعت
ہم جماعت
سماعت
اختیار سماعت
زیرسماعت
مجازسماعت
قابل سماعت
ناقابل سماعت
ثقل سماعت
صناعت
قناعت
متابعت
مراجعت
رجعت
بدعت
سرعت
منازعت
وسعت
مدافعت
جنگ مدافعت
رفعت
منفعت
جلب منفعت
وقعت

مداخلت
غیرمداخلت
عدم
مداخلت
دلت
معادلت
معدلت
ذلت
مذلت
عزلت
منزلت
فردوس
منزلت
قدرومنزلت
مراسلت
مواصلت
خصلت
بدخصلت
پاک خصلت
نیک خصلت
فرشتہ
خصلت
وصلت
علت
بعلت
حرف علت
بےعلت
غفلت
قلت
بقلت

رسوم عدالت
توہین عدالت
آئین عدالت
خرچۂ عدالت
چپراسیٔ عدالت
رذالت
بسالت
رسالت
کسالت
اصالت
کفالت
ثقالت
وکالت
جلالت
دلالت
ذلالت
ضلالت
علالت
ملالت
طوالت
جہالت
کہالت
جبلت
مماثلت
خجلت
عجلت
حلت
رحلت
کوس رحلت
خلت

لاگت
بگت
ات گت
جگت (۱)
جگت (۲)
درگت
گلگت
یگانگت
پنگت
رنگت
سنگت
بھگت
بگلا بھگت
ہربھگت
آوبھگت
ملی بھگت
لت
آلت
خجالت
آب خجالت
حالت
غیرحالت
عدالت
ارباب عدالت
صاحب عدالت
اخراجات عدالت
اہانت عدالت
صدرعدالت
تحقیرعدالت
حاکم عدالت

شراکت
مال شراکت
نزاکت
ساکت
رکاکت
فلاکت
ہلاکت
چکت
مشارکت
برکت
خیربرکت
حرکت
اعصاب حرکت
حس وحرکت
بےحس وحرکت
نقل وحرکت
بےحرکت
شرکت
سکت
آسکت
مسکت
مملکت
صدرمملکت
مکت
شوکت
شان و شوکت
بھکت
ابھکت
ہربھکت
گت

خلقت
عجیب الخلقت
ناقص الخلقت
وقت
ناوقت
بوقت
وقت بوقت
مصلحت وقت
بروقت
آخروقت
خوش وقت
نیک وقت
تنگ وقت
رائج الوقت
سکۂ رائج الوقت
دفع الوقت
ابن الوقت
موقت
حاکم وقت
ہمہ وقت
بےوقت
وقت بےوقت
تقاضائے وقت
مقتضائے وقت
طریقت
اہل طریقت
حقیقت
اثبات حقیقت
درحقیقت
فی الحقیقت

ملائمت
عزیمت
ہزیمت
قیمت
بلاقیمت
بہرقیمت
بیش قیمت
تخفیف قیمت
کم قیمت
ہم قیمت
گران قیمت
بے قیمت
مجموعی قیمت
غنیمت
مال غنیمت
نت
انت
آنت
پانت
تانت
متانت
دانت
چاردانت
بیدانت
ویدانت
ہاتھی دانت
بسرانت
سنکرانت

حکمت
گل حکمت
علم حکمت
ظلمت
کلمت
مداومت
مقاومت
ہندومت
خصومت
حکومت
ارباب حکومت
عہد حکومت
اختیارحکومت
زیرحکومت
طرزحکومت
دارالحکومت
نظام حکومت
قومی حکومت
ہمت
والاہمت
ارباب ہمت
تہمت
پست ہمت
بلند ہمت
کم ہمت
دون ہمت
نگون ہمت
کوتاہ ہمت
بے ہمت
عالیٰ ہمت

خدمت
بخدمت
پیش خدمت
مقرب الخدمت
اہل خدمت
مذمت
حرمت
بے حرمت
ذی حرمت
مکرمت
مرمت
بے مرمت
ملازمت
سمت
قسمت
خارج قسمت
بدقسمت
خوش قسمت
حشمت
مخاصمت
عصمت
عظمت
نعمت
خداوند نعمت
کافرنعمت
کفران نعمت
خوان نعمت
الوان نعمت
نازونعمت
ولی نعمت

قامت
اقامت
استقامت
طویل القامت
قد و قامت
سرو قامت
کوتاہ قامت
کشیدہ قامت
سلامت
صاحب سلامت
حضرت سلامت
صحیح سلامت
علامت
ملامت
امامت
شہامت
قیامت
آثارقیامت
روزقیامت
تمت
مزاحمت
بلامزاحمت
ناقابل مزاحمت
رحمت
آب رحمت
صد رحمت
ابررحمت
غریق رحمت
مرحمت
زحمت

للت
ملت
مزاولت
دولت
بدولت
ارباب دولت
خود بدولت
اہل دولت
ارکان دولت
نودولت
صولت
سہولت
پھلت
ڈھلت
مہلت
فضیلت
لیلت
مت
امت
حجامت
ضخامت
قدامت
ندامت
آب ندامت
کرامت
جسامت
شامت
صامت
نظامت
اجماع امت

وجۂ ثبوت
عنکبوت
تارعنکبوت
بیت
العنکبوت
کالبوت
بل بوت
نبوت
بھبوت
(۱) پوت
(۲) پوت
راجپوت
سپوت
کپوت
توت
فرتوت
پیرفرتوت
کرتوت
فتوت
شہتوت
جوت
پرجوت
رتن جوت
جاگتی جوت
چوت
حوت
اخوت
نخوت
دوت
ڈنڈوت

زیب و زینت
بے زیب و زینت
طینت
بد طینت
خوش طینت
نیک طینت
پائینت
اوت
مہااوت
غباوت
سخاوت
عداوت
راوت
طراوت
قساوت
بغاوت
تفاوت
متفاوت
شقاوت
ذکاوت
زکاوت
تلاوت
حلاوت
کہاوت
مہاوت
تابوت
تختۂ تابوت
ثبوت
بارثبوت
عدم ثبوت

لکنت
تمکنت
گنت
ان گنت
(۱) منت
(۲) منت
مرہون منت
رھین منت
آرزومنت
بے منت
میمنت
اننت
ساونت
معاونت
کلاونت
روپ ونت
خشونت
رعونت
عفونت
سکونت
بھگونت
بلونت
بیونت
کتربیونت
مداھنت
پڑھنت
گڑھنت
مہنت
بینت
زینت

جنت
چنت
نچنت
محنت
قوت محنت
تقسیم محنت
دنت
مہادنت
گج دنت
مقارنت
لڑنت
گھڑنت
سنت
سنّت
بسنت
احسنت
اہل سنت
سلطنت
عمائد سلطنت
تدبیرسلطنت
ترک سلطنت
نائب السلطنت
دارالسلطنت
نظام سلطنت
مدبران سلطنت
ارکان سلطنت
رکن سلطنت
شیطنت
لعنت
مسکنت

شانت
اشانت
فطانت
اعانت
استعانت
قانت
ایکانت
امانت
مدامانت
زرامانت
ضمانت
زرضمانت
دستاویزضمانت
قابل ضمانت
ناقابل ضمانت
جرم قابل ضمانت
وثیقۂ ضمانت
اہانت
بھانت
پھانت
ذھانت
کہانت
خیانت
دیانت
بد دیانت
(۱) بنت
(۲) بنت
انت بنت
تنت
لپٹنت

ولایت
تازہ ولایت
حمایت
اپنایت
دنایت
عنایت
کنایت
روایت
اصحاب
روایت
نہایت
بیت
تربیت
مغربیت
عصبیت
اثاث البیت
اہل بیت
اجنبیت
محبوبیت
ربوبیت
مغلوبیت
مذہبیت
برائے بیت
پیت
اثباتیت
حیثیت
بحیثیت
کم حیثیت
جیت
اجیت

لکھت پڑھت
گڑھت
نزھت
لکھت
نکہت
روھت
پروھت
موھت
ھیئت
بد ھیئت
تبدیل ھیئت
علم ھیئت
آیت
پنج آیت
پنچایت
ھدایت
حسب ھدایت
شمع ھدایت
رایت
درایت
سرایت
رعایت
واجب الرعایت
رورعایت
غایت
لغایت
کفایت
حکایت
حرف وحکایت
شکایت

ابد ھوت
شہوت
نہوت
ان ھوت
بیوت
(۱) ھت
(۲) ھت
شباھت
وجاھت
چاھت
کراھت
نزاھت
بھلمنساھت
باد شاھت
پاد شاھت
سفاھت
ثقاھت
نقاھت
بہت
تھوڑا بہت
مشابہت
امورمشابہت
گاجربھت
جہت
شش جہت
یک جہت
چھت
(۱) دھت
(۲) دھت
آڑھت

ڈکوت
سکوت
ملکوت
معلم الملکوت
عالم ملکوت
کنکوت
گوت
بھگوت
طالوت
جلوت
خلوت
(۱) موت
(۲) موت
بعد الموت
مرض الموت
ملک الموت
بحیرۂ الموت
لایموت
قوت لایموت
سزائے موت
قنوت
ھوت
لاھوت
عالم لاھوت
بھوت
مبہوت
بھبھوت
چھوت
اچھوت
پچھوت

باروت
جبروت
ثروت
مروت
بامروت
بے مروت
بیروت
(۱) سوت
(۲) سوت
(۳) سوت
ناسوت
عالم ناسوت
رسوت
پرسوت
کسوت
رشوت
صوت
نشرالصوت
کریۃ الصوت
علم صوت
سطوت
دعوت
طاغوت
فوت
صفوت
قوت
قوّت
یاقوت
بالقوت
کم قوت

اصلیت
افضلیت
اقلیت
عقلیت
کلیت
حساب کلیت
عملیت
اولیت
قبولیت
مقبولیت
تولیت
رجولیت
مشغولیت
طفولیت
معقولیت
شمولیت
اہلیت
ڈھلیت
میت
میّت
جذامیت
حمیت
باحمیت
بے حمیت
آدمیت
نرمیت
سمیت
سمّیت
جسمیت
کمیت

کیفیت
حقیت
استقرار حقیت
انتقال حقیت
مشرقیت
معشوقیت
فوقیت
کیت
اشتراکیت
بکیت
ٹکیت
ڈکیت
مالکیت
ادعائے مالکیت
فلکیت
ملکیت
شرکت ملکیت
بنکیت
ملوکیت
پھکیت
گیت
لوک گیت
سنگیت
عوامی سنگیت
مالیت
کمالیت
قابلیت
ناقابلیت
پلیت
ازلیت

بسیت
انسیت
جنسیت
خشیت
مشیت
خاصیت
شخصیت
معصیت
ناقابل معصیت
وصیت
ترکہ بلاوصیت
خصوصیت
قبضیت
فرضیت
قنوطیت
اجتماعیت
تبعیت
رعیت
معیت
جامعیت
جمعیت
نوعیت
عافیت
خیروعافیت
گوشۂ عافیت
واقفیت
ناواقفیت
عدم واقفیت
مصروفیت
تقویم مصروفیت

(۱) ریت
(۲) ریت
اشاریت
عاریت
استعماریت
بریت
بربریت
کبریت
(۱) پریت
(۲) پریت
بھوت پریت
اکثریت
حریت
ذریت
بشریت
شعریت
عفریت
عسکریت
آمریت
توریت
شوریت
تصوریت
جمہوریت
راہ ریت
شہریت
خیریت
غیریت
پھڑیت
نازیت
تعزیت

سامراجیت
سلاجیت
ہارجیت
رن جیت
افرنجیت
زوجیت
حقوق زوجیت
چیت
اچیت
پچیت
بات چیت
سچیت
جراحیت
حلقۂ جراحیت
صلاحیت
تحیت
شیخوخیت
دیت
استبدادیت
خود ارادیت
حق خود ارادیت
انفرادیت
افادیت
مادیت
اجدیت
ولدیت
صمدیت
عبودیت
تجریدیت
اذیت

گھرگھاٹ
گئوگھاٹ
مغربی گھاٹ
دھوبی
گھاٹ
مشرقی گھاٹ
بٹ
پٹ
پٹاپٹ
چاپٹ
چٹ پٹ
پٹ پٹ
(۱) چٹ پٹ
(۲) چٹ پٹ
غٹ پٹ
گٹ پٹ
لٹ پٹ
جھٹ پٹ
کھٹ پٹ
دپٹ
ڈپٹ
ڈانٹ ڈپٹ
رپٹ
کارپٹ
سرپٹ
زین زپٹ
کپٹ
لپٹ
تلپٹ
سلپٹ

ٹ

باٹ
پاٹ
پوجاپاٹ
لوٹ پاٹ
راج پاٹ
سپاٹ
دھوبی پاٹ
ٹی پاٹ
ٹاٹ
جاٹ
چاٹ
اچاٹ
چوم چاٹ
ڈاٹ
کاٹ
مارکاٹ
لوکاٹ
بائیکاٹ
لاٹ
پگلاٹ
ماٹ
ناٹ
کلوواٹ
ھاٹ
بھاٹ
پھاٹ
ٹھاٹ
کھاٹ
گھاٹ

برچھیت
چڑھیت
کھیت
کسان کھیت
بے کھیت
الوھیت
رجائیت
غذائیت
کلیسائیت
فسطائیت

****

اجازت تبنیت
بدنیت
مدنیت
خوش نیت
کنیت
پاک نیت
نیک نیت
امنیت
شاونیت
موزونیت
فرعونیت
ممنونیت
صیہونیت
تہنیت
پیغام تہنیت
ذھنیت
عینیت
محویت
رویت
لغویت
تقویت
کویت
ھیت
کراھیت
شہنشاھیت
ماھیت
بھیت
ابھیت
لٹھیت
پچھیت

کمّیت
حاکمیت
آٹھون گانٹھ کمیت
غسل میت
علمیت
محرومیت
شومیت
معصومیت
قومیت
محکومیت
مظلومیت
اھمیت
نیت
رھبانیت
روحانیت
وحدانیت
نصرانیت
نفسانیت
یکسانیت
لسانیت
انسانیت
شیطانیت
ازعانیت
حقانیت
جسمانیت
طمانیت
مسلمانیت
انانیت
حیوانیت
تبنیت

سبجکٹ
چکٹ
ڈسٹرکٹ
(۱) کرکٹ
(۲) کرکٹ
کوڑاکرکٹ
واسکٹ
بسکٹ
کسکٹ
طکٹ
سارٹیفکٹ
سرٹیفکٹ
میڈیکل
سرٹیفکٹ
مکٹ
مورمکٹ
سنکٹ
وکٹ
پھوکٹ
ایکٹ
(۱) پیکٹ
(۲) پیکٹ
ایٹی کٹ
جیکٹ
چیکٹ
ریکٹ
ٹریکٹ
کالی کٹ
گٹ
پرگٹ

اسنتشٹ
دشٹ
بھرشٹ
کشٹ
مشٹ
نشٹ
غٹ
غٹاغٹ
غٹ غٹ
(۱) فٹ
(۲) فٹ
لفٹ
کرینک شیفٹ
(۱) کٹ
(۲) کٹ
پاکٹ
جاکٹ
راکٹ
انٹرکونٹی نینٹل
راکٹ
لاکٹ
(۱) بکٹ
(۲) بکّٹ
ٹکٹ
بلاٹکٹ
پلیٹ فارم ٹکٹ
سیزن ٹکٹ
بے ٹکٹ
ملاقاتی ٹکٹ
چسپانی ٹکٹ

بخارسٹ
فارسٹ
ٹرسٹ
پورٹ ٹرسٹ
انٹرسٹ
فرسٹ
مارکسسٹ
انارکسٹ
لسٹ
سوشلسٹ
موٹرسائکلسٹ
جرنلسٹ
نہلسٹ
امپیریلسٹ
پامسٹ
پیانسٹ
کارٹونسٹ
کمیونسٹ
پوسٹ
بک پوسٹ
ایوری کوسٹ
کھوسٹ
ایسٹ
مڈل ایسٹ
بوداپیسٹ
ریسٹ
(۱) ویسٹ
(۲) ویسٹ
پشٹ
بوڈاپشٹ

چرٹ
کنسرٹ
پورٹ
رپورٹ
اسپورٹ
پاسپورٹ
اکسپورٹ
ٹرانسپورٹ
امپورٹ
فورٹ
کورٹ
اسکورٹ
سپریم کورٹ
ھائی کورٹ
ڈپازٹ
گزٹ
سٹ
مارچ پاسٹ
سٹاسٹ
فاسٹ
براڈکاسٹ
بسٹ
ٹائپسٹ
ٹسٹ
اٹ سٹ
بیپٹسٹ
آرٹسٹ
ڈنٹسٹ
ٹیکنولاجسٹ
ڈائجسٹ

سمپٹ
چوپٹ
پھپٹ
جھپٹ
چھین جھپٹ
تٹ
اٹاٹٹ
بکٹٹ
بگٹٹ
(۱) جٹ
(۲) جٹ
بجٹ
جارجٹ
(۱) چٹ
(۲) چٹ
چٹاچٹ
چٹ چٹ
مغزچٹ
دماغ چٹ
سیاھی چٹ
آڈٹ
رٹ
آرٹ
پارٹ
اسٹارٹ
چارٹ
سپرٹ
اسپرٹ
موٹرسپرٹ
اکسپرٹ

رکاوٹ
اسکاؤٹ
بھکاوٹ
تھکاوٹ
لگاوٹ
گلاوٹ
ملاوٹ
بے ملاوٹ
گھلاوٹ
پھیلاوٹ
جماوٹ
(۱) بناوٹ
(۲) بناوٹ
چناوٹ
چکناوٹ
سہاوٹ
دکھاوٹ
مہاوٹ
(۱) بوٹ
(۲) بوٹ
پیکٹ بوٹ
موٹربوٹ
آگبوٹ
اگن بوٹ
پوٹ
لوٹ پوٹ
ٹوٹ
بگٹوٹ
(۱) جوٹ
(۲) جوٹ

ھونٹ
پھونٹ
کھونٹ
چارکھونٹ
چوکھونٹ
گھونٹ
پائنٹ
اینٹ
بھینٹ
(۱) پینٹ
(۲) پینٹ
ٹینٹ
چینٹ
رینٹ
(۱) سینٹ
(۲) سینٹ
بھینٹ
پھینٹ
چھینٹ
گھینٹ
اوٹ
سجاوٹ
رچاوٹ
کھنچاوٹ
کھچاوٹ
تراوٹ
گراوٹ
بساوٹ
کساوٹ
گھساوٹ

فرنٹ
رسٹورنٹ
منٹ
ٹورنامنٹ
الاٹمنٹ
ڈپارٹمنٹ
اکاؤنٹس ڈپارٹمنٹ
ہوم ڈپارٹمنٹ
اپائنٹ منٹ
رجمنٹ
اکنالجمنٹ
پیپرمنٹ
ایڈورٹائزمنٹ
ریفرشمنٹ
گورنمنٹ
کنٹونمنٹ
ایگریمنٹ
سیمنٹ
سپلیمنٹ
پارلیمنٹ
لیفٹننٹ
اونٹ
اکاؤنٹ
ڈسکاؤنٹ
وائکاؤنٹ
بونٹ
ٹونٹ
بانٹ چونٹ
سرونٹ
کھرونٹ

ڈانٹ
لاگ ڈانٹ
کمانڈانٹ
خرانٹ
گرانٹ
سانٹ
آنٹ سانٹ
اپیلانٹ
جھانٹ
چھانٹ
کاٹ چھانٹ
کیبنٹ
اسسٹنٹ
لفٹنٹ
اکاؤنٹنٹ
پیٹنٹ
ارجنٹ
سارجنٹ
ایجنٹ
چنٹ
مرچنٹ
رسپانڈنٹ
کارسپانڈنٹ
سپرنٹنڈنٹ
سٹوڈنٹ
اسٹوڈنٹ
ریزیڈنٹ
پریزیڈنٹ
وائس پریزیڈنٹ
وارنٹ

گرگٹ
گھونگٹ
لٹ
الٹ
زورالٹ
کایاپلٹ
الٹ پلٹ
رزلٹ
پمفلٹ
پیمفلٹ
گلٹ
ملٹ
کھولٹ
لکھ لٹ
پائلٹ
(۱) بیلٹ
(۲) بیلٹ
فیلٹ
امٹ
کامٹ
پرمٹ
محصول پرمٹ
درمٹ
جھرمٹ
ھیلمٹ
نٹ
آنٹ
بانٹ
گاؤں بانٹ
ٹانٹ

ابیاہٹ	اچپلاہٹ	ہچکچاہٹ	(۳) لوٹ	چوٹ
ہڈیاہٹ	(۱) پلپلاہٹ	اداہٹ	سلوٹ	سرچوٹ
ترپاہٹ	(۲) پلپلاہٹ	گدگداہٹ	تاملوٹ	روٹ
بھٹ	جلجلاہٹ	اوداہٹ	لہلوٹ	اراروٹ
کالابھٹ	چلاہٹ	براہٹ	لےلوٹ	تروٹ
(۱) پھٹ	سلسلاہٹ	گھبراہٹ	موٹ	اخروٹ
(۲) پھٹ	پھسلاہٹ	چرپراہٹ	جھوٹ موٹ	(۱) فروٹ
پھٹ پھٹ	گلگلاہٹ	ترتراہٹ	نوٹ	(۲) فروٹ
منھ پھٹ	ململاہٹ	چرچراہٹ	انوٹ	کروٹ
ٹھٹ	بولاہٹ	گدراہٹ	(۱) بنوٹ	رنگروٹ
جھٹ	جھلجھلاہٹ	سرسراہٹ	(۲) بنوٹ	سوٹ
راج ہٹ	جھنجھلاہٹ	مسکراہٹ	فٹ نوٹ	ڈریسنگ سوٹ
جھنجھٹ	چھلچھلاہٹ	ترمراہٹ	بینک نوٹ	کھسوٹ
چھٹ	سہلاہٹ	چرمراہٹ	ووٹ	لوٹ کھسوٹ
تلچھٹ	بوکھلاہٹ	تھرتھراہٹ	پھوٹ	نوچ کھسوٹ
ہتھ چھٹ	تمتماہٹ	گڑبڑاہٹ	ٹوٹ پھوٹ	کفن کھسوٹ
ڈہٹ	ٹمٹماہٹ	کھڑبڑاہٹ	ٹھوٹ	پیراشوٹ
رہٹ	چمچماہٹ	تڑپڑاہٹ	جھوٹ	کوٹ
کھٹ	پنپناہٹ	چڑچڑاہٹ	چھوٹ	ویسٹ کوٹ
نٹ کھٹ	تنتناہٹ	سڑاہٹ	بگچھوٹ	راج کوٹ
کھٹ کھٹ	سنسناہٹ	گڑگڑاہٹ	کھوٹ	کمرکوٹ
چھپرکھٹ	چکناہٹ	کھڑکھڑاہٹ	انسٹیٹیوٹ	اوورکوٹ
بالک ہٹ	گنگناہٹ	گھڑگھڑاہٹ	جیوٹ	کپڑکوٹ
چوکھٹ	بھنبھناہٹ	اکساہٹ	دیوٹ	فراک کوٹ
گھٹ	جھنجھناہٹ	کسمساہٹ	کھیوٹ	سیالکوٹ
مرگھٹ	چھنچھناہٹ	پھسپھساہٹ	ہٹ	پیٹی کوٹ
جمگھٹ	ہنہناہٹ	جگمگاہٹ	آہٹ	گوٹ
پنگھٹ	کڑواہٹ	چلبلاہٹ	چپچپاہٹ	لنگوٹ
بال ہٹ	چہچہاہٹ	کلبلاہٹ	کپکپاہٹ	(۱) لوٹ
سلہٹ	لہلہاہٹ	ہلبلاہٹ	چٹپٹاہٹ	(۲) لوٹ

مورث
باعث
بے باعث
بعث
ثالث
معلم ثالث
ثلث
مثلث
علم مثلث
مخنث
مؤنث
حدوث
موروث
مبعوث
غوث
لوث
ثالوث
ملوث
بے لوث
دیوث
ام الخبائث
خبیث
احادیث
حدیث
تحدیث
علم حدیث
مستغیث
تثلیث
تانیث
******

ث
اثاث
میراث
اضغاث
اناث
اولاد اناث
غیاث
الغیاث
خبث
اخبث
عبث
فعل عبث
بحث
کج بحث
خارج از بحث
مبحث
خلط مبحث
حادث
حوادث
وقائع و حوادث
حدث
محدث
محدّث
ارث
محروم الارث
وارث
لاوارث
مال لاوارث
والی وارث
نظام فیثاغورث

ساسن لیٹ
بیلیٹ
ڈائنامیٹ
اسٹیمیٹ
بابن نیٹ
گریجویٹ
انڈر گریجویٹ
پیپرویٹ
پرائیویٹ
(۱) ہیٹ
(۲) ہیٹ
بھیٹ
پھیٹ
چوٹ پھیٹ
ڈھیٹ
******

کاربوہائیڈریٹ
کمسریٹ
پیس ریٹ
کریٹ
کنکریٹ
جزیرۂ کریٹ
سگریٹ
زیٹ
(۱) سیٹ
(۲) سیٹ
السیٹ
گھسیٹ
قلم گھسیٹ
شیٹ
بیلینس شیٹ
ہسٹری شیٹ
فیٹ
فاسفیٹ
کیٹ
مارکیٹ
کلاتھ مارکیٹ
سرٹیفکیٹ
ایڈووکیٹ
سنڈیکیٹ
ڈیلیگیٹ
لیٹ
پلیٹ
ان کمپلیٹ
سلیٹ
انگلیٹ

رائٹ
کاپی رائٹ
بوکسائٹ
گرافائٹ
لائٹ
اوفیشیئٹ
بیٹ
البیٹ
(۱) پیٹ
(۲) پیٹ
چپیٹ
چوٹ چپیٹ
مارپیٹ
بھرپیٹ
لپیٹ
لاگ لپیٹ
جھپیٹ
لپیٹ جھپیٹ
پٹیٹ
سٹیٹ
اسٹیٹ
کونسل آف اسٹیٹ
جیٹ
انٹرمیڈیٹ
ریٹ
پریٹ
سٹریٹ
اسٹریٹ
مجسٹریٹ
ڈاکٹریٹ

منہاج
بیاج
احتیاج
مابہ
الاحتیاج
اپج
تج
منتج
جج
سشن جج
حج
امیرالحج
ہودج
رج
بارج
چارج
اچارج
انچارج
لاٹھی
چارج
حارج
تحارج
خارج
داخل
خارج
مخارج
مداخل
ومخارج
خوارج
ہارج

لاج
اختلاج
لجلاج
حلاج
علاج
لاعلاج
بےعلاج
شعاعی علاج
اشعاعی علاج
برقی علاج
آماج
سماج
آریہ سماج
کماج
ناج
اناج
پواج
ازدواج
کثرت ازدواج
رواج
رسم و رواج
ازواج
تعدد ازواج
افواج
اجتماع افواج
مواج
امواج
چھاج
کھاج
کھوج کھاج

سبک مزاج
ترک مزاج
نازک مزاج
تنک مزاج
نیک مزاج
منکسرالمزاج
کثیف المزاج
مستقل مزاج
کاہل مزاج
گرم مزاج
نرم مزاج
شوم مزاج
قائم مزاج
تلون مزاج
متلون مزاج
رنگین مزاج
پختہ مزاج
وارستہ مزاج
آشفتہ مزاج
بیہودہ مزاج
آوارہ مزاج
پاجی مزاج
شکی مزاج
سوداوی مزاج
ساج
نساج
عاج
کاج
کام کاج
گاج

روگ راج
سامراج
دھرم راج
نراج
سوراج
یوراج
ہراج
پکھراج
ادھیراج
مہاراج ادھیراج
زاج
امتزاج
مزاج
مرزامزاج
سیماب مزاج
استمزاج
کج مزاج
تلخ مزاج
شوخ مزاج
بد مزاج
سرد مزاج
تند مزاج
تیزمزاج
آتش مزاج
آب آتش مزاج
ترش مزاج
خوش مزاج
منصف مزاج
تکلف مزاج
عاشق مزاج

ج
آج
باج
تاج
صاحب تاج
محتاج
مایحتاج
سرتاج
بےتاج
احتجاج
حجاج
زجاج
حاج
الحاج
راج
تاراج
تاخت و تاراج
مہاراج
ترياراج
حراج
خراج
اخراج
لااخراج
استخراج
اراضئ خراج
دراج
استدراج
اندراج
سراج
معراج

بسفائج
حوائج
بیج
پیج
(۱) تیج
(۲) تیج
سٹیج
اسٹیج
خریج
تخریج
تدریج
بتدریج
سیج
سہاگ سیج
نضیج
خلیج
ڈیمیج
ترویج
تزویج
چھیج
بندھیج
******

منسوج
فوج
محافظ فوج
محکمۂ فوج
چھتری فوج
مفلوج
موج
تموج
متموج
اوج موج
چارموج
لطمۂ موج
نوج
بھوج
ابھوج
کھوج
کھرکھوج
اپاھج
مناھج
بھج
دھج
سج دھج
سرھج
سہج
اسہج
کھج
نہج
نتائج
رائج
غیررائج

ترانہ سنج
تشنج
متشنج
اسفنج
کنج
گنج
لنج
قولنج
چیلنج
منج
کونج
اکونج
گونج
مونج
ایکسچینج
سٹاک ایکسچینج
اوج
بھاوج
پکھاوج
یاجوج ماجوج
دوج
بروج
منطقۃ البروج
خروج
عروج
مروج
زوج
ممزوج
اسوج
پسوج

ستلج
دریائے ستلج
کج مج
نج
مانج
بھانج
بنج
پنج
اسپنج
شش و پنج
ٹنج
ایکسچنج
رنج
نارنج
برنج
شیربرنج
ترنج
زود رنج
شطرنج
مہرۂ شطرنج
سنج
ھواسنج
باد سنج
گوھرسنج
نظم سنج
سخن سنج
بادہ سنج
بذلہ سنج
زمزمہ سنج
نغمہ سنج

(۱) برج
(۲) برج
کارٹرج
اچرج
حرج
مخرج
(۱) درج
(۲) درج
مندرج
فرج
تفرج
منفرج
گرج
گھن گرج
مرج
ھرج مرج
سورج
ھرج
کھرج
دھیرج
سج
نسج
منسج
نضج
کج
گج
گڑگج
معالج
فالج
کالج

(۲) پیچ
ایچ پیچ
پرپیچ
پیچ در پیچ
سرپیچ
اسپیچ
ڈسپیچ
تاؤپیچ
دانوپیچ
تہ پیچ
کیچ
میچ
فٹ بال میچ
نیچ
اونچ نیچ
ھیچ
******

اینچ
بینچ
اینچ پینچ
چینچ
فرینچ
اڑینچ
کھینچ
کھینچاکھینچ
پوچ
ھیچ پوچ
سوچ
اسوچ
(۱) کوچ
(۲) کوچ
میل کوچ
سنکوچ
لوچ
گالی گلوچ
موچ
بھچ
پھچاپھچ
کھچ
کھچاکھچ
سوئچ
بیچ
بیچابیچ
دیواربیچ
بیچوں بیچ
ادھ بیچ
(۱) پیچ

سچ مچ
انچ
آنچ
پانچ
سات پانچ
تین پانچ
ٹانچ
جانچ
برانچ
سانچ
کانچ
لانچ
موٹرلانچ
قلانچ
ڈھانچ
بنچ
پنچ
پرپنچ
سرپنچ
ٹنچ
فرنچ
لنچ
اونچ
نیچ اونچ
چونچ
کونچ
(۱) کھونچ
(۲) کھونچ
(۳) کھونچ
پہنچ

سفرخرچ
سائرخرچ
جمع خرچ
فضول خرچ
کم خرچ
آمد وخرچ
راہ خرچ
(۱) کرچ
(۲) کرچ
جال کرچ
مرچ
لال مرچ
لون مرچ
کالی مرچ
دکنی مرچ
زچ
سچ
جھوٹ سچ
سچ سچ
غچ
غچاغچ
غچ غچ
کچ
کچ کچ
گچ
لچ
لالچ
لچلچ
مچ
چمچ

چ
کھپاچ
اسکاچ
گاچ
قلاچ
کماچ
کھماچ
ناچ
بال ناچ
واچ
چھاچ
بچ
کچ بچ
پچ
پچ پچ
(۱) کچ پچ
(۲) کچ پچ
گچ پچ
گھچ پچ
خچاخچ
رچ
مارچ
پرچ
چرچ
خرچ
اندھا خرچ
جیب خرچ
پاکٹ خرچ
آمد خرچ
بازارخرچ

عمرنوح	غیر مسلح	طرح بطرح	سیاح	ح
طوفان نوح	صلح	مصرعۂ طرح	ذابح	صباح
نصائح	اصلح	بے طرح	ذبح	علی الصباح
مصابیح	بقائے اصلح	فرح	مذبح	مصباح
ذبیح	مصلح	مفرح	صبح	مباح
تسبیح	مصطلح	منفرح	صبح صبح	افتتاح
صبیح	ملح	قرح	طلوع صبح	فتاح
قبیح	تسامح	قوس قزح	بانگ صبح	مفتاح
مفاتیح	مطمح	مسح	ستارۂ صبح	مداح
ترجیح	سوانح	ترشح	قبح	جراح
صحیح	خود نویس سوانح	مترشح	فاتح	انشراح
تصحیح	مذبوح	موشح	فتح	مزاح
عدد صحیح	صبوح	اصح	ناقابل فتح	نکاح
حرف صحیح	فتوح	ناصح	راجح	سلاح
ہضم صحیح	مفتوح	افصح	مرجح	بیت السلاح
ریح	ممدوح	واضح	مصحح	صلاح
تشریح	روح	غیرواضح	قدح	اصلاح
ناقابل تشریح	مجروح	سطح	رد و قدح	ناقابل اصلاح
علم تشریح	طائرروح	مسطح	مدح	اصطلاح
صریح	نشاط روح	سطح مسطح	جارح	فلاح
تصریح	سبک روح	زاویۂ مسطح	شارح	فلّاح
بالتصریح	سوہان روح	منقح	جوارح	ملاح
ثبوت صریح	بے روح	ناکح	جرح	جناح
ضریح	ذی روح	صالح	سوال جرح	ارواح
تفریح	غیرذی روح	اقرارصالح	شرح	عالم ارواح
مسیح	نصوح	قول صالح	مشرح	الواح
فصیح	وضوح	مصالح	کم شرح	نواح (۱)
غیرفصیح	لوح	طالح	منشرح	نواح (۲)
توضیح	سادہ لوح	سلح	الم نشرح	گرد و نواح
تنقیح	نوح	مسلح	طرح	ریاح

اصحاب

تواریخ
علم تواریخ
مریخ
سیخ
تنسیخ
شیخ
میخ
گل میخ

******

روغن تلخ
بادۂ تلخ
لخلخ
سلخ
مسلخ
ملخ
مورو ملخ
نخ
زنخ
چاہ زنخ
میونخ
مطبوخ
رسوخ
بارسوخ
اثرو رسوخ
منسوخ
شوخ
کلوخ
شیوخ
مشائخ
یخ
بیخ
توبیخ
زجرو توبیخ
چیخ
ریخ
تاریخ
علم تاریخ
ماہر علم تاریخ
تواریخ

سنگ سرخ
آتش رخ
شمع رخ
فرخ
لال رخ
شمال رخ
گل رخ
چمرخ
نرخ
مؤرخ
ماہ رخ
شعلہ رخ
آئینہ رخ
برزخ
دوزخ
پاسخ
راسخ
فاسخ
ناسخ
تناسخ
فرسخ
فسخ
مسخ
نسخ
خط نسخ
بطخ
نفخ
الخ
تلخ
آب تلخ

خ
اخ
طباخ
پاپاخ
گستاخ
پٹاخ
چٹاخ
فراخ
سوراخ
قزاخ
شاخ
شاخ در شاخ
نفاخ
کاخ
ابن الاخ
سلاخ
سنگلاخ
ٹماخ
طبخ
مطبخ
میر مطبخ
پخ
چپخ
ٹخ ٹخ
چخ
چخ چخ
بم چخ
رخ
چرخ
سرخ

ملیح
ہجوملیح
تلمیح
تراویح

******

اجساد
حساد
پرساد
فساد
شرو فساد
کون وفساد
عالم
کون وفساد
آمادۂ فساد
بانئ فساد
کساد
شاد
ناشاد
ارشاد
حسب ارشاد
حسب
الارشاد
پرشاد
مہاپرشاد
کشاد
بست وکشاد
دل شاد
شمشاد
صاد
اقتصاد
فصاد
تضاد
متضاد
عاد
ابعاد

بے داد
راد
خراد
افراد
والگاگراد
لینن گراد
مراد
بامراد
نامراد
حسب مراد
باد مراد
اوراد
ایراد
زاد
آزاد
چچازاد
مستزاد
مادرزاد
ننگا مادرزاد
کورمادرزاد
طبعزاد
آدم زاد
ہم زاد
دیوزاد
ہم شیرہ زاد
خالہ زاد
خانہ زاد
ایزاد
پری زاد
نژاد

حداد
قرارداد
استرداد
خورداد
روزداد
انسداد
شداد
اضداد
ارتقا بالاضداد
(۱) اعداد
(۲) اعداد
تعداد
لاتعداد
استعداد
ذی استعداد
کثیرالتعداد
بے تعداد
بغداد
مداد
امداد
بامداد
استمداد
وداد
روداد
جائداد
صاحب جائداد
رجسٹرجائداد
انتقال جائداد
زمین جائداد
روئداد

عباد
عبّاد
حق العباد
مبارک باد
ابروباد
کرۂ باد
بہاد
استاد
جگت استاد
ہشتاد
معتاد
افتاد
ہفتاد
اوتاد
سجاد
ایجاد
ستم ایجاد
اتحاد
رشتۂ اتحاد
الحاد
داد
خداداد
حسن خداداد
بھینساداد
استبداد
ارتداد
اشتداد
امتداد
اجداد
آبا و اجداد

د
اد
آد
باد
آباد
ہرچہ باد اباد
احمد آباد
اکبرآباد
حیدرآباد
کثیرآباد
غیرآباد
عشق آباد
ابد الآباد
جلال آباد
اسلام آباد
عدم آباد
کم آباد
نوآباد
الہ آباد
خانہ آباد
(۱) بہاد
(۲) بہاد
سرخ باد
گرد باد
برباد
خانماں برباد
پرباد
زہرباد
خیرباد
اشیرباد

واجد
بجد
ابجد
قفل ابجد
پربجد
زبرجد
مسجد
جامع مسجد
مجد
امجد
نجد
کنجد
وجد
موجد
تہجد
حد
احد
ملاحد
واحد
اجلاس
واحد
بحد
متحد
غیر متحد
سرحد
ازحد
لحد
ملحد
موحد
بے حد

نظربد
سبد
سرسبد
گل سرسبد
شہد
عہد
العہد
معہد
کہد
فال بد
کالبد
تخم بد
گنبد
نیک و بد
موبد
نگاہ بد
پد
دھرپد
مرتد
ستد
داد و ستد
معتد
ممتد
وتد
(۱) جد
(۲) جد
ساجد
مساجد
ماجد
والد ماجد

زہاد
(۱) اشہاد
(۲) اشہاد
استشہاد
کھاد
بیج کھاد
نہاد
بد نہاد
پیش نہاد
نیک نہاد
نام نہاد
یاد
ازدیاد
فریاد
داد فریاد
صیاد
انقیاد
بنیاد
سنگ بنیاد
بے بنیاد
بد
ابد
عابد
معابد
لابد
وقت بد
بد بد
شد بد
آثار بد
تربد

پولاد
فولاد
قلم فولاد
میلاد
داماد
خانۂ داماد
اعتماد
نااعتماد
ناقابل اعتماد
عدم اعتماد
جماد
انجماد
ضماد
عماد
کماد
ناد
استناد
اسناد
عناد
جواد
سواد
مارکس واد
فواد
مواد
مارکس واد لینن واد
گاندھی واد
اجتہاد
اہل اجتہاد
جہاد
فرہاد

معاد
میعاد
زائد المیعاد
مختلف المیعاد
مستفاد
مفاد
اعتقاد
سست اعتقاد
بد اعتقاد
ضعف اعتقاد
ضعیف الاعتقاد
صادق الاعتقاد
بے اعتقاد
انتقاد
انعقاد
نقاد
منقاد
وقاد
گاد
لاد
بلاد
جلاد
سلاد
ولاد
اولاد
آس اولاد
وقف اولاد
آل اولاد
کثیر الاولاد
بے اولاد

اڑد
زد
دزد
سرزد
گوش زد
مزد
نام زد
نزد
زبان زد
ایزد
سد
اسد
حاسد
فاسد
بیع فاسد
خیال فاسد
مفاسد
ظن فاسد
کاسد
سبھاسد
جسد
حسد
رسد
حصہ رسد
مفسد
شد
اشد
خیرباشد
راشد
رشد

مرد
امرد
پامرد
نامرد
تمرد
متمرد
آزاد مرد
پیرمرد
شیرمرد
غیرمرد
زمرد
جوان مرد
مٹھ مرد
نرد
تختۂ نرد
(۱) ورد
(۲) ورد
آورد
برآورد
لاجورد
خورد
تعمیرات خورد
گاؤخورد
مورد
نورد
صحرانورد
دشت نورد
بیابان نورد
راہ نورد
گیتی نورد

گرم وسرد
آہ سرد
فرد
فرد فرد
جوہرفرد
مفرد
ضرب مفرد
تناسب مفرد
سود مفرد
کسرمفرد
تقسیم مفرد
منفرد
(۱) گرد
(۲) گرد
(۳) گرد
گرد اگرد
صحراگرد
شاگرد
شب گرد
دشت گرد
باد گرد
ارد گرد
شہرگرد
بیابان گرد
جہان گرد
چوگرد
گوگرد
کوچہ گرد
آوارہ گرد
ہرزہ گرد

تازہ وارد
برد
دریابرد
دست برد
خورد برد
مبرد
نبرد
سپرد
مسترد
تجرد
مجرد
بمجرد
(۱) خرد
(۲) خرد
اہل خرد
ہوش و خرد
ذی خرد
(۱) درد
(۲) درد
صاحب درد
پردرد
سردرد
ہم درد
بے درد
زرد
تپ زرد
بحرزرد
روغن زرد
سرد
گرم سرد

خد
مجدد
تردد
بلاتردد
متردد
تشدد
متشدد
عدم تشدد
غیرمتشدد
مشدد
عدد
تعدد
متعدد
معدد
اسم عدد
مدد
المدد
رد
ارد
آرد
بارد
ندارد
عطارد
کارد
گارد
وارد
توارد
متوارد
صادروارد
نووارد

اهل مد	حامد	لکد	جعد	ارشد
ممد	محامد	رد و کد	رعد	مرشد
نمد	آمد آمد	مؤکد	سعد	تمام شد
شد و مد	کارآمد	برگد	مقعد	آمد و شد
جزرو مد	برآمد	لد الد	ذی قعد	صد
تهمد	د ریا برآمد	والد	چغد	قاصد
ند	د رآمد برآمد	توالد	چرغد	مقاصد
چاند	مال برآمد	بلد	وفد	قرارد اد مقاصد
چارچاند	محصول برآمد	نابلد	قد	بصد
راند	محصول	عرض البلد	متعاقد	رصد
چراند	د رآمد و برآمد	طول البلد	فاقد	مترصد
بهکراند	د رآمد	(۱) جلد	ناقد	فصد
کهراند	عمل د رآمد	(۲) جلد	پست قد	قصد
سڑاند	محصول د رآمد	(۱) مجلد	معتقد	بالقصد
بساند	مال برآمد و د رآمد	(۲) مجلد	مرقد	مقصد
سساند	سرآمد	خلد	د رازقد	حصول مقصد
معاند	خوشامد	مخلد	عقد	یک صد
بلاند	پیش آمد	مقلد	منعقد	پانصد
ماند	معتمد	غیرمقلد	حل وعقد	ضد
ناند	منجمد	ولد	تفقد	عضد
خواند	حمد	لاولد	هم قد	علاج بالضد
نوشت خواند	احمد	تولد	نقد	ساعد
نوشت و	لله الحمد	متولد	نقد انقد	مساعد
خواند	محمد	ام الولد	زرنقد	نامساعد
پهاند	رمد	مولد	سروقد	قواعد
لاد پهاند	سرمد	مد	کوتاہ قد	(۱) بعد
کود پهاند	صمد	مدّ	پستہ قد	(۲) بعد
بند	عمد	آمد	میانہ قد	مابعد
پابند	قتل عمد	جامد	کد	امابعد
بالابند	اقدام قتل عمد	اسم جامد	کدّ	مستعد

حسن پسند
امن پسند
آئین پسند
شاہ پسند
فرقہ پسند
راستی پسند
آزادی پسند
ترقی پسند
خرسند
خورسند
(۱) مسند
(۲) مسند
عند
زغند
فند
گوسفند
قند
قلاقند
شکرقند
سمرقند
زقند
تاشقند
گل قند
زمین قند
کند
کلاکند
مکند
گند
کپڑگند
سگند

تژند
سند
پسند
ناپسند
انتہاپسند
انقلاب پسند
مصلحت پسند
لذت پسند
رجعت پسند
دقت پسند
قدامت پسند
انفرادیت پسند
حریت پسند
جمہوریت پسند
شہنشاہیت پسند
صلح پسند
تشدد پسند
خود پسند
خاطرپسند
جمہورپسند
عیش پسند
انصاف پسند
حق پسند
اعتدال پسند
استقلال پسند
دل پسند
مشکل پسند
آرام پسند
عام پسند
قوم پسند

اسپند
تند
باد تند
مستند
تیزو تند
بادۂ تند
چند
تاچند
چہارچند
ہرچند
یک چند
دوچند
دہ چند
سہ چند
معدودے چند
شکرخند
زہرخند
ریشخند
دند
(۱) رند
(۲) رند
پرند
چرند و پرند
چرند
فرزند
زن و فرزند
بے زن و فرزند
گزند
ژند
پاژند

نقش بند
پیش بند
ترجیع بند
ناک بند
نخل بند
دل بند
نعل بند
دم بند
قلم بند
چمن بند
چاق چوبند
بازوبند
گلوبند
تہ بند
مورچہ بند
نیچہ بند
قطعہ بند
علاقہ بند
کوکھ بند
معاملہ بند
منھ بند
سینہ بند
آئینہ بند
جتھہ بند
پری بند
چیرے بند
پائے بند
بھائی بند
پند
سپند

حنابند
موتیابند
لب بند
ترکیب بند
صورت بند
گٹ بند
لنگوٹ بند
بھج بند
سلاح بند
جلد بند
بند بند
چھند بند
دستاربند
چاربند
ازاربند
کاربند
شکاربند
زناربند
ہتھیاربند
چھپربند
بستربند
بکتربند
دربند
نظربند
جگربند
کمربند
زیربند
آڑبند
جکڑبند
پوزبند

کاھل وجود
موجود
(۱) خود
(۲) خود
بخود
خود بخود
دم بخود
بذات خود
بدست خود
سرخود
بطورخود
ازخود
بزعم خود
نخود
بے خود
دود
حدود
محدود
نامحدود
غیرمحدود
مردود
مسدود
معدود
غدود
ممدود
اندود
ودود
آتش بے دود
حلوائے
بے دود

خوش آئند
چیند
تریند
گھند
نیند
سکھ نیند
ود
اود
داؤد
بود
نابود
نیست و نابود
غت ربود
معبود
کبود
ہست و بود
بہبود
نمود بے بود
(۱) پود
(۲) پود
تارو پود
جود
سجود
مسجود
وجود
باوجود
معرض وجود
واجب الوجود
نادرالوجود
ممکن الوجود

بوند
بوند بوند
توند
چکاچوند
آخوند
روند
کوند
گوند
لوند
پیوند
ریوند
شیرۂ ریوند
ہند
چراہند
کھراہند
پھند
پھرپھند
مجموعۂ تغریرات ہند
چھند
تاریخ ہند
دہند
نادہند
اندھادھند
بحرہند
مہند
رستم ہند
تقسیم ہند
ستارۂ ہند
جمہوریۂ ہند

نیازمند
فیروزمند
سمند
دانش مند
ہوش مند
خواہش مند
اخلاص مند
غرض مند
اطلاع مند
طالع مند
کمند
اقبال مند
کسل مند
عقل مند
ہلمند
دریائے ہلمند
احسان مند
برومند
آرزومند
تنومند
فائدہ مند
بہرہ مند
حوصلہ مند
نند
آنند
آنند
مانند
اوند
خاوند
خداوند

بغل گند
سوگند
بلند
بخت بلند
سربلند
پست و بلند
مند
رضامند
نارضامند
حیامند
حاجت مند
صحت مند
ارادت مند
سعادت مند
عقیدت مند
ضرورت مند
غیرت مند
دولت مند
ارجمند
فرزند ارجمند
فتح مند
مرادمند
خردمند
دردمند
سودمند
کارمند
یارمند
فکرمند
ہنرمند
قصورمند

بید
سرخ بید
انتربید
(۱) عبید
(۲) عبید
امل بید
ناپید
سپید
جید
مجید
تمجید
کلام مجید
وحید
توحید
دید
صناد ید
آثار صناد ید
صواب دید
پدید
ناپدید
جدید
تجدید
بنجر جدید
علوم جدید
حدید
تردید
بار تردید
حرف تردید
سوال تردید
ناقابل تردید

اہل زہد
شہد
اشہد
تشہد
مشہد
عہد
متعہد
بدعہد
نقض عہد
ہم عہد
ولی عہد
نکھد
مہد
شدائد
جرائد
زائد
قدر زائد
منافع زائد
شائد
قصائد
عائد
قائد
عقائد
مکائد
عمائد
زوائد
فوائد
ید
شاید
باید و شاید

مولود
کامود
جمود
محمود
عمود
خط عمود
نمود
نام و نمود
خشنود
خوشنود
ہنود
شہود
مشہود
منصۂ شہود
معہود
قیود
مجاہد
زاہد
شاہد
واحد شاہد
مشاہد
معاہد
شواہد
بہد
بہد بہد
مجتہد
جہد
جد و جہد
ہد ہد
زہد

مقصود
گوہر مقصود
منزل مقصود
(۱) عود
(۲) عود
مسعود
صعود
قعود
موعود
مفقود
کود
اچھل کود
کھیل کود
گود
آلود
غضب آلود
درد آلود
گرد آلود
دود آلود
غبار آلود
خمار آلود
ابر آلود
زہر آلود
خاک آلود
چرک آلود
زنگ آلود
شرم آلود
خشم آلود
خون آلود
چشم خون آلود

رود
بارود
گولا بارود
درود
پدرود
سرود
رقص و سرود
مجلس رقص و سرود
مطرود
فرود
مال فرود
امرود
ورود
ہریرود
دریائے ہریرود
زود
افزود
سود
اسود
حجر اسود
سنگ اسود
ایام اسود
بحیرۂ اسود
حسود
شرح سود
محسود
سود در سود
اصل مع سود
بے سود
کشود

ڈ

فراڈ
بلگراڈ
لاڈ
تامل ناڈ
ایجوکیٹڈ
اجڈ
کارڈ
رکارڈ
راشن کارڈ
ملاقاتی کارڈ
ریکارڈ
اشاری کارڈ
گارڈ
لارڈ
لینڈ لارڈ
وارڈ
رجسٹرڈ
سٹینڈرڈ
اسٹینڈرڈ
میڈرڈ
بورڈ
سوئچ بورڈ
صدر بورڈ
سنسر بورڈ
لوکل بورڈ
سائن بورڈ
فارورڈ
تھرڈ
بلیرڈ

امید
ناامید
راس امید
حمید
تحمید
نومید
نید
شنید
گفت و شنید
دید نہ شنید
وید
جاوید
عالم جاوید
تجوید
تسوید
رگ وید
(۱) مؤید
(۲) مؤید
نوید
ناھید
بھید
ابھید
چھید
شہید
بن مارے شہید
نمہید
تائید

*****

میٹھی عید
مستفید
سفید
زاج سفید
سرخ سفید
سرخ و سفید
روسفید
سیاہ سفید
بحیرۂ سفید
زیرۂ سفید
مفید
قید
تقید
عمرقید
تعقید
فقید
مقید
تنقید
بے قید
کید
تاکید
لید
فراست الید
موالید
پلید
تقلید
قابل تقلید
ناقابل تقلید
کلید
تولید

ورید
حبل الورید
زید
مزید
یزید
سید
رسید
رجسٹر رسید
رشید
خرشید
شاگرد رشید
فرزند رشید
خورشید
پنجۂ خورشید
جمشید
جام جمشید
نشید
صید
عید
مواعید
بعید
وارث بعید
مشرق بعید
ماضی بعید
بقرعید
سعید
پورٹ سعید
وعید
وعدہ وعید
باسی عید

ملاقات بازدید
دید و بازدید
شدید
ضرب شدید
تشدید
مشقت شدید
جرم شدید
تقاضائے شدید
مدید
خوش آمدید
مدت مدید
چشم دید
گواہ چشم دید
تہدید
سروارید
آب مروارید
(۱) برید
(۲) برید
تبرید
قطع و برید
تجرید
خرید
قوت خرید
زرخرید
غلام زرخرید
فرید
کرید
(۱) مرید
(۲) مرید
زن مرید

******

شیک ہینڈ
دراوڈ
روڈ
کوڈ
پینل کوڈ
لوڈ
ہڈ
کھڈ
کاربائڈ
سائڈ
گائڈ
ایڈ
فرسٹ ایڈ
بیڈ
پیڈ
ریڈ
پریڈ
قواعد پریڈ
گریڈ
بلگریڈ
کامریڈ
شیڈ
بلاکیڈ
برگیڈ
بریگیڈ
فائربریگیڈ
لیڈ
بلیڈ
لیمونیڈ
ہیڈ

جھنڈ
کھنڈ
اکھنڈ
پاکھنڈ
جھاڑکھنڈ
بینڈ
پینڈ
موٹرسٹینڈ
لینڈ (۱)
لینڈ (۲)
ناگالینڈ
بچوانالینڈ
ہالینڈ
اسکاٹ لینڈ
نیدرلینڈ
سوئٹزرلینڈ
ائرلینڈ
آئس لینڈ
ان لینڈ
فن لینڈ
خلیج فن لینڈ
گرین لینڈ
پولینڈ
باسوٹولینڈ
سوازی لینڈ
نیوزی لینڈ
تھائی لینڈ
مینڈ
ہینڈ
شارٹ ہینڈ

ارنڈ
کرنڈ
گرنڈ
کھرنڈ
فنڈ
کنڈ
سکنڈ
اگن کنڈ
سیکنڈ
لنڈ (۱)
لنڈ (۲)
منڈ
رنڈ منڈ
لنڈ منڈ
گھمنڈ (۱)
گھمنڈ (۲)
ڈائمنڈ
پاؤنڈ
کمپاؤنڈ
گراؤنڈ
ساؤنڈ
بونڈ
پونڈ
ڈونڈ
سونڈ
گونڈ
مونڈ
ڈھونڈ (۱)
ڈھونڈ (۲)
ٹھنڈ

ایسڈ
کاربونک ایسڈ
گولڈ
فیلڈ
گڈ مڈ
ان کلیمڈ
انڈ
پانڈ
ٹانڈ
دانڈ
ڈانڈ
رانڈ
بال رانڈ
سانڈ
گانڈ
مانڈ
ریمانڈ
ہانڈ
بھانڈ
کھانڈ
انڈ بنڈ
پنڈ (۱)
پنڈ (۲)
ٹنڈ
چنڈ
دنڈ
ماپ دنڈ
ڈنڈ
رنڈ (۱)
رنڈ (۲)

جوئبار	تکلفات دربار	ر	******* ذ
پار	راج دربار	ار	استاذ
پاراپار	سرکاردربار	آر	محاذ
آرپار	شرربار	بار	شاذ
وارپار	شمشیرشرربار	(۱) ابار	معاذ
جان سپار	گھربار	(۲) ابار	نفاذ
بیوپار	بے گھربار	دریابار	اخذ
بیپار	گوھربار	ابردریابار	ماخذ
تار	زیربار	تبار	مؤخذ
اتار	آتش بار	اعتبار	تلذذ
تاتار	غبار	باعتبار	متلذذ
لگاتار	کبار	اصحاب اعتبار	ملذذ
چڑھاؤاتار	اکبار	لائق اعتبار	کاغذ
تاربتار	سبک بار	قابل اعتبار	جاذب کاغذ
شب تار	استکبار	ناقابل اعتبار	کاربن کاغذ
تتار	اشکبار	بے اعتبار	مومی کاغذ
جتار	مشک بار	عالی تبار	افشانی کاغذ
مختار	یکبار	جبار	نافذ
خود مختار	ایک بار	انجبار	غیرنافذ
افسرمختار	لبار	احبار	نفذ
فاعل مختار	بمبار	اخبار	منفذ
تارتار	انبار	اھل اخبار	تلمذ
کرتار	گران بار	ادبار	ماخوذ
ستار	خون بار	متعدد بار	نعوذ
ستّار	چوبار	برد بار	نفوذ
بستار	کاروبار	رود بار	نبیذ
دستار	جزائرنکوبار	باربار	لذیذ
پرستار	برگ و بار	کاربار	تلمیذ
وستار	بے برگ و بار	(۱) دربار	تعویذ
رفتار	شعلہ بار	(۲) دربار	گنڈا تعویذ

گنبد دار
پود دار
خود دار
باردار
خاردار
استمراردار
کاردار
بیماردار
تیماردار
زناردار
پھواردار
بہاردار
دھاردار
بردار
جھنڈا
بردار
عصابردار
بیلابردار
دست بردار
راکٹ بردار
خبردار
باربردار
مہربردار
نازبردار
ہوائی
جہازبردار
گرزبردار
کفش بردار
خاص بردار
مال بردار

عیب دار
ترکیب دار
ٹاپ دار
ملاپ دار
چیپدار
قرابت دار
صورت دار
عزت دار
طبیعت دار
اقتدار
برسراقتدار
ذوی الاقتدار
ذی اقتدار
شراکت دار
امانت دار
دیانت دار
جوت دار
لنگوٹ دار
کھیوٹ دار
باجدار
تاجدار
لاخراجدار
مزاج دار
فوج دار
بیج دار
لوچ دار
پیچ دار
طرح دار
سوراخ دار
شاخ دار

افتخار
خارخار
پرخار
زخار
بےخار
دار
سرادار
عزادار
وفادار
یار وفادار
جلادار
نادار
روادار
بسوادار
ہوادار
حیادار
دنیادار
آب دار
تابدار
زلف تابدار
محراب دار
حساب دار
لعاب دار
رکاب دار
منصب دار
رعب دار
جانب دار
غیرجانب دار
چوب دار
زیب دار

تجار
ملک التجار
اشجار
فجار
حرف جار
نجار
ہنجار
ناہنجار
چار
اچار
آچار
لاچار
منگلاچار
سماچار
ناچار
اناچار
چاروناچار
اتیاچار
بچار
سوچ بچار
پرچار
منگل چار
پونچار
آچاروچار
حار
خار
بخار
میعادی بخار
فصلی بخار
پشت خار

صبارفتار
سست رفتار
کج رفتار
باد رفتار
تند رفتار
تیزرفتار
خوش رفتار
کبک رفتار
گرفتار
نوگرفتار
گرم رفتار
کفتار
گفتار
شیریں گفتار
رفتاروگفتار
گالی گفتار
اوتار
محکمۂ ڈاک و تار
محکمۂ تار
سٹار
فلم سٹار
کٹار
آثار
آفتاب آثار
نثار
نثّار
جان نثار
ایثار
جار
بجار

دارمدار	مالدار	دفع دار	مردار	تیل بردار
علمدار	حوالدار	ضلع دار	ثمردار	حکم بردار
دارومدار	بھال دار	جمعدار	برخوردار	لمبردار
جان دار	عیال دار	بیع دار	زوردار	بلم بردار
دنداندار	بل دار	غدار	ظاھردار	علم بردار
شاندار	(۱) دل دار	داغ دار	زہردار	نمبردار
نشان دار	(۲) دل دار	دماغ دار	گھردار	نشان بردار
دکان دار	کل دار	طرفدار	لہردار	فرمان بردار
دوکان دار	گلدار	بے طرفدار	جوھردار	عنبردار
کمان دار	تول دار	کلف دار	شیردار	بستہ بردار
مہمان دار	حولدار	وقوف دار	جاگیردار	طیارہ بردار
ایمان دار	پھول دار	حق دار	گھیردار	زرہ بردار
جہاندار	جھولدار	ورق دار	چھڑدار	نیزہ بردار
پندار	ھل دار	تعلقدار	بازدار	حقہ بردار
وزن دار	پھل دار	مقدار	رازدار	زلہ بردار
ضامن دار	بیلدار	رونق دار	عزیزدار	خایہ بردار
تمندار	ذیلدار	پھاٹک دار	تمیزدار	حاشیہ بردار
رہن دار	تحصیل دار	چٹک دار	لسدار	غاشیہ بردار
دین دار	تحویلدار	لچک دار	نس دار	بہنگی بردار
تعین دار	مدار	بھڑک دار	لائسنس دار	پردار
لیندار	مسام دار	لکدار	ہوس دار	شجردار
زمین دار	انعام دار	چمک دار	لیسدار	عذردار
روئین دار	کامدار	نوک دار	گوش دار	زردار
بودار	نام دار	تھوک دار	پیمائش دار	سردار
بد بودار	ماتم دار	تھانگ دار	نیش دار	کردار
خوشبودار	دولت مدار	رنگ دار	عرض دار	چکردار
رودار	خم دار	اسپرنگ دار	قرض دار	بدکردار
گیرودار	(۱) دمدار	بال دار	تابعدار	کیفرکردار
پلودار	(۲) دمدار	جال دار	وضع دار	نیک کردار
پہلودار	ستارۂ دمدار	رسالدار	قطع دار	جھالردار

مہینے دار	پھیرے دار	حاشیہ دار	حصہ دار	نمودار
گروی دار	پھیری دار	عطیہ دار	قبضہ دار	دیودار
دعویدار	توڑے دار	تکیہ دار	نقطہ دار	سپاہ دار
دعوے دار	جوڑی دار	پائدار	فوطہ دار	راہ دار
کوٹھے دار	چوڑی دار	ناپائدار	قلعہ دار	نگاہ دار
ساجھے دار	مزے دار	بیدار	وظیفہ دار	تنخواہ دار
لچھے دار	نشے دار	شب بیدار	علاقہ دار	رتبہ دار
ڈیوڑھی دار	اراضی دار	چربی دار	تعلقہ دار	محاسبہ دار
پائیدار	عوضیدار	صوبے دار	ذائقہ دار	صوبہ دار
ناپائیدار	قلعی دار	ناتے دار	وثیقہ دار	ھبہ دار
بٹائی دار	معافی دار	پتی دار	سلیقہ دار	تہ دار
روئی دار	باقی دار	چتی دار	دنبالہ دار	رشتہ دار
ڈار	قرقی دار	پٹے دار	رسالہ دار	سررشتہ دار
ھنڈار	کڑاکے دار	کانٹے دار	پلہ دار	گانٹھدار
بھنڈار	بندکی دار	بوٹے دار	محلہ دار	ورثہ دار
راج بھنڈار	کھڑکی دار	بیل بوٹے دار	ذمہ دار	سمجھدار
ڈھنڈار	چوکی دار	چوٹی دار	بیمہ دار	پردہ دار
آذار	ٹھیکے دار	جی دار	خانہ دار	زندہ دار
اعتذار	بھاگیدار	بال بچے دار	کارخانہ دار	شب زندہ دار
عذار	جالیدار	صراحی دار	دانہ دار	عہدہ دار
گل عذار	مسالے دار	دیدار	پرگنہ دار	مواخذہ دار
گذار	پلے دار	طالب دیدار	روزینہ دار	اجارہ دار
واگذار	تولے دار	بندیدار	آئینہ دار	طرہ دار
خدمتگذار	چھلے دار	گنڈے دار	شیوہ دار	گرہ دار
شکرگذار	ذمے دار	باری دار	میوہ دار	اجورہ دار
ناشکرگذار	غیرذمے دار	کناریدار	کرایہ دار	روزہ دار
مال گذار	انی دار	دھاری دار	سایہ دار	نیزہ دار
برآر	کارخانے دار	پری دار	مایہ دار	رعشہ دار
ابرار	تھانیدار	خریدار	سرمایہ دار	گوشہ دار
ھل برار	چاشنی دار	ڈگری دار	تعزیہ دار	ریشہ دار

کامیسار
کمیسار
یمین و یسار
آبشار
انتشار
سرشار
فشار
مشار
ابصار
نورالابصار
اولوالابصار
اختصار
انتصار
حصار
احصار
انحصار
امصار
اد یارو
امصار
انصار
حضار
احضار
عطار
افطار
قطار
اقطار
زاروقطار
بیطار
انتظار
عار

رخسار
گل رخسار
لالہ رخسار
پری رخسار
بھنڈ سار
کھنڈ سار
استفسار
عندالاستفسار
اکسار
خاک سار
سبک سار
نمک سار
انکسار
گسار
غم گسار
سنگ سار
بادہ گسار
مے گسار
شرم سار
انجن سار
سنسار
سورج سنسار
ملنسار
ناملنسار
ننسار
نگون سار
بھنسار
کہسار
کوہسار
یسار

کارگزار
شکرگزار
ناشکرگزار
گوش گزار
مال گزار
صدرمالگزار
مشکل گزار
فرمان گزار
سجدہ گزار
ریگ زار
حال زار
گل زار
مزار
لوح مزار
سنگ مزار
نزار
زعفران زار
چمن زار
زارونزار
اوزار
ھزار
سبزہ زار
لالہ زار
بیزار
پیزار
جوتی پیزار
سار
بسار
تسار
شاخسار

بازار
کالابازار
مینابازار
صدربازار
سربازار
برسربازار
چوربازار
اردوبازار
تہ بازار
صرافہ بازار
اردلی بازار
کھلے بازار
دل آزار
مردم آزار
بزار
کشت زار
خارزار
زارزار
کارزار
میدان کارزار
مرغزار
علف زار
گزار
واگزار
ہواگزار
اطاعت گزار
خدمت گزار
امانت گزار
باج گزار
خراج گزار

رجسٹرار
جرار
لکچرار
احرار
حزب الاحرار
درار
ادرار
اسرار
پراسرار
شرار
اشرار
اصرار
طرار
اضطرار
فرار
قرار
اقرار
استقرار
برقرار
قول قرار
قول و قرار
بے قرار
کرار
تکرار
اگرار
استمرار
ھنڑار
زار
ازار
آزار

پیش کار
مالی پیش کار
قسط کار
غلط کار
مرصع کار
ملمع کار
افکار
واقف کار
طریق کار
ناٹک کار
للکار
اہل کار
دخیل کار
اسامیٔ
دخیل کار
مکار
انجام کار
حرام کار
انتظام کار
قلم کار
ہم کار
تقسیم کار
انکار
جانکار
ناقابل انکار
نان کار
زیان کار
ٹنکار
سنکار
فنکار

اذکار
تذکار
مختارکار
مدارکار
(۱) پرکار
(۲) پرکار
چترکار
موٹرکار
آخرکار
درکار
زرکار
سرکار
وکیل سرکار
ملازم سرکار
عطیۂ سرکار
آغازکار
سکار
نمسکار
سنسکار
ایمبولینس کار
ہوس کار
شکار
آشکار
میرشکار
کفش کار
نقش کار
تحفظ
اشجاروشکار
سیروشکار
فراموشکار

روبکار
فریب کار
پکار
ہانک پکار
پھپکار
عاقبت کار
دتکار
نرت کار
دست کار
کاشت کار
کشت کار
صنعت کار
چمتکار
توتکار
ہتکار
تھتکار
پٹکار
پھٹکار
پچکار
چورچکار
صلاح کار
صلح کار
آباد کار
نوآباد کار
استعداد کار
بدکار
پیوند کار
دھند کار
خود کار
ڈکار

ذوالفقار
منقار
وقار
باوقار
بے وقار
موسیقار
کار
تانباکار
اداکار
فداکار
رضاکار
قضاکار
خطاکار
جفاکار
جلاکار
طلاکار
کلاکار
اناکار
زناکار
میناکار
اگواکار
ہاہاکار
ریاکار
(۱) بکار
(۲) بکار
ابکار
آبکار
تابکار
شتاب کار
نابکار

مستعار
حیات مستعار
شعار
اشعار
جفاشعار
وفاشعار
کفایت شعار
تغافل شعار
ستم شعار
ظلم شعار
بیہودہ شعار
سلیقہ شعار
غار
تغار
یارغار
صفار
یلغار
مغار
پیغار
فار
اسفار
اصفار
غفار
استغفار
کفار
سم الفار
نفار
سوفار
استحقار
فقار

خمّار
یارمار
دورمار
بھرمار
زہرمار
مزمار
اسمار
مسمار
سوسمار
شمار
روزشمار
اعداد و
شمار
بے شمار
اضمار
استعمار
معمار
قمار
کمار
راج کمار
تومار
طومار
راہ مار
بیمار
چشم بیمار
چھاپے مار
تیمار
بوتیمار
بھانچی مار
ڈنڈی مار

نقش و نگار
نقشہ نگار
نامہ نگار
ہمہ نگار
افسانہ نگار
گناہ گار
بیگار
لار
الار
سالار
کاروان سالار
سپاہ سالار
قافلہ سالار
دلار
کلار
ملار
مار
ہوامار
غریب مار
گپت مار
گھاٹ مار
بٹ مار
پاکٹ مار
لوٹ مار
ثمار
اثمار
تحفظ اثمار
چمار
حمار
خمار

پرہیزگار
ناپرہیزگار
سگار
فراموشگار
فگار
افگار
جگرافگار
سینہ افگار
جگرفگار
دل فگار
سینہ فگار
کگار
کام گار
ستم گار
نگار
ڈرامانگار
سوانح نگار
تنقید نگار
خبرنگار
زرنگار
جواہرنگار
زنگار
سنگار
ہارسنگار
سازسنگار
سولہ سنگار
وقائع نگار
ناول نگار
کارٹون نگار
مضمون نگار

پیکار
حامی کار
بانی کار
اسویکار
گار
طلب گار
پگار
خواست گار
رستگار
خدمتگار
یادگار
مددگار
کردگار
پروردگار
خداوندگار
آفریدگار
پرگار
سازگار
ناسازگار
آمرزگار
روزگار
آشوب روزگار
آفت روزگار
نادر روزگار
نوادر روزگار
گردش روزگار
اہل روزگار
اعجوبۂ روزگار
بے روزگار
آموزگار

ہنکار
بھنکار
پھنکار
جھنکار
کشت و کار
سروکار
پیروکار
نکوکار
ساہوکار
سربراہ کار
شاہ کار
سیاہ کار
تجربہ کار
ناتجربہ کار
پختہ کار
ناپختہ کار
چھکار
ادھکار
سادہ کار
ناکردہ کار
اندھکار
کندہ کار
آزمودہ کار
ناآزمودہ کار
کشیدہ کار
تازہ کار
ہرزہ کار
آلۂ کار
سرمایہ کار
بے کار

قسم وار
رقم وار
سوموار
ہموار
ناہموار
نوار
انوار
پرانوار
سنوار
بناؤ سنوار
کنوار
گنوار
راہوار
شاہوار
درشاہوار
ماہوار
پھوار
تہوار
تیج تہوار
ہفتہ وار
بد ہوار
رہوار
ذرہ وار
شہوار
درشہوار
حلقہ وار
سلسلہ وار
جامہ وار
ذمہ وار
مردانہ وار

سائیکل سوار
فیل سوار
جنس وار
شاہ سوار
شہ سوار
ناقہ سوار
سانڈنی سوار
دشوار
اطوار
بد اطوار
خوش اطوار
قسط وار
ردیف وار
کوار
گھیکوار
گوار
اگوار
ناگوار
وضع ناگوار
بزرگوار
خوش گوار
ناخوش گوار
سوگوار
سال وار
پلوار
تلوار
ننگی تلوار
شلوار
تفصیل وار
اسم وار

خونخوار
بادہ خوار
وظیفہ خوار
تاریخ وار
مے خوار
ماہی خوار
خدائی خوار
دوار
دوّار
ادوار
جدوار
بھدوار
امیدوار
لمبروار
نمبروار
پروار
خروار
شکروار
قصوروار
تقصیروار
ہڑوار
زوار
سوار
اسوار
آفتاب سوار
شترسوار
گھوڑسوار
گھڑسوار
چابک سوار
ترک سوار

وسائل پیداوار
کم پیداوار
سزاوار
ناسزاوار
خطاوار
سماوار
بوار
بابوار
ترتیب وار
اتوار
باہتوار
پتوار
استوار
بٹوار
گھٹوار
(۱) جوار
(۲) جوار
ہم جوار
قرب و جوار
تشریح وار
خوار
شراب خوار
رشوت خوار
قدح خوار
شیرخوار
طفل شیرخوار
آتش خوار
قرض خوار
نمک خوار
غم خوار

اڑی مار
چڑی مار
مکھی مار
نار
انار
آب انار
چھتنار
چنار
کچنار
زنار
سنار
کنار
ناپید اکنار
درکنار
ہم کنار
بوس و کنار
کوکنار
گلنار
منار
خلیج منار
سونار
کرۂ نار
دینار
مینار
قطب مینار
روشنی مینار
وار
پیداوار
آلات پیداوار
ذرائع پیداوار

گوالیار	آبیار	نکھار	(۱) ادھار	بیگانہ وار
نیار	پیار	کھنکھار	(۲) ادھار	دیوار
ھتھیار	لاڈپیار	بگھار	آدھار	نقش بدیوار
بے ھتھیار	تیار	سنگھار	موسلادھار	نقش دیوار
کٹھیار	اختیار	لہار	ھتھ ادھار	ہم دیوار
بر	بااختیار	ملہار	منجدھار	درودیوار
(۱) برّ	ارباب اختیار	مہار	ددھار	لیوار
(۲) برّ	صاحب اختیار	کمہار	گرام سدھار	ھار
ابر	وسیع الاختیار	بے مہار	بتیس دھار	اھار
بابر	دائرۂ اختیار	شتر بے مہار	تل دھار	(۱) بہار
ٹابر	بے اختیار	نہار	دھوان دھار	(۲) بہار
جابر	ذی اختیار	انہار	قندھار	بھار
ڈابر	بختیار	جانہار	گندھار	ابھار
برابر	خیار	محکمۂ انہار	دودھار	آبھار
نابرابر	اخیار	بنہار	منجھدھار	سدابہار
برابر برابر	دیار	زنہار	چندرھار	باد بہار
ٹانگ برابر	غریب الدیار	پالنہار	زھار	ابربہار
بال برابر	اسفندیار	نصف النہار	موئے زھار	عرق بہار
تل برابر	چاریار	دائرۂ نصف النہار	سہار	فصل بہار
برابر سرابر	شہریار	منہار	(۱) اطہار	موسم بہار
سابر	سیار	لیل و نہار	(۲) اطہار	باغ و بہار
صابر	سیّار	گردش لیل و نہار	ظہار	نوبہار
معابر	بسیار	ہونہار	اظہار	بے بہار
مقابر	ہوشیار	زینہار	واجب الاظہار	پہار
(۱) کابر	ہشیار	گوہار	ناقابل اظہار	پھیر پھار
(۲) کابر	طیار	لوہار	قہار	تھار
اکابر	عیار	پھوہار	کہار	اشتہار
بنابر	عیّار	تیوہار	کھار	چھار
منابر	معیار	پھہار	بکھار	کچھار
جھابر	اغیار	یار	سمندرکھار	دھار

اسلیپر
ڈ نیپر
د ریائے
ڈ نیپر
(۱) تر
(۲) تر
اتر
(۱) پاتر
(۲) پاتر
اوتر پاتر
چاتر
فاتر
د فاتر
بالاتر
اعلاتر
تواتر
متواتر
بتر
ابتر
تربتر
تتربتر
چھتربتر
خوب تر
(۱) پتر
(۲) پتر
ست پتر
بھوج پتر
کاغذ پتر
سماچارپتر
برھم پتر

د ریائے تیبر
خیبر
د رۂ خیبر
لیبر
(۱) پر
(۲) پر
پشت پر
ٹپر
نرپر
تیزپر
سپر
ابرسپر
سینہ سپر
شپر
اوپر
اوپراوپر
نیچے اوپر
تلے اوپر
بےبال و پر
شاہ پر
شکستہ پر
چھپر
شہپر
کھپر
بےپر
پیپر
بلاٹنگ پیپر
شاپ کیپر
وارڈکیپر
سلیپر

پیام بر
پتمبر
ستمبر
چمبر
آڈمبر
میگڈمبر
پیغمبر
لمبر
ممبر
نمبر
ترسیل نمبر
نومبر
باگھمبر
پیمبر
سویمبر
جانبر
چنبر
عنبر
معنبر
منبر
اکتوبر
گوہر
صنوبر
راھبر
رھبر
لہبر
نامہ بر
سبسکرائبر
بےبر
تیبر

مد بر
باربر
سربر
زبر
ازبر
زیروزبر
ھزبر
صبر
ناصبر
تنک صبر
بےصبر
معبر
قبر
لوح قبر
کبر
اکبر
د ب اکبر
حج اکبر
سعد اکبر
ناموس اکبر
اللہ اکبر
تکبر
مستکبر
متکبر
گبر
گبّر
د لبر
امبر
پیتامبر
پیغام بر

لکۂ ابر
ببر
شیر ببر
تبر
معتبر
نامعتبر
غیرمعتبر
ٹبر
جبر
بجبر
بالجبر
زنا بالجبر
احضار بالجبر
قبض بالجبر
استحصال بالجبر
دخل بالجبر
حصول بالجبر
حبر
خبر
باخبر
خیرخبر
مفقود الخبر
مخبر
گرم خبر
مبتدا و خبر
بےخبر
ھوائی خبر
د بر
تد بر
ھبرد بر

ٹھاٹر	سالوتر	سکتر	پریم شاستر	د ریائے برھم پتر
چٹر پٹر	د ھوتر	نیک تر	ارتھ شاستر	سمبندھی پتر
سٹر پٹر	اد ھوتر	چلتر	بستر	ستتر
ھیلی کوپٹر	بہتر	تریاچلتر	ھم بستر	مستتر
ٹٹر	بہتّر	متر	خاکستر	(۱) چتر
کوارٹر	تہتر	تمام تر	گستر	(۲) چتر
ھیڈکوارٹر	ستہتر	گرم تر	جفاگستر	(۳) چتر
ٹرٹر	اٹھتر	کم تر	وفاگستر	اختر
پورٹر	چھتر	انتر	ثناگستر	بد اختر
رپورٹر	پچھتر	گران تر	عد الت گستر	بلند اختر
اسٹاف	نچھتر	ارزان تر	فیض گستر	خوش اختر
رپورٹر	زیاد ہ تر	جوان تر	نظم گستر	نیک اختر
ریپورٹر	تازہ تر	تنتر	عنان گستر	تبختر
اسٹاف	کہتر	پنچ تنتر	پلستر	اختر بختر
ریپورٹر	اکھتر	گن تنتر	شتر	د ختر
ماسٹر	مہتر	بھارتیہ گن تنتر	اشتر	بد تر
پوسٹ ماسٹر	انہتر	جنتر	آتش تر	برتر
کوٹ ماسٹر	چوھتر	بجنتر	نشتر	ابرتر
ھیڈ ماسٹر	چھہتر	منترجنتر	خوشتر	چرتر
کوارٹرماسٹر	تیتر	منتر	بیشتر	تریاچرتر
ڈ رائنگ	بھٹ تیتر	انترمنتر	اکثرو بیشتر	د ورتر
ماسٹر	بن تیتر	تنترمنتر	پیش تر	تیزتر
سٹیشن	منگیتر	جنترمنتر	نیشتر	(۱) ستر
ماسٹر	قوی تر	چھومنتر	د فتر	(۲) ستر
رجسٹر	بھیتر	د ھنتر	سرد فتر	ستّر
فارسٹر	چھیتر	حسین تر	محافظ د فتر	استر
بیرسٹر	اعلیٰ تر	وتر	د اخل د فتر	الباستر
مسٹر	ٹر	کبوتر	کتر	شاستر
منسٹر	واٹر	خون کبوتر	بکتر	کوک شاستر
پرائم منسٹر	سوڈ اواٹر	گوتر	زرہ بکتر	د ھرم شاستر

لچر
اگریکلچر
ایگریکلچر
ھچرمچر
ڈھچر
ٹیچر
ٹمپریچر
سٹریچر
لٹریچر
لیجسلیچر
فرنیچر
سنیچر
(۱) حر
(۲) حر
ساحر
بحر
تبحر
متبحر
میربحر
امیرالبحر
(۱) سحر
(۲) سحر
چراغ سحر
مرغ سحر
باطل السحر
نسیم سحر
شام و سحر
نحر
یوم النحر
خر

مشجر
فجر
حرف جر
گجر
پانجر
بنجر
پنجر
انجر پنجر
خنجر
پیسنجر
کنجر
منجر
مینجر
(۱) گوجر
(۲) گوجر
ھجر
جھجر
لیجر
میجر
سارجنٹ میجر
مرغی میجر
(۱) چر
(۲) چر
پچر
خچر
چرچر
پکچر
کچرکچر
لکچر
لیکچر

کیمیااثر
تاثر
وحشت اثر
متأثر
غیرمتأثر
پراثر
زیراثر
مآثر
ناثر
بے اثر
اکثر
حد اکثر
نثر
کوثر
آب کوثر
مؤثر
جر
اجر
آجر
تاجر
مستاجر
فاجر
گاجر
مہاجر
بجر
حجر
نقش کالحجر
کالنقش فی الحجر
زجر
شجر

پینٹر
اسکوٹر
موٹر
برقی موٹر
ووٹر
رائٹر
پروپرائٹر
ٹائپ رائٹر
ڈکٹیٹر
کمنٹیٹر
کمپوٹیٹر
اڈیٹر
آڈیٹر
ایڈیٹر
انٹرپریٹر
کاربیوریٹر
وزیٹر
کمپوزیٹر
اسکیٹر
لیٹر
میٹر
تھرمامیٹر
بیرومیٹر
کلومیٹر
ملی میٹر
کنسرویٹر
تھیٹر
تھئیٹر
اثر
بااثر

ھاروسٹر
ایسٹر
مہاراشٹر
فٹر
کٹر
ڈاکٹر
انسپکٹر
سب انسپکٹر
پولیس انسپکٹر
واٹرنگ انسپکٹر
کنڈکٹر
سیمی کنڈکٹر
ڈائرکٹر
فلم ڈائرکٹر
کیرکٹر
کلکٹر
ٹکٹ کلکٹر
ایکٹر
فلم ایکٹر
ری ایکٹر
ھیکٹر
جبرالٹر
فلٹر
مٹر
چٹرمٹر
ٹرانسمٹر
پرنٹر
ٹیلی پرنٹر
کنٹر
ھنٹر

لیدر
چھیچھا
لیدر
میدر
ڈر
راڈر
آرڈر
پوسٹل آرڈر
کرفیوآرڈر
منی آرڈر
بورڈر
شیئرھولڈر
نڈر
کمانڈر
سلنڈر
کیلنڈر
کمپاؤنڈر
لونڈر
کھنڈر
ریمائینڈر
پاؤڈر
پوڈر
گن پوڈر
ریڈر
لیڈر
پلیڈر
آذر
جذر
حذر
الحذر

گدر
مگدر
دلدر
مدر
(۱) اندر
(۲) اندر
بندر
چندر
رام چندر
سندر
چقندر
سکندر
اسکندر
سد سکندر
بھگندر
جلندر
قلندر
مندر
(۱) سمندر
(۲) سمندر
سات سمندر
چھچھوندر
مچھندر
شودر
دامودر
دریائے دامودر
بھدر
پردہ در
کھدر
حیدر

چدر
مخدر
اژدر
ششدر
صدر
نائب صدر
ذات الصدر
مصدر
حاصل مصدر
مذکورۂ صدر
غدر
صفدر
قدر
والاقدر
ناقدر
بقدر
شب قدر
عزیزالقدر
رفیع القدر
جلیل القدر
لیلۃ القدر
قابل قدر
مقدر
کم قدر
گران قدر
قضاو قدر
بے قدر
عالی قدر
تکدر
مکدر

چادر
برادر
قتل برادر
نوشادر
صادر
مصادر
وارد و صادر
قادر
مادر
شیرمادر
قتل مادر
نادر
انادر
شاذ و نادر
نوادر
بہادر
صاحب بہادر
لچ بہادر
خان بہادر
رن بہادر
کھادر
(۱) بدر
(۲) بدر
دربدر
شہربدر
ملک بدر
لیلۃ البدر
پدر
قتل پدر
مقتدر

آخر
تاخر
متأخر
تجویزآخر
فاخر
تفاخر
بالآخر
جمادی الاخر
حکم آخر
اواخر
مرافعۂ آخر
(۱) مفتخر
(۲) مفتخر
ٹخرٹخر
(۱) خرخر
(۲) خرخر
گورخر
مسخر
تمسخر
فخر
تفخر
مفخر
مؤخر
گیدی خر
(۱) در
(۲) در
درّ
آدر
بادر
متبادر

ابوالبشر
مبشر
منتشر
حشر
آفتاب حشر
روزحشر
یوم الحشر
محشر
آفتاب محشر
آشوب محشر
شفیع محشر
عرصۂ محشر
عشر
رفع شر
معشر
قشر
مقشر
پلشر
مشر
نشر
بعث و نشر
لف و نشر
شوروشر
کبیشر
باصر
محاصر
معاصر
قاصر
ناصر
عناصر

دوران سر
کنڈنسر
سنسر
(۱) اوسر
(۲) اوسر
چوسر
پروڈیوسر
فلم پروڈیوسر
راہ سر
پھسر پھسر
کھسر پھسر
آشفتہ سر
شوریدہ سر
کاسۂ سر
برہنہ سر
یسر
بیسر
بے سر
اسیسر
اوفیسر
پروفیسر
کیسر
ناگیسر
ننگے سر
میسر
شر
اشر
ناشر
بشر
فرد بشر

ٹسر
ٹسرٹسر
خسر
درد سر
خود سر
ہرسر
سرسر
سسُر
پھپیاسسر
چچیاسسر
ممیاسسر
عسر
افسر
کسٹم افسر
کمان افسر
مستفسر
مفسر
کسر
سبک سر
تکسر
کورکسر
توڑکسر
مکسر
منکسر
یک سر
منگسر
ٹسرمسر
ہم سر
نسر
گران سر

قابل گزر
ناقابل گزر
راہ گزر
رہگزر
کان زر
کمپوزر
کروزر
سیم و زر
بندۂ زر
آرگنائزر
سپروائزر
بے زر
ریزر
سیفٹی ریزر
ایڈوائیزر
(۱) سر
(۲) سر
(۳) سر
سرّ
سرتاسر
سراسر
(۱) بسر
(۲) بسر
گذربسر
گزربسر
سربسر
(۱) پسر
(۲) پسر
تسر
امرتسر

عذر
گذر
نذر
امپرر
لیکچرر
محرر
میرمحرر
شرر
ضرر
بے ضرر
تقرر
پروانۂ تقرر
(۱) مقرر
(۲) مقرر
مکرر
قند مکرر
سہ کرر
زر
آزر
آب زر
طالب زر
طشت زر
جزر
کسرالجزر
مد و جزر
پرزر
گزر
ناگزر
درگزر
نظرگزر

کوتاہ نظر
نکتۂ نظر
دائرۂ نظر
نقطۂ نظر
شاعر
متشاعر
شعر
محفل شعر
قعر
ساغر
اصاغر
اکابرو اصاغر
لاغر
صغر
اصغر
دب اصغر
حج اصغر
نیراصغر
فر
فوٹوگرافر
اسٹینوگرافر
مسافر
کافر
تنافر
وافر
جفر
اذفر
فرفر
سفر
فلاسفر

حاضرو ناظر
(۱) منتظر
(۲) منتظر
نظر
بنظر
صاحب نظر
فریب نظر
دقت نظر
کج نظر
مطمح نظر
بدنظر
مدنظر
بلند نظر
منظورنظر
زیرنظر
پیش نظر
قطع نظر
ضعف نظر
باریک نظر
تنگ نظر
وسیع النظر
ضعیف النظر
ثبوت بادی النظر
اھل نظر
منظر
پس منظر
خوش منظر
کم نظر
کریہ منظر
امعان نظر

پژمردہ خاطر
رنجیدہ خاطر
شوریدہ خاطر
کشیدہ خاطر
شاطر
یارشاطر
عاطر
تقاطر
خطر
پرخطر
بے خطر
سطر
مسطر
مضطر
عطر
معطر
فطر
عیدفطر
عید الفطر
قطر
نصف قطر
(۱) مقطر
(۲) مقطر
آب مقطر
شراب مقطر
مطر
ناظر
حاضرناظر
(۱) مناظر
(۲) مناظر

حضر
ماحضر
مستحضر
محضر
خضر
اخضر
چرخ اخضر
آب خضر
خواجۂ خضر
مضر
خاطر
بہ طیب خاطر
نزھت خاطر
جمعیت خاطر
بارخاطر
منظورخاطر
مرکوزخاطر
پاس خاطر
فراغ خاطر
میل خاطر
مخاطر
گران خاطر
پریشان خاطر
اطمینان خاطر
شکستہ خاطر
گرفتہ خاطر
آشفتہ خاطر
شگفتہ خاطر
آزردہ خاطر
افسردہ خاطر

اربعۂ عناصر
بصر
ضعف بصر
فاقد البصر
ضعیف البصر
(۱) مبصر
(۲) مبصر
بے بصر
مختصر
المختصر
قصہ مختصر
مقتصر
حصر
منحصر
صرصر
عصر
وحید العصر
لسان العصر
ہم عصر
قصر
مقصر
(۱) مصر
(۲) مصر
ماہ مصر
نصر
عنصر
چارعنصر
قیصر
حاضر
غیرحاضر

ٹھوکر
ھکرھکر
پیکر
سپیکر
اسپیکر
لاؤڈ اسپیکر
ماہ پیکر
کوہ پیکر
پری پیکر
لے دے کر
کیکر
لیکر
واچ میکر
کلاک میکر
شومیکر
(۱) گر
(۲) گر
اگر
آگر
پاگر
اجاگر
گداگر
سوداگر
لال سوداگر
ساگر
شانت ساگر
تماشاگر
گاگر
ناگر
ثناگر

نیشکر
بادۂ نیشکر
خاص کر
فکر
تفکر
متفکر
خوش فکر
اہل فکر
مفکر
بے غور و فکر
بے فکر
ہپک کر
لکر
مل جل کر
پھلکر
مکر
چکرمکر
سانکر
کنکر
گن گن کر
(۱) منکر
(۲) منکر
کیونکر
بینکر
ٹینکر
بھینکر
چوکر
ڈوکر
نوکر
ہوکر

رفوچکر
ڈکر
(۱) ذکر
(۲) ذکر
مؤخرالذکر
سابق الذکر
ماقبل الذکر
اضمار قبل الذکر
قابل ذکر
ناقابل ذکر
مذکر
سکر
سکّر
مدغاسکر
جزیرۂ مدغاسکر
عسکر
امیرالعسکر
معسکر
مسکر
(۱) شکر
(۲) شکر
ناشکر
تشکر
متشکر
صد شکر
شیرشکر
لشکر
لاؤلشکر
شیروشکر
سجدۂ شکر

جوع البقر
مستقر
ہوائی مستقر
مفتقر
احقر
محقر
سقر
بیت السقر
فقر
(۱) مقر
(۲) مقر
وقر
موقر
موقّر
کر
چھپاکر
چاکر
نوکرچاکر
ادبداکر
ذاکر
ہڑبڑاکر
عساکر
شاکر
ٹھاکر
بکر
ابوبکر
ٹکر
پھنکر
چکر
گھن چکر

رخت سفر
زاد سفر
ہم سفر
کرایۂ سفر
(۱) صفر
(۲) صفر
اصفر
معصفر
ظفر
مظفر
فتح و ظفر
جعفر
مزعفر
مستغفر
مغفر
کفر
کلمۂ کفر
مفر
نفر
تنفر
متنفر
غضنفر
کروفر
شوفر
نیلوفر
کیفر
ویفر
باقر
قراقر
بقر

امتثال امر
آخرالامر
نفس الامر
اولوالامر
اوامر
جھامر
تمر
مستمر
موتمر
کسٹمر
ثمر
مثمر
بے ثمر
محنت بے ثمر
احمر
آب احمر
کبریت احمر
گوگرد احمر
اسود و احمر
بحیرۂ احمر
طلائے احمر
خمر
دائم الخمر
مخمر
رفارمر
انفارمر
ریفارمر
چرمر
مرمر
سنگ مرمر

لر (۱)
لر (۲)
ڈالر
کالر
سکالر
جھالر
چلر
چانسلر
کونسلر
کلر
سرکلر
اسمگلر
بولر
رولر (۱)
رولر (۲)
کنٹرولر
گولر
ڈھلر
بائلر
جیلر
بک سیلر
سگنیلر
امر (۱)
امر (۲)
آمر
پامر
ڈامر
گرامر
عامر
حسب الامر

زین گر
ھینگر
جھینگر
ڈھینگر
وگر
اتوگر
خوگر
جادوگر
رفوگر
بادشاہ گر
نوحہ گر
شعبدہ گر
چارہ گر
بوزہ گر
دریوزہ گر
شیشہ گر
نالہ گر
حیلہ گر
نگینہ گر
آئینہ گر
عشوہ گر
جلوہ گر
بخیہ گر
دیگر
یک دیگر
بہم دیگر
کندی گر
کاریگر
بازی گر
قلعی گر

کگر
صیقل گر
مگر
ستم گر
آدم گر
اگرمگر
نگر (۱)
نگر (۲)
نگّر
بانگر
گستانگر
جانگر
ڈانگر
سانگر
کمان گر
توانگر
دست نگر
احمد نگر
ڈنگر
لنگر
کمنگر
تونگر
ڈونگر
فسون گر
افسون گر
گھونگر
آھنگر
کھنگر
گھنگر
سری نگر

کیمیاگر
نصیحت گر
غارت گر
صورت گر
صنعت گر
تابوت گر
ٹگر
جگر
اجگر
لخت جگر
دود جگر
داغ جگر
ضعف جگر
زخم جگر
خونین جگر
بے جگر
اخگر
دگر
دادگر
جلدگر
ہم دگر
ڈگر
کارگر
بکترگر
زرگر
اکسیرگر
کسگر
نقش گر
رامش گر
ملمع گر

رامپور	مجبور	شاہ خاور	آنر	سمر
کوالالمپور	شوربور	داور	بانر	شمر
کان پور	زبور	گرد آور	انگشت نر	مضمر
گورکھ پور	مزبور	قد آور	ڈنر	عمر
جے پور	صبور	بارآور	برنر	ادھیڑ عمر
اودے پور	ناصبور	زورآور	گورنر	بلحاظ عمر
منی پور	عبور	جڑاور	لفٹنٹ گورنر	مدت العمر
تور	قابل عبور	دساور	لیفٹننٹ گورنر	اوائل عمر
اولان باتور	ناقابل عبور	پشاور	کمشنر	معمر
دستور	قبور	کف آور	پنشنر	کم عمر
بدستور	زمبور	چکاور	پروبیشنر	ہم عمر
حسب	تنبور	تگاور	ایکزامنر	نوعمر
دستور	زنبور	دل آور	اگزامنر	کوتاہ عمر
خلاف	طنبور	نام آور	ہنر	بالی عمر
دستور	(۱) پور	ہضم آور	اہل ہنر	تقاضائے عمر
سابق	(۲) پور	زبان آور	بےہنر	قمر
دستور	بیجاپور	تناور	مائنر	شق القمر
بے دستور	سنگاپور	شناور	ور	منازل قمر
مستور	شولاپور	تھاور	(۱) اور	کمر
فتور	جمشید پور	نچھاور	(۲) اور	کمرکمر
طاقتور	بھرپور	خندہ آور	آور	نازک کمر
ہمت ور	کپور	نشہ آور	باور	بستہ کمر
بٹور	رس کپور	حملہ آور	خواب آور	کشیدہ کمر
کوئمبٹور	ناگ پور	یاور	پاور	نمر
پٹور	چھوٹا ناگپور	قے آور	ہارس پاور	کچومر
سٹور	رنگ پور	(۱) بور	پتاور	جھومر
اسٹور	بھاگلپور	(۲) بور	بخت آور	سٹیمر
لٹور	بھاول پور	(۳) بور	دست آور	اسٹیمر
ٹور	پھل پور	شرابور	مجاور	(۱) نر
منٹور	لائلپور	جھلابور	خاور	(۲) نر

مسرور
ضرور
جاضرور
بالضرور
ضرور
بالضرور
جائے ضرور
غرور
پرغرور
مغرور
مفرور
مرور
ھترور
زورور
زور
بزور
پرزور
سرزور
مزور
کم زور
گاؤزور
شہ زور
منھ زور
سینہ زور
بے زور
(۱) سور
(۲) سور
ناسور
کسور
مکسور

سندور
کوسوں دور
سیندور
ڈور
سان سالواڈور
باگ ڈور
لمڈور
ان ڈور
ایکوے ڈور
مجذور
معذور
بارور
پرور
غربا پرور
غریب پرور
رعیت پرور
روح پرور
نفس پرور
ہوس پرور
شکم پرور
تن پرور
سخن پرور
کنبہ پرور
بندہ پرور
ذرہ پرور
سفلہ پرور
کینہ پرور
ترور
(۱) سرور
(۲) سرور

آب و خور
بادہ خور
مردہ خور
روزہ خور
نشہ خور
غوطہ خور
لقمہ خور
ہمہ خور
بہانہ خور
میوہ خور
جوتی خور
بھانجی خور
غوطے خور
(۱) دور
(۲) دور
چشم بد دور
خرد ور
دورد ور
مزد ور
کھیت مزد ور
راج مزد ور
صدور
صدر الصدور
مقدور
حتی المقدور
تا بہ مقدور
بے مقدور
مدور
کسر مدور
تندور

سحور
مسحور
محور
(۱) خور
(۲) خور
آخور
میرآخور
حلوا خور
بخور
شراب خور
نبات خور
گوشت خور
مفت خور
رشوت خور
بیاج خور
باد خور
سود خور
مردار خور
پیزار خور
بسیار خور
درخور
منافع خور
حلال خور
چغل خور
گل خور
حرام خور
آدم خور
مردم خور
غم خور
کم خور

جور
تاجور
ماجور
فجور
فسق وفجور
رنجور
گنجور
کھجور
مہجور
دیجور
(۱) چور
(۲) چور
بانکا چور
کالا چور
چکنا چور
جوا چور
چت چور
چور چور
کچور
دل چور
محصول چور
امچور
کام چور
قلم چور
کفن چور
منھ چور
موتی چور
حور
بحور
غیرت حور

بدجانور	درگور	ناقابل غور	(۱) مصور	مسور
چانور	زندہ درگور	فور	(۲) مصور	میسور
بھانور	انگور	کافور	منصور	شور
تنور	آب انگور	عصفور	مظفرومنصور	عاشور
چنور	بادۂ انگور	غفور	حضور	آب شور
سخن ور	لنگور	فغفور	(۱) طور	پرشور
پرنور	بے گور	مغفور	(۲) طور	زورشور
حضور پرنور	ریوالور	کفور	بطور	(۱) کشور
کنور	بلور	فی الفور	مخطور	(۲) کشور
منور	فلور	(۱) نفور	بہرطور	ہفت کشور
بھنور	کلور	(۲) نفور	سطور	غل شور
بقعۂ نور	بنگلور	وفور	بین السطور	دانش ور
کوہ نور	منگلور	موفور	تحریر بین السطور	منشور
بے نور	پیلور	سقنقور	مسطور	ایشور
لاہور	(۱) مور	کور	سادہ طور	پرمیشور
بھور	(۲) مور	شب کور	شعلۂ طور	جگنیشور
تہور	امور	ٹکور	منظور	دریائے شور
ٹھور	آمور	چکور	نامنظور	عبور دریائے شور
پٹھور	مامور	ذکور	شعور	حبس دوام
کٹھور	نام ور	اولاد ذکور	باشعور	بعبور دریائے شور
چھور	دریائے آمور	مذکور	پرشعور	(۱) صور
اورچھور	اولیائے امور	ذکرمذکور	تحت الشعور	(۲) صور
دھور	مخمور	شکور	سن شعور	تصور
دیدہ ور	سمور	مشکور	بے شعور	ناقابل تصور
ڈھور	معمور	چوکور	ذی شعور	متصور
بہرہ ور	بیت المعمور	جھکور	طالع ور	محصور
مشہور	نور	آرمی کور	غور	آوازصور
پیشہ ور	انور	گور	بغور	قصور
غصہ ور	بانور	اگور	زیرغور	مقصور
قبضہ ور	جانور	لب گور	قابل غور	بے قصور

ازہر	بارہ پتھر	حبہ بھر	طاہر	طہور
کڑوازہر	پڑھ پتھر	ہاتھ بھر	ظاہر	شراب طہور
پادزہر	(۱) مشتہر	چمچہ بھر	بظاہر	بادۂ طہور
شہر	(۲) مشتہر	لمحہ بھر	مظاہر	ظہور
اشہر	ایتھر	رتی بھر	قاہر	ذراظہور
قلب شہر	ٹھر	کوڑی بھر	بلاہر	نورظہور
مضافات	نٹھر	چٹکی بھر	(۱) ماہر	مقہور
شہر	جھر	مٹھی بھر	(۲) ماہر	(۱) گھور
نواح شہر	جھر	رائی بھر	جواہر	(۲) گھور
پرشہر	جھرجھر	پہر	کحل الجواہر	گھن گھور
اطراف	چھر	(۱) پھر	خواہر	جمہور
شہر	مچھر	(۲) پھر	(۱) بہر	کینۂ ور
ناف شہر	انچھر	اپھر	(۲) بہر	نصیبے ور
آبائے شہر	(۱) دھر	سپہر	بھر	تیور
طہر	(۲) دھر	پھانپھر	ابھر	دیور
اطہر	(۳) دھر	آٹھوں پہر	ٹکابھر	زیور
(۱) مطہر	(۱) ادھر	دوپہر	لپ بھر	رسیور
(۲) مطہر	(۲) ادھر	گل دوپہر	پیٹ بھر	طیور
(۱) ظہر	(۳) ادھر	سہ پہر	بوند بھر	غیور
(۲) ظہر	جدھر	پاتھر	تربھر	لیور
(۱) مظہر	دھردھر	ماتھر	عمربھر	گھیور
(۲) مظہر	کدھر	پتھر	مقدوربھر	ڈرائیور
قہر	وحید الدھر	نیلاپتھر	گھربھر	موٹرڈرائیور
کہر	ھالاھل دھر	لوہاپتھر	لہربھر	انجن ڈرائیور
کھر	مدھر	کنکرپتھر	بانس بھر	(۱) ہر
باکھر	جلندھر	خاک پتھر	کوس بھر	(۲) ہر
پاکھر	چودھر	چمبک پتھر	دن بھر	باہر
بکھر	ڈھر	چمک پتھر	من بھر	ذات باہر
کھانکھر	ارھر	آگ روک پتھر	دوبھر	باہرباہر
پوکھر	زھر	کوک پتھر	چلوبھر	ٹکسال باہر

تاثیر
سریع التاثیر
بے تاثیر
کثیر
تکثیر
قلیل وکثیر
اجیر
انجیر
زنجیر
پابزنجیر
طوق زنجیر
نائجیر
جمہوریۂ
نائجیر
دریائے
نائجیر
چیر
نخچیر
تحیر
متحیر
محیر
خیر
اخیر
تاخیر
بخیر
شب بخیر
تبخیر
یادش بخیر
کارخیر
تسخیر

حسن تدبیر
بے تدبیر
سوربیر
ھڑبیر
شبیر
عبیر
تعبیر
کبیر
تکبیر
محرر کبیر
صغیروکبیر
سرقۂ کبیر
(۱) پیر
(۲) پیر
بیسرپیر
برناوپیر
ھاتھ پیر
سرنہ پیر
بے پیر
عصائے پیر
تیر
دساتیر
شاہ تیر
شہتیر
لانگاٹیر
بٹیر
کنسٹیر
والنٹیر
ولنٹیر
اثیر

مال سائر
محصول سائر
طائر
نسرطائر
نظائر
شعائر
غائر
فائر
ضمائر
وائر
دوائر
اسکوائر
شیئر
سینیئر
کنویئر
تغایر
مغایر
کایر
(۱) بیر
(۲) بیر
(۳) بیر
(۴) بیر
ابیر
تدابیر
مہابیر
خبیر
دبیر
تدبیر
باتدبیر
صاحب تدبیر

(۳) مہر
سربمہر
سرد مہر
دستاویزمہر
بے مہر
نہر
جوھر
اھل جوھر
شوھر
کوھر
گوھر
بدگوھر
منوھر
تھوھر
پیہر
کھیتی ھر
کبائر
(۱) امپائر
(۲) امپائر
ایمپائر
ٹائر
ذخائر
دائر
زائر
جزائر
انڈمان اور
نکوبار جزائر
الجزائر
مجمع الجزائر
سائر

گہر
گھر
انٹاگھر
گھنٹاگھر
بچاگھر
سینماگھر
چڑیاگھر
کلب گھر
ٹکٹ گھر
جگہر
ناچ گھر
بد گہر
گیند گھر
تارگھر
ھتھیارگھر
گھرگھر
چیرگھر
ڈاک گھر
ناٹک گھر
رنگ گھر
نیلام گھر
سانگھر
نشہ گھر
رنڈی گھر
چنگی گھر
بجلی گھر
مچھلی گھر
لہر
(۱) مہر
(۲) مہر

وحش و طیر
نظیر
بے نظیر
سعیر
غیر
بغیر
تغیر
متغیر
صغیر
تصغیر
اسم تصغیر
محرر صغیر
ممالک غیر
قائم بالغیر
فیر
زفیر
سفیر
صفیر
ہم صفیر
ظفیر
غفیر
جم غفیر
تکفیر
نفیر
توفیر
قیر
حقیر
تحقیر
فقیر
نقیر

فلک سیر
نکسیر
شکم سیر
یسیر
شیر (۱)
شیر (۲)
تباشیر
طباشیر
بشیر
عشیر
عشر عشیر
مشیر
شمشیر
ضرب شمشیر
دم شمشیر
ناخن شمشیر
ہم شیر
گاؤشیر
بصیر
حصیر
تقصیر
بے تقصیر
نصیر
طیر
اساطیر
خطیر
تسطیر
فطیر
تقطیر
مطیر

فن تقریر
کزیر
زمہریر
کرۂ زمہریر
سپیریر
زیر (۱)
زیر (۲)
خنازیر
تعزیر
واجب التعزیر
گزیر
ناگزیر
خنزیر
وزیر
نائب وزیر
سیر (۱)
سیر (۲)
سیر (۳)
اسیر
تفاسیر
بواسیر
اورسیر
اوورسیر
عسیر
تفسیر
اہل تفسیر
علم تفسیر
اکسیر
سبک سیر
تکسیر

اشاعت پذیر
قسمت پذیر
منت پذیر
تربیت پذیر
علاج پذیر
اصلاح پذیر
اثرپذیر
عذرپذیر
تغیرپذیر
زوال پذیر
دل پذیر
خلل پذیر
اختتام پذیر
قیام پذیر
فرمان پذیر
خوپذیر
چارہ پذیر
ترقی پذیر
تحذیر
تقاریر
حریر
تحریر
طرز تحریر
فن تحریر
سریر
شریر
صریر
تقریر
خوش تقریر
علم تقریر

ناقابل تسخیر
بالخیر
ثالث بالخیر
خاتمہ بالخیر
مع الخیر
مخیر
فاتحۂ خیر
دعائے خیر
دیر (۱)
دیر (۲)
مقادیر
مستدیر
خط مستدیر
شکل مستدیر
غدیر
قدیر
تقدیر
کاتب تقدیر
تن بہ تقدیر
نوشتۂ تقدیر
مدیر
ڈنڈیر
منڈیر
رینڈیر
برگیڈیر
پذیر
فناپذیر
دواپذیر
نصیحت پذیر
عبرت پذیر

ایرپھیر
ھیرپھیر
چوپھیر
پتھیر
جھیرجھیر
دھیر
اندھیر
رندھیر
ڈھیر
تشہیر
تطہیر
ظہیر
کھیر
گھیر
پورٹ بلئیر
تغییر
******

مکینیکل انجنیر
کنیر
منیر
ماہ منیر
جونیر
ویر
اویر
تصاویر
مرقع تصاویر
متحرک تصاویر
سرویر
سورویر
تزویر
سویر
دیرسویر
اویرسویر
تصویر
باتصویر
خط تصویر
کندہ تصویر
اک رخی تصویر
عکسی تصویر
تنویر
ھیر
اھیر
مشاھیر
بہیر
گمبھیر
پھیر
الٹ پھیر

تلیر
دلیر
گلیر
پھلیر
میر
امیر
مزامیر
اجمیر
خمیر
تخمیر
تیرمیر
کشمیر
جموں وکشمیر
ضمیر
مافی الضمیر
اسم ضمیر
روشن ضمیر
بے ضمیر
آزادیٔ ضمیر
قطمیر
نقیر و قطمیر
تعمیر
فن تعمیر
گھمیر
نیر
نیّر
زانیر
(۱) پنیر
(۲) پنیر
انجنیر

بالگیر
دل گیر
گل گیر
عالم گیر
ابرعالمگیر
گریبان گیر
سکان گیر
عنان گیر
جہان گیر
چنگیر
ناخن گیر
دامن گیر
زمین گیر
خوگیر
داروگیر
گلوگیر
آھوگیر
راہ گیر
پناہ گیر
نکتہ گیر
خردہ گیر
گرہ گیر
گوشہ گیر
ھنگامہ گیر
ھمہ گیر
کشتی گیر
چاشنی گیر
ماھی گیر
اٹھائی گیر
لیر

توقیر
کیر
تذکیر
لکیر
نکیر
تنکیر
حرف تنکیر
منکرنکیر
گیر
جاگیر
ملاگیر
آفتاب گیر
شبگیر
نالۂ شبگیر
سخت گیر
دست گیر
باج گیر
راج گیر
صید گیر
کاغذ گیر
بارگیر
مارگیر
خبرگیر
آتش گیر
قط گیر
حرف گیر
کف گیر
آفاق گیر
عرق گیر
ملک گیر

ٹکڑ	چوتڑ	گڑبڑ	ادھواڑ	ڑ
ٹکڑٹکڑ	دوھتڑ	کھڑبڑ	ستی واڑ	اڑ
(۱) کڑکڑ	جڑ	لبڑسبڑ	ھاڑ	آڑ
(۲) کڑکڑ	بھاجڑ	لمبڑ	بھاڑ	باڑ
ککڑ	کنجڑ	لونبڑ	بھیڑبھاڑ	کباڑ
جل ککڑ	اوجڑ	کوبڑ	پہاڑ	کاٹھ کباڑ
لکڑ	چڑ	تھوبڑ	پھاڑ	لباڑ
بھلکڑ	چمچڑ	بھبڑ	کالاپہاڑ	پاڑ
مکڑ	چڑچڑ	لیبڑ	چیرپھاڑ	اپاڑ
نکڑ	بوچڑ	پاپڑ	ٹھاڑ	تاڑ
پھانکڑ	چوچڑ	چاپڑ	جھاڑ	لتاڑ
جھانکڑ	چیچڑ	چیلی چاپڑ	چھاڑ	پھل تاڑ
چوکڑ	کیچڑ	راپڑ	پچھاڑ	جاڑ
روکڑ	لیچڑ	پڑاپڑ	اکھاڑپچھاڑ	اجاڑ
پھکڑ	چمگادڑ	پپڑ	چھیڑچھاڑ	راڑ
جھکڑ	بھگدڑ	تپڑ	بوچھاڑ	دراڑ
لال بجھکڑ	گودڑ	پٹپڑ	(۱) دھاڑ	کراڑ
بوجھ	گڑگودڑ	چپڑچپڑ	(۲) دھاڑ	جھنکاڑ
بجھکڑ	گیدڑ	سپڑسپڑ	اکھاڑ	جھاڑجھنکاڑ
پکڑدھکڑ	بڑڑ	گپڑسپڑ	لکھاڑ	بگاڑ
ایکڑ	زڑ	لپڑشپڑ	چنگھاڑ	لاڑ
کیکڑ	سڑ	گپڑ	بڑ	کھلاڑ
ھیکڑ	سڑاسڑ	لپڑ	کھابڑ	ناڑ
گڑ	گھسڑپھسڑ	چوپڑ	اوبڑکھابڑ	واڑ
ہاگڑ	اکڑ	تھپڑ	چبڑچبڑ	کاٹھیاواڑ
بڑہاگڑ	جاکڑ	ھپڑھپڑ	ربڑ	اڑواڑ
لاگڑ	کڑاکڑ	چیپڑ	اڑبڑ	کواڑ
بھاگڑ	پکڑ	تڑ	(۱) بڑبڑ	اگواڑ
اگڑبگڑ	دھکڑپکڑ	تڑاتڑ	(۲) بڑبڑ	پھلواڑ
رگڑ	بنکڑ	تڑتڑ	چڑبڑ	نواڑ

ز
از
آز
باز
بٹاباز
غباراباز
نخراباز
اکھاڑاباز
دغاباز
مکاباز
قلاباز
ہواباز
آب باز
غائب باز
گپ باز
کائنات باز
لعبت باز
راست باز
جگت باز
پھپٹ باز
گٹ باز
لوٹ باز
کج باز
شطرنج باز
مرد باز
جلد باز
دید باز
ستارباز
شکارباز
قمارباز

جوھڑ
چوھڑ
روھڑ
پھوھڑ
بیہڑ
کالی ھڑ
ایڑ
(۱) پیڑ
(۲) پیڑ
تھپیڑ
چیڑ
بھچیڑ
کھکیڑ
میڑ
(۱) بھیڑ
(۲) بھیڑ
مڈ بھیڑ
مٹھ بھیڑ
کن پھیڑ
(۱) چھیڑ
(۲) چھیڑ
ادھیڑ
ڈھیڑ

******

(۲) بھڑ
بھڑبھڑ
پھڑ
لتھڑ پتھڑ
گٹھڑ
جھڑ
جھڑاجھڑ
پت جھڑ
اوجھڑ
بیچھڑ
چھڑ
پال چھڑ
لم چھڑ
انچھڑ
دھڑ
دھڑادھڑ
لبدھڑ
دھڑدھڑ
لدھڑ
ڈھڑ
اکھڑ
جاکھڑ
کھڑکھڑ
کھنکھڑ
پھکھڑ
گھڑ
سگھڑ
الھڑ
کلھڑ
چیلھڑ

توڑجوڑ
جوڑجوڑ
گٹھ جوڑ
بے جوڑ
انمل بے جوڑ
نچوڑ
نیبو نچوڑ
دوڑ
دوڑادوڑ
گھوڑدوڑ
گھڑدوڑ
بھاگ دوڑ
بندوڑ
کروڑ
مروڑ
ہسوڑ
ھنسوڑ
کوڑ
گوڑ
لوڑ
موڑ
ھوڑ
پھوڑ
پتھر پھوڑ
توڑ پھوڑ
جھوڑ
ریوڑ
(۱) ھڑ
(۲) ھڑ
(۱) بھڑ

گڑگڑ
لگڑ
بتنگڑ
بھنگڑ
انگڑکھنگڑ
دھگڑ
لڑ
چلڑ
ھلڑ
جھلڑ
گیلڑ
گھامڑ
گھمڑگھمڑ
گانڑ
دراوڑ
مہاوڑ
توڑ
جبڑاتوڑ
کلاتوڑ
فولاد توڑ
سرتوڑ
تابڑتوڑ
جوڑتوڑ
ٹینک توڑ
پلنگ توڑ
پال توڑ
ھڑتال توڑ
بلتوڑ
منھ توڑ
جوڑ

قادرانداز
قدرانداز
نظرانداز
تیرانداز
زیرانداز
پس انداز
آتش انداز
غلط انداز
برق انداز
خاک انداز
ناوک انداز
دخل انداز
خلل انداز
گول انداز
قائم انداز
قرعہ انداز
تفرقہ انداز
گولہ انداز
نشانہ
انداز
رخنہ انداز
برقنداز
راز
براز
بول وبراز
احتراز
دراز
کلادراز
دست دراز
عمردراز

ایجاز
پرداز
افتراپرداز
انشاپرداز
کارپرداز
نقش پرداز
سخن پرداز
مفسدہ پرداز
ہنگامہ پرداز
زمزمہ پرداز
نغمہ پرداز
فتنہ پرداز
گداز
دل گداز
جان گداز
سوزوگداز
انداز
پاانداز
فرش پاانداز
گولاانداز
توپ انداز
سخت انداز
دست انداز
چرخ انداز
کلوخ انداز
صید انداز
برانداز
خانہ برانداز
سپرانداز
اثرانداز

کسبی باز
کشتی باز
بٹے باز
پٹے باز
سٹے باز
انٹی باز
ٹنٹے باز
شیخی باز
رنڈی باز
لونڈے باز
چھتری باز
نخرے باز
طرے باز
اکھاڑے باز
نشے باز
مکے باز
دھوکے باز
دل لگی باز
کھلی باز
نشانے باز
ٹونے باز
ہتھے باز
ٹھٹھے باز
تاز
ترک تاز
ممتاز
تگ وتاز
اعجاز
مجاز
غیرمجاز

اغلام باز
دم باز
اسکیم باز
نیم باز
جان باز
چوگان باز
چنڈوباز
شاہباز
منصوبہ باز
سمجھوتہ باز
لٹھ باز
بچہ باز
شعبدہ باز
نظارہ باز
طیارہ باز
فقرہ باز
چوزہ باز
نیزہ باز
کاسہ باز
شہباز
نشہ باز
شیشہ باز
غوطہ باز
قرعہ باز
گنجفہ باز
گنجیفہ باز
حقہ باز
حیلہ باز
مقدمہ باز
بہانہ باز

یارباز
کبوترباز
سحرباز
سرباز
نظرباز
شمشیرباز
تاڑباز
چوپڑباز
اکڑباز
پھکڑباز
پھڑباز
سازباز
آتش باز
موقع باز
مرغ باز
عشق باز
پاکباز
عینک باز
بیٹھک باز
نیک باز
جنگ باز
سرنگ باز
نیرنگ باز
چال باز
زٹل باز
جل باز
دغل باز
اٹکل باز
چھل باز
غلیل باز

چنگ نواز
دلنواز
مہمان نواز
منصوبہ نواز
بندہ نواز
نے نواز
جہاز
جھنڈا
جہاز
طیارہ
بردارجہاز
ٹربوپروپلر
جہاز
خلائی
جہاز
ہوائی
جہاز
مسافر
ہوائی
جہاز
ایاز
پیاز
امتیاز
مابہ الامتیاز
ناقابل امتیاز
بے امتیاز
نیاز
رازنیاز
نذرونیاز
رازونیاز

پیش نماز
بنج گانہ نماز
ناز
طناز
نگاہ ناز
کشتۂ ناز
مایۂ ناز
آواز
خوش آواز
ایک آواز
نرم آواز
علم آواز
ہم آواز
بستہ آواز
جواز
عدم جواز
پرواز
بلند پرواز
تیز پرواز
سبک پروا:
فن پرواز
خلائی پرواز
پشواز
پیشواز
نواز
غریب نواز
نوبت نواز
دوست نواز
رعیت نواز
ستارنواز

زین ساز
آئین ساز
مجلس آئین ساز
اتوساز
بادہ ساز
چارہ ساز
طیارہ ساز
موزہ ساز
نقشہ ساز
حیلہ ساز
نغمہ ساز
خانہ ساز
زمانہ ساز
بہانہ ساز
نگینہ ساز
آئینہ ساز
عشوہ ساز
بے ساز
گھڑی ساز
مے ساز
کنگھی ساز
آغاز
سبزہ آغاز
نقطۂ آغاز
قاز
قفقاز
غماز
اغماز
نماز
جانماز

دواساز
کیمیاساز
دنیاساز
شراب ساز
قلب ساز
دھات ساز
ساعت ساز
سلاح ساز
جلد ساز
کارساز
بکترساز
دستورساز
مجلس دستورساز
مرصع ساز
شمع ساز
ملمع ساز
ورق ساز
بندوق ساز
رنگ ساز
نیرنگ ساز
سنگ ساز
جعل ساز
نل ساز
دم ساز
ہم ساز
سخن ساز
فسون ساز
افسون ساز
قانون ساز
مجلس قانون ساز

دوردراز
زلف دراز
زبان دراز
عرصۂ دراز
کلہ دراز
طراز
جدت طراز
وحشت طراز
نقش طراز
سخن طراز
نغمہ طراز
فراز
افراز
سرافراز
سرفراز
گردن فراز
نشیب و فراز
محرم راز
ہم راز
صیغۂ راز
شیراز
دعوت شیراز
افشائے راز
بزاز
اہتزاز
اعزاز
ساز
طلاساز
ناساز
میناساز

فتیل سوز
نیم سوز
جاں سوز
جہاں سوز
فتیلہ سوز
خانہ سوز
سینہ سوز
فوز
کوز
مرکوز
گوز
لوز
موز
آموز
پاموز
دست آموز
بد آموز
دانش آموز
سبق آموز
نوآموز
تموز
رموز
مہموز
ھنوز
تاھنوز
جائز
ناجائز
اختیار
ناجائز
بیع ناجائز

زمین دوز
پنبہ دوز
پارچہ دوز
پارہ دوز
خیمہ دوز
روز
روز بروز
طعن تروز
روز روز
فروز
افروز
پاافروز
آتش افروز
رونق افروز
عالم افروز
گیتی افروز
دل فروز
امروز
نیم روز
شب و روز
نوروز
پیروز
دیروز
فیروز
سوز
عود سوز
پرسوز
جگرسوز
آہ جگرسوز
دل سوز

خط رمز
قرمز
ٹیمز
دریائے ٹیمز
طنز
کنز
ایتھنز
تجاوز
متجاوز
مجاوز
تربوز
پوز
چرپوز
توز
کینہ توز
جوز
(۱) مجوز
(۲) مجوز
دوز
آ[illegible] دوز
[illegible]دوز
جگردوز
کفش دوز
شال دوز
دل دوز
اندوز
ذخیرہ اندوز
کینہ اندوز
چکن دوز
پوستین دوز

بطرز
صاحب طرز
گرز
کشاورز
معزز
مسز
(۱) عز
(۲) عز
پالغز
مغز
بیدار مغز
پرمغز
کورمغز
کوڑمغز
سبک مغز
خشک مغز
حرام مغز
گندہ مغز
بے مغز
تہی مغز
نغز
مرکز
ھم مرکز
گز
ھرگز
قطعی گز
الھی گز
بروسلز
فلز
رمز

نازو نیاز
بے نیاز
بز
جزبز
سبز
سرسبز
پز
نیم پز
نان پز
پخت و پز
کوارٹز
جز
حاجز
عاجز
بجز
رجز
عجز
موجز
رز
ارز
بارز
مبارز
البرز
محترز
دخت رز
چرز
حرز
درز
دختررز
طرز

بد تمیز
حرف تمیز
متمیز
سن تمیز
بے تمیز
سنگارمیز
برمیز
ممیز
مهمیز
نیز
کشنیز
کنیز
منگنیز
کوه پرینیز
آویز
د ستاویز
د ل آویز
تجویز
زیرتجویز
عند التجویز
اثنائے تجویز
پرویز
سویز
نهرسویز
مویز
هیز
جهیز
تجهیز
د هیز
پرهیز

فتنه انگیز
پالیز
فالیز
سیاهی فالیز
د هلیز
میز
آمیز
فریب آمیز
محبت آمیز
نصیحت آمیز
حقارت آمیز
خفت آمیز
ذ لت آمیز
تهمت آمیز
د رد آمیز
شرآمیز
زهرآمیز
مهرآمیز
یاس آمیز
غرض آمیز
هتک آمیز
رنگ آمیز
کم آمیز
طعن آمیز
مبالغه آمیز
فارسی آمیز
د همکی آمیز
تمیز
باتمیز
صاحب تمیز

گریز
انگریز
رنگ ریز
گل ریز
خونریز
نغمه ریز
عزیز
هرد ل عزیز
کرغیز
پرتگیز
انگیز
طرب انگیز
هیبت انگیز
عبرت انگیز
نفرت انگیز
حیرت انگیز
وحشت انگیز
د هشت انگیز
رقت انگیز
شهوت انگیز
د رد انگیز
شرانگیز
یاس انگیز
آتش انگیز
تشویش انگیز
نشاط انگیز
نفاق انگیز
عشق انگیز
اشتعال انگیز
تفرقه انگیز

موج خیز
صبح خیز
سحرخیز
زرخیز
آتش خیز
کوه آتش خیز
سبک خیز
مرد م خیز
حسن خیز
نوخیز
نتیجه خیز
مضحکه خیز
هنگامه خیز
فتنه خیز
سنسنی خیز
د یز
شب د یز
انڈیز
ریز
کاریز
آبریز
تبریز
لب ریز
جام لبریز
تریز
د رریز
شکرریز
عرق ریز
کریز
اشک ریز

د خل ناجائز
فعل ناجائز
تبد یل ناجائز
وسیلۂ ناجائز
اقتدارجائز
اختیارجائز
اجرجائز
بیع جائز
انتقال جائز
فعل جائز
ولی جائز
پرائز
سائز
اکسائز
ایکسائز
فائز
بیز
د بیز
پیز
تیز
ستیز
چیز
ناچیز
خیز
آب خیز
تعجب خیز
رستخیز
وحشت خیز
آفت خیز
قیامت خیز

معیاساس
حساس
احساس
مساس
طاس
قرطاس
نفاس
انفاس
اکاس
آکاس
کراکاس
عکاس
انعکاس
نکاس
ہوانکاس
ھگاس
بلاس
(۱) پلاس
(۲) پلاس
اجلاس
سراجلاس
افلاس
کلاس
فرسٹ کلاس
تھرڈ کلاس
سیکنڈ کلاس
سینیئرکلاس
گلاس
کٹ گلاس
ہلاس

کھٹاس
کاربولک کھٹاس
چاس
پچاس
نچاس
انچاس
نحاس
نخاس
داس
اداس
ارداس
سورداس
ننداس
سنڈاس
راس
چپراس
خراس
مدراس
سمت الراس
نراس
ہنڈوراس
ہراس
پھراس
زاویۂ راس
چپڑاس
بھڑاس
ساس
اساس
پھپیاساس
چچیاساس

س
(۱) اس
(۲) اس
آس
باس
احتباس
اقتباس
التباس
سباس
عباس
گل عباس
لباس
تلبیس لباس
خوش لباس
ماتمی لباس
بن باس
بوباس
پاس
اپاس
تپاس
سپاس
آس پاس
پاس پاس
ناسپاس
کپاس
مڈل پاس
کمپاس
پیمائش کمپاس
تاس
املتاس

ژ
ژاژ
کژ
****

بد پرہیز
بے پرہیز
****

تحس نحس
بے حس
خس
خاروخس
دس
مسدس
قدس
اقدس
حضوراقدس
تقدس
طائرقدس
روح القدس
مقدس
کتاب مقدس
ارض مقدس
بیت المقدس
بیابان قدس
سندس
مہندس
چودس
چہارچودس
اقلیدس
تحریر
اقلیدس
ارشمیدس
ڈس
ہاؤس
آف لارڈس
رس
پارس

ازبس
ملبس
بے بس
پس
آپس
واپس
ٹپس
کوہ آلپس
پھوپس
پھپس
تس (۱)
تس (۲)
پیتس
ٹس
پٹس
جسٹس
پراسپکٹس
پریکٹس
لٹس
پلٹس
اپرنٹس
نوٹس
جس (۱)
جس (۲)
نجس (۱)
نجس (۲)
ماچس
حس
اعصاب حس
نحس

اتہاس
مٹھاس
کھاس
گھاس
یاس
بے آس
بیاس
دریائے بیاس
پیاس
قیاس
خلاف قیاس
بعیدالقیاس
مقیاس
قرین قیاس
بے قیاس
الیاس
سنیاس
وید ویاس
ابھیاس
وید ابھیاس
بس (۱)
بس (۲)
یابس
رِطب و یابس
حبس
دائم الحبس
محبس
محافظ محبس
ڈبس
پربس

حق شناس
ناحق شناس
آدم شناس
سخن شناس
زمین شناس
روشناس
نکتہ شناس
ستارہ شناس
قیافہ شناس
معاملہ شناس
اشرالناس
اشرف الناس
حق الناس
احمق الناس
عوام الناس
انناس
واس
پتواس
حواس
بدحواس
مسلوب الحواس
مخبوط الحواس
اختلال حواس
ہوش وحواس
بے حواس
بسواس
ابسواس
وسواس
بکواس
نواس

پھلاس
ماس
آماس
التماس
الماس
مماس
خط مماس
چوماس
ناس
اناناس
ستیاناس
اجناس
خناس
نسناس
شناس
اداشناس
خداشناس
ناشناس
احسان ناشناس
دست شناس
لغت شناس
مزاج شناس
کارشناس
اخترشناس
قدرشناس
گوہرشناس
رمزشناس
مرض شناس
طالع شناس
حرف شناس

الکس
آلکس
اکنامکس
انکس
آنکس
الکٹرونکس
مکینکس
چوکس
بے کس
ٹیکس
انکم ٹیکس
انڈیکس
کنپلیکس
گھاگس
کرگس
نرگس
مگس
گھوگس
لس
الس
مجالس
بمپلس
اٹلس
کٹلس
مجلس
تکلفات
مجلس
صدرمجلس
میرمجلس
اہل مجلس

بدنفس
آتش نفس
شریف النفس
ضیق النفس
ذلیل النفس
ہم نفس
کشادہ نفس
عیسیٰ نفس
(۱) کس
(۲) کس
(۳) کس
ناکس
کس و ناکس
ہرکس و ناکس
بکس
کوچ بکس
ساؤنڈ بکس
لیٹربکس
پالٹکس
سبرنے ٹکس
چکس
ہیچ کس
کارڈ انڈکس
بھارکس
سرکس
بھرکس
عکس
برعکس
بالعکس
منعکس

ہرس
نکتہ رس
فہرس
دقیقہ رس
معاملہ رس
بیونس آئرس
پیرس
الجیرس
اڑس
تجسس
متجسس
ایکسس
کرائسس
راکشس
ذیابیطس
آفس
سب آفس
فارسٹ آفس
پوسٹ آفس
ہیڈ آفس
وارآفس
بکنگ آفس
فارن آفس
قفس
(۱) نفس
(۲) نفس
انفس
تنفس
آلات تنفس
متنفس

فریاد رس
مدرس
صدرمدرس
ہمدرس
زودرس
سنگاررس
سرس
پطرس
عرس
فرس
تفرس
مفرس
نقرس
گرس
رنگ رس
چیمبرآف کامرس
امرس
تامرس
نرس
سخن رس
کن رس
چورس
اورس چورس
جزورس
آبنائے باسفورس
فاسفورس
کورس
ریس کورس
نورس
تیورس

سنگ پارس
مدارس
سارس
(۱) فارس
(۲) فارس
خلیج فارس
نارس
بنارس
ڈھارس
برس
برسابرس
پرس
بازپرس
قابل بازپرس
سائپرس
ترس
خداترس
ناخداترس
ناترس
دسترس
ایکٹرس
جرس
آوازجرس
(۱) چرس
(۲) چرس
پچ رس
موچرس
خرس
درس
دادرس

گورنمنٹ ہاؤس
لائٹ ہاؤس
پکچرہاؤس
بورڈ نگ ہاؤس
بوس
پابوس
کابوس
دست بوس
محبوس
دبوس
سبوس
فلک بوس
ملبوس
قدم بوس
آستان بوس
پوس
توس
کارتوس
مجوس
کنجوس
مکھی چوس
کنجوس
مکھی چوس
منحوس
(۱) دوس
(۲) دوس
فردوس
قدوس

پھونس
مٹیا پھونس
دھونس
یونس
تیونس
ہنس
ایتھنس
راج ہنس
بگ ہنس
سائنس
آپینائنس
انفلواینس
پینس
ٹینس
لان ٹینس
لینس
بیلینس
وینس
بھینس
گائے بھینس
ہزھائینس
اوس
وساوس
طاؤس
تخت طاؤس
رقص طاؤس
لاؤس
اماوس
ہاؤس
ریسٹ ہاؤس

جنس
ناجنس
غیرجنس
یک جنس
اسم جنس
ہم جنس
نقد و جنس
ابنائے جنس
کارنس
پرنس
انٹرنس
کانفرنس
پریس کانفرنس
مقرنس
بزنس
لائسنس
کانشنس
ڈفنس
ڈیفنس
ققنس
امبولنس
ہاؤس آف کامنس
آرڈیننس
اونس
الاؤنس
بونس
تونس
کلونس
مونس
ہونس

(۱) انس
(۲) انس
(۳) انس
بانس
پانس
ڈانس
فرانس
سانس
کاذں
(۱) مانس
(۲) مانس
بھلامانس
جل مانس
بن مانس
نانس
فنانس
اڈوانس
ایڈوانس
چلوانس
اٹھوانس
ہانس
پھانس
کاٹ پھانس
ناگ پھانس
چھانس
دھانس
گھانس
بنس
راج بنس
پنس

علم مجلس
ہم مجلس
سلیقۂ مجلس
قومی مجلس
لاس اینجلس
اطلس
چرخ اطلس
کوہ اطلس
فلس
مفلس
کلس
بکلس
پولس
مس
مسّ
امس
لامس
ملتمس
(۱) خمس
(۲) خمس
مخمس
ڈسمس
شمس
نورشمس
طریق الشمس
اظہرمن الشمس
لمس
گھمس
(۱) نس
(۲) نس

ڈریس
اڈریس
ایڈریس
کانگریس
نیشنل
کانگریس
کنگریس
سیس
اسیس
تاسیس
خسیس
قسیس
فرانسیس
مغناطیس
مقناطیس
سنگ
مقناطیس
علم
مقناطیس
برقی
مقناطیس
فیس
نفیس
نفس نفیس
داخلہ فیس
ڈاکٹری
فیس
قیس
کیس
اکیس

چھبیس
پیس
کٹ پیس
ٹائم پیس
تیس
بتیس
اڑتیس
اکتیس
انتیس
چونتیس
پینتیس
تینتیس
سینتیس
چھتیس
ٹیس
چیس
پچیس
دیس
آدیس
بدیس
پردیس
تقدیس
سندیس
(۱) ریس
(۲) ریس
پریس
ایکسپریس
پرنٹنگ پریس
ادریس
تدریس

انٹروڈیوس
ولنیوس
ساھس
(۱) بھس
(۲) بھس
بڑبھس
(۱) پھس
(۲) پھس
ٹرپھس
پھس پھس
ٹھس
ٹھساٹھس
مٹیاٹھس
دھس
رھس
(۱) گھس
(۲) گھس
گھاگھس
گھس گھس
نہس
تہس نہس
سائس
نفائس
وائس
بیس
ببیس
انیس بیس
تلبیس
چوبیس
چارسوبیس

لبلوس
چاپلوس
جلوس
سنۂ جلوس
فلوس
کیلوس
موس
قاموس
ناموس
ننگ و ناموس
بے ننگ و ناموس
کاسموس
کیموس
نظام بطلیموس
فانوس
چرخی فانوس
مانوس
نامانوس
بحراوقیانوس
آبنوس
جالینوس
ھوس
پھوس
گھاس پھوس
ٹھوس
گھوس
مھوس
ھوا و ھوس
کانجی ھوس
مایوس

اسطوخودوس
روس
پروس
محروس
خروس
تاج خروس
سندروس
سروس
عروس
بیت العروس
بیلوروس
پڑوس
پاس پڑوس
اڑوس پڑوس
جھڑوس
جاسوس
محسوس
افسوس
کف افسوس
اصل السوس
طوس
نفوس
قوس
ناقوس
کوس
معکوس
مالکوس
کالےکوس
لاگوس
سالوس

الماس تراش
خاص تراش
سنگ تراش
بال تراش
گل تراش
قلم تراش
ناخن تراش
خراش
جگرخراش
تراش خراش
دل خراش
سامعہ
خراش
فراش
صاحب
فراش
بشاش
ھشاش
بشاش
ھشاش
ارتعاش
معاش
کسب معاش
بد معاش
فکرمعاش
طرزمعاش
تلاش معاش
خوش معاش
نیک معاش
وجۂ معاش

ش
آش
باش
شاباش
شب باش
شاد باش
یارباش
حاضرباش
دورباش
خوش باش
قزل باش
نباش
اوباش
بود و باش
پاش
آب پاش
گلاب پاش
نور پاش
پاش پاش
نمک پاش
تاش
پٹاش
پوٹاش
فحاش
پرخاش
خشخاش
پاداش
تراش
جیب تراش
بت تراش

ناول نویس
پرچہ نویس
نقشہ نویس
قصہ نویس
واقعہ نویس
وثیقہ نویس
قبالہ نویس
ترجمہ نویس
مکالمہ نویس
سیاھہ نویس
توجیہ نویس
خفیہ نویس
کاپی نویس
عرضی نویس
واصل باقی نویس
چٹھی نویس
بھیس
ٹھیس
کھیس (۱)
کھیس (۲)
بائیس
ستائیس
سائیس
اٹھائیس
رئیس
سئیس
تیئیس
******

خفیہ پولیس
مقدمہ قابل
دست اندازئ
پولیس
اضافی پولیس
کاسہ لیس
انیس (۱)
انیس (۲)
تجنیس
نویس
املانویس
حساب نویس
لغت نویس
جمع خرچ نویس
لوح نویس
تاریخ نویس
روداد نویس
زود نویس
اخبارنویس
اختصارنویس
شمارنویس
اظہارنویس
خبرنویس
دفترنویس
مختصرنویس
سلیس نویس
خوش نویس
وقائع نویس
پنسال نویس
نقل نویس

سوٹ کیس
گیس
کاربونک ایسڈ گیس
ٹیرگیس
روشن گیس
لیس (۱)
لیس (۲)
اڑتالیس
اکتالیس
انتالیس
پینتالیس
تینتالیس
سینتالیس
اٹھتالیس
چالیس
ارسطاطالیس
چوالیس
بیالیس
چھیالیس
ابلیس
جلیس
ہم جلیس
اٹکرلیس
وائرلیس
سلیس
پولیس
ڈ ٹکٹو پولیس
دستۂ پولیس
داروغۂ پولیس
محکمۂ پولیس

عش عش	خورش	حسن بخش	جوتش	ذریعۂ معاش
نعش	نان خورش	تسکین بخش	برٹش	فاش
بنات	پرورش	لکھ بخش	فیٹش	شکست فاش
النعش	شورش	تسلی بخش	رنجش	خفاش
(۱) غش	یورش	رخش	چش	قاش
(۲) غش	آئرش	خشخش	لذت چش	نقاش
غل وغش	سازش	ایکادش	نمک چش	کاش
بے غل وغش	نوازش	گردش	بادہ چش	آکاش
فش	لرزش	غلام گردش	پیچش	پرکاش
اخفش	آمرزش	بندش	فاحش	اے کاش
بزاخفش	ورزش	بارش	فواحش	لاش
درفش	لغزش	پیمانۂ بارش	فحش	تلاش
غرفش	پوزش	خارش	وحش	قلاش
کفش	سوزش	گذارش	توحش	ماش
مراقش	آموزش	گزارش	متوحش	(۱) قماش
شہرمراقش	خیزش	سفارش	موحش	(۲) قماش
نقش	ریزش	نگارش	بخش	بد قماش
منقش	آمیزش	جوارش	خطابخش	تیل ماش
(۱) کش	آویزش	برش	عطابخش	وشواش
(۲) کش	پرسش	بُرّش	فرحت بخش	عیاش
آراکش	شش	ابرش	صحت بخش	تابش
مراکش	بخشش	پرش	گنج بخش	حبش
کشاکش	کشش	مہاپرش	ثمربخش	جنبش
جفاکش	پرکشش	ترش	نوربخش	تپش
بلاکش	پوشش	تلخ و ترش	فیض بخش	طپش
ہواکش	جوشش	آخرش	منافع بخش	آتش
آب کش	کوشش	عرش	نفع بخش	میرآتش
شراب کش	عطش	فرش	اعتدال بخش	کرۂ آتش
جاروب کش	العطش	ورش	جان بخش	پرستش
جریب کش	مرتعش	بھارت ورش	اطمینان بخش	مفتش

خور و پوش	کدّ و کاوش	مالش	وزن کش	پکش
زانوپوش	طربوش	نالش	محسن کش	ریاضت کش
کلاہ پوش	پوش	استحقاق نالش	وطن کش	زحمت کش
سیاہ پوش	پاپوش	خلش	اتوکش	محنت کش
پردہ پوش	بالاپوش	چپقلش	کدوکش	منت کش
زرہ پوش	عیب پوش	انگلش	ھندوکش	پیچ کش
خرقہ پوش	تخت پوش	رامش	کوہ ھندوکش	قدح کش
کلہ پوش	تاج پوش	التمش	روکش	بادکش
سینہ پوش	سلاح پوش	کشمش	فروکش	دودکش
توش	گرد پوش	نمش	موکش	بارکش
سنتوش	نمد پوش	دانش	پنجہ کش	تارکش
اسنتوش	سفید پوش	ارباب دانش	بادہ کش	دارکش
تن و توش	بکترپوش	بے دانش	کنارہ کش	انتظارکش
جوش	سرپوش	وارنش	نقشہ کش	ترکش
آب جوش	رازپوش	کورنش	جرعہ کش	ٹرکش
پرجوش	سبزپوش	سرزنش	فاقہ کش	سرکش
سرجوش	میزپوش	فنش	نالہ کش	نفس کش
بادۂ	خس پوش	منش (۱)	پلہ کش	پیشکش
سرجوش	خوش پوش	منش (۲)	پیمانہ کش	خط کش
نیم جوش	برقع پوش	مرزامنش	کینہ کش	دل کش
نقطۂ جوش	دلق پوش	آزادمنش	زاویہ کش	جدول کش
وحوش	تنگ پوش	فقیرمنش	صبوحی کش	ستم کش
خوش	پلنگ پوش	بزرگ منش	مے کش	دم کش
ناخوش	کمبل پوش	دھنش	انگش بنگش	مردم کش
سرخوش	گل پوش	بینش	لش	ھیزم کش
دوش	چشم پوش	آفرینش	الش	کش مکش
دوش بدوش	خوان پوش	وش	بالش	غم کش
سبوبدوش	آہن پوش	چاؤش	چاربالش	نیم کش
خانہ بدوش	زین پوش	تراوش	نازبالش	آہ نیم کش
مخدوش	روپوش	کاوش	پالش	گردن کش

آزمائش
پیمائش
و آزمائش
نمائش
فہمائش
پیمائش
رجسٹر
پیمائش
ناقابل
پیمائش
رہائش
بیش
بیش از بیش
کم و بیش
پیش
درپیش
سرپیش
گرد و پیش
پس و پیش
تفتیش
جیش
مقدمۃ
الجیش
دیش
آدیش
اپدیش
پردیش
آندھرا
پردیش
اترپردیش

بادہ نوش
جرعہ نوش
مے نوش
ہوش
ماہ وش
بد ہوش
مد ہوش
مہ وش
بے ہوش
ذی ہوش
پری وش
نیوش
ہش
کاہش
خواہش
پھش
دہش
داد و دہش
نکوہش
زیبائش
ستائش
گنجائش
پیدائش
آرائش
افزائش
آسائش
حق آسائش
کشائش
آلائش
فرمائش

کوش
جفاکوش
وفاکوش
ستم کوش
گوش
بناگوش
پنبہ بگوش
حلقہ بگوش
خرگوش
خواب خرگوش
درازگوش
گران گوش
سیاہ گوش
ہرزہ گوش
نرمۂ گوش
موش
جاموش
خاموش
آتش خاموش
فراموش
یاد فراموش
احسان فراموش
وعدہ فراموش
خموش
خرموش
نوش
بلانوش
قدح نوش
ناونوش
خورونوش

تھوک فروش
گل فروش
مفروش
ہیزم فروش
گران فرُوش
ارزان فروش
نان فروش
حسن فروش
وطن فروش
پرچون فروش
گندم نماجوفروش
پارچہ فروش
بادہ فروش
بردہ فروش
خردہ فروش
دودھ فروش
غلہ فروش
چرمینہ فروش
میوہ فروش
سبزی فروش
مے فروش
ماہی فروش
راہ روش
مغشوش
(۱) مشوش
(۲) مشوش
آغوش
ہم آغوش
نقوش
منقوش

پردوش
نردوش
سبکدوش
ہمدوش
روش
خروش
جوش وخروش
سروش
(۱) فروش
(۲) فروش
دوافروش
حلوافروش
کتاب فروش
شراب فروش
کتب فروش
دست فروش
عصمت فروش
باد فروش
خود فروش
کاغذ فروش
اخبارفروش
یارفروش
سرفروش
ہنرفروش
گوہرفروش
ضمیرفروش
فرش فروش
لفظ فروش
برف فروش
عینک فروش

خصوص
بالخصوص
علیٰ الخصوص
مخصوص
مرصوص
نصوص
منصوص
خلوص
نقائص
حیص بیص
تشخیص
تلخیص
حریص
تحریص
تخصیص
بلاتخصیص
بالتخصیص
تنقیص
قمیص
******

نامشخص
مستثنیٰ شخص
ملخص
برص
ابرص
قبرص
حرص
قرص
حصص
قصص
تنغص
منغص
ناقص
بیع ناقص
فعل ناقص
ہضم ناقص
فہم ناقص
رقص
محفل رقص
نقص
بے نقص
خالص
اجرت خالص
منافع خالص
نخالص
تخلص
متخلص
مخلص
نص
مبروص

ص
خاص
جیب خاص
جائداد خاص
دربارخاص
مختارخاص
مشیرخاص
اشخاص
محل خاص
ملازم خاص
دیوان خاص
اختصاص
رصاص
قصاص
رقاص
خلاص
اخلاص
بااخلاص
استخلاص
خواص
غواص
مختص
تفحص
متفحص
اخص
مرخص
شخص
تشخص
غیرشخص
مشخص

ہوس کیش
تغافل کیش
گل کیش
ظلم کیش
میش
نرمیش
گاؤمیش
ہمیش
نیش
خویش
بےخویش
درویش
تشویش
مہیش
******

ہماچل پردیش
مدھیہ پردیش
جگدیش
اندیش
نااندیش
عاقبت اندیش
ناعاقبت اندیش
بداندیش
دوراندیش
خیراندیش
نیک اندیش
مآل اندیش
کوتاہ اندیش
معاملہ اندیش
بنگلہ دیش
ریش
سریش
قریش
سینہ ریش
بےریش
حشیش
طیش
عیش
تعیش
مقیش
(۱) کیش
(۲) کیش
جفاکیش
وفاکیش
نیازکیش

ط
ارتباط
رباط
اسباط
انضباط
استنباط
محتاط
خراط
صراط
پل صراط
افراط
بافراط
قیراط
بساط
انبساط
اقساط
نشاط
ارباب نشاط
عیش
و نشاط
انحطاط
خطاط
اسقاط
نقاط
اختلاط
اخلاط
اغلاط
احتیاط
بے احتیاط
خیاط

(۲) مفوض
فیوض
حائض
عرائض
فرائض
فائض
(۱) بیض
(۲) بیض
ابیض
قرطاس ابیض
ایام بیض
حیض
ولد الحیض
عریض
تعریض
مریض
فیض
مستفیض
مفیض
بے فیض
نقیض
تفویض
******

فرض
بالفرض
قرض
مرض
تشخیص مرض
دائم المرض
بعض
تفضیل بعض
بغض
تنغض
رفض
تناقض
متناقض
مناقض
نقض
حامض
غامض
غوامض
حوض
خوض
عروض
معروض
عرض معروض
علم عروض
مفروض
مقروض
عوض
بعوض
مبغوض
(۱) مفوض

قید محض
خیرمحض
ارض
عارض
تعارض
متعارض
معارض
حشرات الارض
طبقات الارض
علم طبقات الارض
جوع الارض
علم الارض
عوارض
کرۂ ارض
معترض
عرض
آداب عرض
تعرض
ناقابل تعرض
متعرض
میرعرض
واجب العرض
معرض
غرض
بغرض
خودغرض
الغرض
ابن الغرض
اہل غرض
بے غرض

ض
انقباض
نباض
مرتاض
ناراض
اعتراض
قابل اعتراض
ناقابل اعتراض
محاسبی اعتراض
جائے اعتراض
اعراض
اغراض
مقراض
امراض
ام الامراض
متعدی امراض
وبائی امراض
اغماض
بیاض
ریاض
فیاض
قابض
مرتہن قابض
قبض
پیش قبض
رہن بالقبض
منقبض
نبض
محض
اکثریت محض

ظ
لحاظ
بلحاظ
بد لحاظ
بے لحاظ
احتظاظ
حفاظ
لفاظ
الفاظ
غرابت الفاظ
حظ
واعظ
مواعظ
وعظ
محفل وعظ
حافظ
خدا حافظ
محافظ
حفظ
تحفظ
لفظ
تلفظ
تحسین
تلفظ
تحت اللفظ
متفق اللفظ
نقل لفظ
مغلظ
ملحوظ
محظوظ

******

اغلط
غم غلط
خلط ملط
مخبوط
مربوط
نامربوط
مضبوط
ہبوط
مخروط
شروط
مشروط
غیرمشروط
مبسوط
خطوط
غوط
سقوط
منقوط
لوط
بلوط
شاہ بلوط
مخلوط
حنوط
قنوط
شرائط
غائط
محیط
تفریط
افراط و تفریط
بسیط
تغلیط

حرف شرط
فرط
مفرط
باسط
واسط
اواسط
بسط
منبسط
قسط
وسط
اوسط
توسط
متوسط
حد متوسط
ممالک متوسط
شط
مخطط
قط
ساقط
مسقط
فقط
القط
نقط
بے نقط
(۱) خلط
(۲) خلط
تسلط
متسلط
مسلط
غلط

بط
ضابط
روابط
ضوابط
قوائد و ضوابط
خبط
ربط
بربط
حرف ربط
راہ و ربط
بے ربط
سبط
ضبط
ربط ضبط
ربط و ضبط
(۱) مستنبط
(۲) مستنبط
مہبط
قحط
خط
دستخط
بد خط
سرخط
خوش خط
رسم الخط
شکستہ خط
تتمۂ خط
شرط
بلاشرط
باد شرط

آشفتہ طبع
روشنئ طبع
منبع
تمتع
متمتع
راجع
مرجع
سجع
مسجع
وجع
مزارع
شارع
مضارع
(۱) مخترع
(۲) مخترع
مزرع
شرع
ارباب شرع
تشرع
متشرع
خلاف شرع
اہل شرع
صرع
مصرع
تضرع
فرع
اصل وفرع
ورع
تورع
متورع

متبع
ربع
اربع
مربع
شکل مربع
سبع
طبع
سیماب طبع
تفریح طبع
آزاد طبع
تیزطبع
آتش طبع
ترش طبع
خوش طبع
فیاض طبع
خلاف طبع
لطیف طبع
مخلا بالطبع
اشتعال طبع
کثیف الطبع
سلیم الطبع
مدنی الطبع
مطبع
مہتمم مطبع
شوم طبع
روشن طبع
منطبع
تفنن طبع
تلون طبع
شیرین طبع

اندفاع
محکمۂ دفاع
وقاع
اضلاع
مختلف الاضلاع
مثلث
مختلف الاضلاع
ذواربعۃ الاضلاع
متساوی الاضلاع
مثلث
متساوی الاضلاع
مساوی الاضلاع
اطلاع
اجتماع
استماع
جماع
اجماع
سماع
طماع
امتناع
استحقاق امتناع
صناع
انواع
تابع
رابع
طابع
مطابع
توابع
تبع
تتبع

ع
اتباع
اشباع
طباع
انطباع
متاع
مال ومتاع
شجاع
ابداع
وداع
الوداع
اختراع
ذراع
انتزاع
نزاع
مابہ النزاع
اوضاع
قطاع
اقطاع
انقطاع
مطاع
شعاع
اشعاع
علم شعاع
برقی شعاع
ارتفاع
انتفاع
دفاع
وزارت دفاع
وزیر دفاع

غیر محظوظ
نعوظ
محفوظ
لوح محفوظ
غیر محفوظ
ملفوظ
غیر ملفوظ
تقریظ
غیظ
حفیظ
الحفیظ
غلیظ
ابرغلیظ

******

رں و فروع
خشوع
خضوع
موضوع
اصول موضوع
طوع
مرفوع
وقوع
تاریخ وقوع
عند الوقوع
کثیرالوقوع
ممکن الوقوع
رکوع
طلوع
مسموع
نوع
تنوع
بہرنوع
مصنوع
مختلف
النوع
ممنوع
بائع
طبائع
بدائع
صنائع
وبدائع
ذرائع
شائع
ضائع

خاطرجمع
بنجرخارج الجمع
حاصل جمع
مجمع
سمع
شمع
کاکل شمع
طمع
قلع قمع
ملمع
صانع
قانع
مانع
موانع
ممتنع
سہل ممتنع
تصنع
بلاتصنع
مقنع
منع
متبوع
مطبوع
نامطبوع
جوع
رجوع
شروع
مشروع
نامشروع
مصروع
فروع

موقع
موقع بموقع
تحقیقات موقع
برموقع
بے موقع
موقع بے موقع
طالع
خوش طالع
مطالع
ہم طالع
نگون طالع
فرخندہ طالع
شومئ طالع
خلع
ضلع
عدالت ضلع
ناظرضلع
حاکم ضلع
ناظرتعلیم ضلع
مطلع
مطّلع
مع
جامع
مسجد جامع
سامع
طامع
لامع
مجتمع
جمع
صدرجمع

مقطع
مقطّع
منقطع
دافع
مدافع
رافع
شافع
نافع
منافع
زرمنافع
مرتفع
منتفع
دفع
رفع دفع
رفع
ارفع
ترفع
استحقاق شفع
نفع
اصل نفع
واقع
نسر واقع
فی الواقع
مواقع
برقع
مرقع
توقع
متوقع
غیرمتوقع
بے توقع

اہل ورع
تنازع
متنازع
جزع
فزع
جزع وفزع
نزع
حالت نزع
واسع
وسع
حتیٰ الوسع
مرصع
واضع
تواضع
متواضع
مواضع
وضع
باوضع
بدوضع
خوش وضع
موضع
سادہ وضع
بیگانہ وضع
قاطع
تقاطع
حجت قاطع
متقاطع
برہان قاطع
رائے قاطع
قطع

صمغ
دوغ
آروغ
دروغ
فروغ
بلوغ
حد بلوغ
سن بلوغ
تیغ
آب تیغ
ابرتیغ
دیغ
دریغ
بے دریغ
بلیغ
تبلیغ
میغ

******

خشک دماغ
ضعیف الدماغ
خلل دماغ
گرم دماغ
روشن دماغ
آشفتہ دماغ
گندہ دماغ
بے دماغ
عالی دماغ
مقویٔ دماغ
تہی دماغ
ایاغ
فارغ
چرغ
(۱) مرغ
(۲) مرغ
شترمرغ
پیل مرغ
فیل مرغ
تخم مرغ
سیمرغ
بالغ
نابالغ
پیرنا بالغ
غیربالغ
(۱) مبلغ
(۲) مبلغ
مبلّغ
مغ
مدمغ

غ
باغ
دباغ
صباغ
اصطباغ
خانہ باغ
اراضیٔ باغ
داغ
سفید داغ
ورق داغ
بے داغ
راغ
چراغ
شب چراغ
چشم و چراغ
بے چراغ
سراغ
فراغ
استفراغ
انفراغ
زاغ
بلاغ
ابلاغ
کلاغ
دماغ
بد دماغ
تردماغ
خردماغ
ضعف دماغ
نازک دماغ

******

وقائع
مائع
صنائع
بیع
ربیع
فصل ربیع
ترجیع
بدیع
تصدیع
سریع
وسیع
توسیع
تشیع
اہل تشیع
ترصیع
تضیع
وضیع
مستطیع
تقطیع
مطیع
رفیع
شفیع
وقیع
توقیع
جمیع
سمیع
شنیع
تشنیع
طعن تشنیع
فعل شنیع

مصارف
اہل مصارف
عارف
تعارف
متعارف
معارف
برف
معترف
شنجرف
حرف
حرف بحرف
محرف
منحرف
خرف
مزخرف
ژرف
سرف
مسرف
شرف
اشرف
مشرف
(۱) صرف
(۲) صرف
تصرف
تحویل
تصرف
متصرف
(۱) مصرف
(۲) مصرف
منصرف

برخلاف
وعدہ خلاف
اسلاف
غلاف
ناف
احناف
اصناف
اکناف
اطراف و اکناف
طواف
اسیاف
پف
(۱) تف
(۲) تف
ہاتف
کسرملتف
نجف
مصاحف
مصحف
آرسی مصحف
دف
ترادف
مترادف
مرادف
صدف
ہدف
تیربہ ہدف
ڈف
حذف
رف

الطاف
اضعاف
ذواضعاف
معاف
قصورمعاف
استخفاف
زفاف
شب زفاف
شفاف
ناشفاف
غیرشفاف
صاف شفاف
کفاف
کاغذ لفاف
قاف
اوقاف
کاف
اعتکاف
لام کاف
شگاف
خاراشگاف
فلک شگاف
موشگاف
لاف
اتلاف
اختلاف
ایتلاف
اجلاف
خلاف
بخلاف

(۲) اصراف
اطراف
اعراف
پیراگراف
فوٹوگراف
ٹیلیگراف
گزاف
لاف و گزاف
انکساف
اکتشاف
استکشاف
انکشاف
صاف
ناصاف
جواب صاف
صاف صاف
پاک صاف
مصاف
انصاف
ناانصاف
غیرانصاف
قرین انصاف
بے انصاف
مقتضائے انصاف
وصاف
اوصاف
سینہ صاف
مضاف
کسرمضاف
انعطاف

ف
اف
آف
باف
ٹاٹ باف
پوچ باف
بید باف
زرباف
نورباف
شال باف
قالین باف
موباف
پارچہ باف
زری باف
سٹاف
اسٹاف
سنجاف
زحاف
صحاف
لحاف
نداف
گداف
اعتراف
حراف
انحراف
زراف
اسراف
اشراف
صراف
(۱) اصراف

رؤف
پروف
واٹر پروف
حروف
مصروف
ظروف
معروف
مقدار
معروف
فعل معروف
مشہور
و معروف
یائے معروف
بحیرۂ آزوف
خسوف
کسوف
فیلسوف
مکشوف
صوف
تصوف
علم تصوف
موصوف
صفت
موصوف
ہمہ صفت
موصوف
طوف
معطوف
سفوف
صفوف

ہم زلف
سلسلۂ زلف
سلف (۱)
سلف (۲)
سود اسلف
ماسلف
علف
کلف
تکلف
بلا تکلف
پرتکلف
متکلف
بے تکلف
مکلف (۱)
مکلف (۲)
مؤلف
شیلف
صنف
مصنف (۱)
مصنف (۲)
سونف
ماؤف
جوف
مجوف
مجوّف
آئینۂ مجوف
خوف
مخوف
بے خوف
محذوف

مال وقف
موقف
اراضیٔ وقف
کف
بکف
تیغ بکف
معتکف
کشادہ کف
گف
لف
الف (۱)
الف (۲)
الف (۳)
تالف
تحالف
تخالف
مخالف
حزب مخالف
باد مخالف
فریق مخالف
تلف
مختلف
حلف
خلف
ناخلف
فرزند ناخلف
تخلف
فرزند خلف
زلف
اسیر زلف

صف صف
نصف
نصفا نصف
منصف
وصف
باوصف
عطف
حرف عطف
منعطف
لطف
تلطف
بے لطف
مضاعف
المضاعف
ضعف
اضعف
عف عف
شغف
فف
مخفف
واقف
ناواقف
مواقف
سقف
اسقف
مسقف
وقف
توقف
بلا توقف
متوقف

طرف
بطرف
چارطرف
برطرف
بے طرف
ظرف
تنک ظرف
تنگ ظرف
اہل ظرف
کم ظرف
عالی ظرف
عرف
تعرف
اہل عرف
معرف
رفرف
شگرف
شنگرف
خزف
تاسف
متأسف
کرسف
یوسف
کاشف
کشف (۱)
کشف (۲)
منکشف
صف
واصف
متصف

فراق
الفراق
مراق
اوراق
پڑاق
تڑاق پڑاق
تڑاق
توتڑاق
رزاق
ارزاق
قزاق
خوش مزاق
ساق
قرمساق
شاق
عشاق
مشاق
استنشاق
وشاق
طاق
مالایطاق
عاق
آفاق
شہرۂ آفاق
اتفاق
بااتفاق
حسب
اتفاق
حسن اتفاق
سوئے اتفاق

ق
اسباق
مشقی اسباق
سیاق وسباق
طباق
انطباق
بے باق
باقی بیباق
قلپاق
مشتاق
میثاق
چاق
ناچاق
اسحاق
الحاق
محاق
مصداق
مذاق
براق
چربراق
احتراق
افتراق
احراق
اشراق
نمازاشراق
طمطراق
عراق
جمہوریۂ عراق
اغراق
استغراق

سرقۂ خفیف
عفیف
تل عفیف
لفیف
قیف
ثقیف
کیف
بہرکیف
تالیف
تکالیف
حلیف
تحلیف
تکلیف
تصانیف
حنیف
تصنیف
حق تصنیف
تخویف

※※※※※※※

شریف
تشریف
ذات شریف
وفات شریف
مزاج شریف
آثار شریف
مزارشریف
تصریف
ظریف
ستم ظریف
تعریف
حرف تعریف
قابل تعریف
سیف
اہل سیف
تنصیف
توصیف
ضیف
لطیف
لیٹ لطیف
جنس لطیف
فن لطیف
غذائے لطیف
شئے لطیف
نظیف
ضعیف
خفیف
تخفیف
واردات خفیف
جرم خفیف

ملفوف
وقوف
موقوف
بے وقوف
مالوف
کہف
اصحاب کہف
تحائف
تحفہ تحائف
صحائف
خائف
طائف
لطائف
وظائف
طوائف
کوائف
کیئف
کثیف
تکثیف
چیف
کمانڈر انچیف
حیف
تصحیف
نحیف
سخیف
ردیف
حریف
تحریف
خریف
فصل خریف

نظام و نسق
نظم و نسق
(۱) شق
(۲) شق
عاشق
عشق
تعشق
کشش عشق
بادۂ عشق
مشق
لوح مشق
د مشق
زیرمشق
نومشق
تختۂ مشق
ناطق
حکم ناطق
حیوان
ناطق
نطق
منطق
علم منطق
فق
افق
منافق
توافق
موافق
ناموافق
باد موافق
متفق
محرّق
خرق
زرق
ازرق
شرق
مستشرق
مشرق
جنوب مشرق
شمال مشرق
طرق
(۱) عرق
(۲) عرق
غرق
مستغرق
مغرق
فرق
متفرق
قرق
ورق
پاورق
بورق
پس ورق
ورق ورق
بیرق
رازق
رزق
بق بق زق زق
فاسق
فسق
نسق
برحق
الحق
کلمت الحق
ملحق
د ق
اد ق
صاد ق
صبح صاد ق
مخبرصاد ق
تپ د ق
صد ق
تصد ق
(۱) مصد ق
(۲) مصد ق
خند ق
فند ق
لق و د ق
صحرائے لق و د ق
سل و د ق
حاذ ق
طبیب حاذ ق
حکیم حاذ ق
سارق
خوارق
برق
ابرق
زرق برق
انتقال برق
فوق البرق
محرق
اشتیاق
آتش اشتیاق
تریاق
سیاق
سابق
حسب سابق
تطابق
مطابق
نامطابق
سبق
ماسبق
ہم سبق
طبق
منطبق
چودہ طبق
بھمبق
زنبق
مشتق
فتق
واثق
چق
ساچق
حق
لاحق
ناحق
حق ناحق
لواحق
بحق
جان بحق
مستحق
(۱) اشفاق
(۲) اشفاق
نفاق
اہل نفاق
وفاق
اشتقاق
احقاق
استحقاق
بلاق
خلاق
اخلاق
صاحب اخلاق
تہذیب اخلاق
کج اخلاق
بد اخلاق
خوش اخلاق
علم اخلاق
حسن اخلاق
شلاق
طلاق
اطلاق
اغلاق
سماق
سنگ سماق
اعماق
چقماق
سنگ چقماق
قلماق
خناق
رواق

صدیق	فوق	جوق	حکیم مطلق	شفق
تصدیق	مافوق	جوق در جوق	حیوان مطلق	مشفق
زندیق	تفوق	بندوق	رہن مطلق	وفق
تفاریق	حقوق	کل دار بندوق	ماضی مطلق	تحقق
ابریق	علم حقوق	ٹوپی دار بندوق	شافئ مطلق	متحقق
طریق	اعلان حقوق	کوٹھے دار بندوق	تعلق	محقق (۱)
بطریق	مدقوق	ہوائی بندوق	قطع تعلق	محقق (۲)
اہل طریق	مخلوق	صندوق	ترک تعلق	مدقق
غریق	بھق بھق	ذوق	متعلق	خالق
فریق	وثائق	صاحب ذوق	بے تعلق	ابلق
تفریق	ذائق	اہل ذوق	معلق	طبلق
حاصل	شائق	شوق وذوق	مغلق	جلق
تفریق	فائق	بے ذوق	قلق	حلق
سلسلۂ	حقائق	فاروق	لقلق	خلق (۱)
جمع وتفریق	دقائق	محروق	تملق	خلق (۲)
ضیق	شقائق	مسروق	متملق	کج خلق
رفیق	لائق	عروق	حمق	بدخلق
شفیق	نالائق	مفروق	احمق	خوش خلق
توفیق	خلائق	مقروق	رمق	نیک خلق
حسب	بہبود خلائق	سوق	سد رمق	حسن خلق
توفیق	مرجع خلائق	شوق	عمق	دلق
بے توفیق	ننگ خلائق	باشوق	تعمق	اہل دلق
تحقیق	رفاہ خلائق	فرط شوق	چقمق	زلق
غیرتحقیق	علائق	معشوق	ہبنق	مطلق
نطفۂ	تطبیق	ذوق شوق	حونق	اختیار مطلق
بے تحقیق	موزمبیق	بادۂ شوق	رونق	قادر مطلق
دقیق	قرنبیق	طوق	پر رونق	بیع مطلق
تدقیق	عتیق	منطوق	ہونق	محال مطلق
رقیق	بیت العتیق	لعوق	بوق	وکیل مطلق
عقیق	توثیق	عوج بن عوق	وثوق	حکم مطلق

افسوس ناک
ہوس ناک
آتش ناک
آب آتشناک
اندیشناک
تشویشناک
خوفناک
کسل ناک
ہول ناک
شرمناک
خشمناک
غمناک
المناک
نم ناک
سہمناک
ناکون ناک
چھناک
اندیشہ ناک
اندوہ ناک
کاواک
مسواک
تھاک
ٹھیک ٹھاک
دھاک
ڈھاک
یاک
تریاک
(۱) بک
(۲) بک
اتابک

کاک
انفکاک
بنکاک
لاک
چالاک
چست چالاک
ہاتھ چالاک
(۱) بلاک
(۲) بلاک
افلاک
فلک الافلاک
کلاک
الارم کلاک
املاک
ہلاک
اہلاک
ٹماک
چکماک
انہماک
ناک
تابناک
خواب ناک
غضب ناک
ہیبت ناک
وحشت ناک
دہشت ناک
اذیت ناک
درد ناک
خطرناک
ترسناک

بھداک
ڈاک
محصول ڈاک
محکمۂ ڈاک
اشتراک
فتراک
چھتراک
ادراک
اہل ادراک
استدراک
فراک
خوراک
خوش خوراک
محکمۂ خوراک
پیراک
تیراک
پڑاک
تڑاک پڑاک
تڑاک
تڑاک تڑاک
سڑاک
لڑاک
دوڑاک
سوزاک
امساک
خاشاک
خس و خاشاک
پوشاک
خوش پوشاک
سفاک

ک
اک
آک
باک
بے باک
پاک
ناپاک
تپاک
پرتپاک
دست پاک
پھل پاک
قلم پاک
پنج تن پاک
جھپاک
موتی پاک
تاک
پٹاک
چٹاک
سٹاک
ٹوک ٹاک
ٹوکم ٹاک
چاک
گریبان چاک
سینہ چاک
پیچاک
خاک
مشت خاک
افتادگان خاک
تودۂ خاک
کرۂ خاک

اتالیق
اطالیق
خلیق
باسلیق
نستعلیق
خط نستعلیق
تحمیق
عمیق
تعمیق
منجنیق
تشویق
تعویق

※※※※※※

ضاحک
مضحک
محک
مردک
ھک دک
مدک
اندک
گندک
کودک
(۱) بیدک
(۲) بیدک
(۱) ویدک
(۲) ویدک
ڈک
پنڈک
گنڈک
منڈک
ٹھنڈک
مینڈک
کٹھ مینڈک
آرک
بارک
تبارک
مبارک
نامبارک
مزاج مبارک
ماہ مبارک
پارک
تارک
چارک

ڈپلومیٹک
ارتھمیٹک
تاجک
کجک
رنجک
جھجک
بیجک
(۱) چک
(۲) چک
(۳) چک
پاچک
چکاچک
بچک
آب چک
چک بچک
پرچک
کچک
چک چک
لچک
بلچک
مچک
اچانچک
کوچک
ایشیائے کوچک
ھچک
بھچک
پیچک
چیچک
ھاتھی چک
حک

پھاٹک
بحیرۂ ایڈریاٹک
چٹک
سٹک
الاسٹک
پلاسٹک
جمناسٹک
بالسٹک
کٹک
ٹک ٹک
آرکٹک
انٹارکٹک
ایک ٹک
لٹک
بالٹک
بحیرۂ بالٹک
مٹک
چٹک مٹک
بحراٹلانٹک
کنٹک
پھوٹک
بھٹک
پھٹک
چھان پھٹک
ٹھٹک
کھٹک
چیٹک
ڈیموکریٹک
سوشل ڈیموکریٹک
آٹومیٹک

لپک
ھاتھ لپک
چمپک
تھپک
جھپک
لپک جھپک
دیپک
(۱) تک
(۲) تک
پاتک
چاتک
کاتک
گھاتک
بتک
ناستک
پستک
دستک
مستک
پشتک
تک تک
معاھدۂ اطلانتک
سوتک
کوتک
ھتک
(۱) ٹک
(۲) ٹک
(۳) ٹک
اٹک
ناٹک
کرناٹک

چابک
ڈابک
کابک
لابک
ٹیکسٹ بک
نوٹ بک
چبک
آرڈربک
اورڈربک
ازبک
(۱) سبک
(۲) سبک
پاس بک
سروس بک
کبک
بک بک
ھک بک
فائل بک
چمبک
چنبک
بوبک
بھبک
ھبک دھبک
ایبک
ادھیاپک
تپک
ٹپک
(۱) چپک
(۲) چپک
چپّک

کک	دھسک	زک	ادرک	پرچارک
تشکک	شک	نازک	مدرک	تدارک
لک	اشک	وقت نازک	سامدرک	شارک
بالک	پراشک	صدف نازک	شرک	معارک
پالک	لاشک	تزک	مشرک	مارک
لے پالک	بلاشک	نغزک	کلرک	ٹریڈ مارک
سالک	سیل اشک	گزک	ہیڈ کلرک	ڈنمارک
مسالک	آتشک	توزک	بکنگ کلرک	ریمارک
اشتعالک	کنجشک	کنیزک	دمرک	نیو یارک
کالک	چشک	اپاسک	نرک	ابرک
تل کالک	خشک	اپاسا اپاسک	بورک	تبرک
مالک	زاھد خشک	کلاسک	ابھرک	متبرک
غیرمالک	رشک	گیس ماسک	بیرک	ترک (۱)
ممالک	سرشک	ناسک	زیرک	ترک (۲)
بخشی	بھرشک	مناسک	بڑک	اتاترک
الممالک	مشک (۱)	ٹسک	تڑک	جاترک
پبلک	مشک (۲)	چسک	سڑک	مشترک
رپبلک	بید مشک	خسک	لب سڑک	عاد مشترک
کیوبا رپبلک	توشک	ڈسک	محصول سڑک	قدرمشترک
روانڈا رپبلک	ہواتوشک	بھرسک	کڑک (۱)	حس مشترک
یوگنڈا رپبلک	کوشک	سسک	کڑک (۲)	سرمایۂ مشترک
گھانا رپبلک	موشک	کسک	مڑک	الیکٹرک
زامبیا رپبلک	بیشک	مسک	ھڑک	نائٹرک
لائبیریا	اپدیشک	تمسک	بھڑک	چرک (۱)
رپبلک	فک	تکمیل تمسک	پھڑک	چرک (۲)
چیکو	منفک	ممسک	جھڑک	تحرک
سلاویکیہ	لاینفک	اومسک	دھڑک	متحرک
کی	جزو لاینفک	نپنسک	بے دھڑک	غیرمتحرک
سوشلسٹ	سائنٹیفک	مینسک	کھڑک	محرک
رپبلک	ٹریفک	ٹھسک	پیڑک	درک

بانک
چربانک
پانک
(۱) ٹانک
(۲) ٹانک
چھٹانک
اچانک
ڈانک
فرانک
سانک
مانک
دمانک
ہانک
ہانکا ہانک
پھانک
جھانک
تاک جھانک
بھیانک
بنک
سیونگ بنک
پنک
(۱) تنک
(۲) تنک
ابرتنک
اسپوتنک
ٹنک
جنک
پھل جنک
(۱) چنک
(۲) چنک

چمک
دمک
مردمک
چمک دمک
دھارمک
کرمک
نرمک
سمک
کاسمک
چشمک
کمک
چکمک
گمک
نمک
کالا نمک
کورنمک
ہم نمک
کان نمک
آب و نمک
نان و نمک
بے نمک
جھمک
دھمک
امک ڈھمک
پیمک
دیمک
بایوکیمک
نک
انک
آنک

لولئ فلک
ابروئے فلک
آہوئے فلک
کلک
گلک
للک
(۱) ملک
(۲) ملک
(۳) ملک
(۴) ملک
امیرالملک
مالک الملک
عمدۃ الملک
تقسیم ملک
کاربولک
پولک
غولک
گولک
کیتھولک
رومن کیتھولک
ڈھولک
جھلک
مہلک
ضرب مہلک
مرض مہلک
آلۂ مہلک
بیلک
چیلک
ٹامک
چمک تمک

عوامی ریپبلک
چینی عوامی ریپبلک
دہومی ریپبلک
ہندستانی ریپبلک
گینی ریپبلک
ملاوی ریپبلک
ریپبلک
پلک
(۱) تلک
(۲) تلک
راج تلک
گنجلک
چلک
دلک
ڈلک
سلک
مسلک
منسلک
شلک
اشلک
غلک
فلک
اوج فلک
جلاد فلک
برید فلک
دبیر فلک
تیر فلک
گاؤفلک
برۂ فلک
منشئ فلک

چاڈ ریپبلک
یوگوسلاویہ کی
سوشلسٹ
فیڈرل ریپبلک
جرمن
فیڈرل ریپبلک
گیبن ریپبلک
ڈومی نیکن ریپبلک
ملغشیہ ریپبلک
ویت نام
جمہوری ریپبلک
جرمن
جمہوری ریپبلک
کوریا کی عوامی
جمہوری ریپبلک
الجیریا
کی عوامی
جمہوری ریپبلک
جنوبی
افریقی ریپبلک
وسطی افریقہ
کی ریپبلک
مالی ریپبلک
پولینڈ کی
عوامی ریپبلک
بلغاریہ کی
عوامی ریپبلک
رومانیہ کی
عوامی ریپبلک
ہنگری کی

گند ھک
لیکھک
گہک
لہک
مہک
سٹرائک
ملائک
نائک
سہائک
یک
ایک
ایکا ایک
پایک
ہرایک
یکایک
گایک
نایک
دوایک
نیایک
کئی ایک
ازبیک
پک پیک
لہیک
پیک (۱)
پیک (۲)
ٹیک
اٹیک
گھٹیک
تاجیک
چیک (۱)

سیوک
ھک
آھک
آب آھک
گاھک
بھک (۱)
بھک (۲)
ٹبھک
بھک بھک
پھک
اتھک
ھومیوپتھک
کتھک
ان تھک
پاٹھک
ہٹھک
ٹھک ٹھک
ٹھٹھک
بیٹھک
اٹھک بیٹھک
جھک
جھکاجھک
بک جھک
جھک جھک
چھک
چھکاچھک
چھوچھک
دھک (۱)
دھک (۲)
ارادھک

متروک
نم روک
بے روک
سوک
شوک
اشوک
غوک
کوک (۱)
کوک (۲)
شکوک
مشکوک
لوک
پرلوک
ترلوک
امرلوک
سلوک
شلوک
اشلوک
مفلوک
ملوک
مملوک
نوک
ھوک
بھوک
پھوک
تھوک (۱)
تھوک (۲)
ٹھوک
جھوک
نوک جھوک

فلینک
کلینک
مینک
پھینک
چھینک
اوک (۱)
اوک (۲)
چکاوک
ناوک
ہوک
ڈرپوک
ٹوک (۱)
ٹوک (۲)
روک ٹوک
بے روک ٹوک
گنگ ٹوک
دوٹوک
جوک
چوک (۱)
چوک (۲)
اچوک
اوک چوک
ھوک چوک
بھول چوک
چاندنی چوک
خوک
ڈوک
منڈوک
روک
ھواروک

صحنک
خنک
ڈنک
کھڑنک
سنک (۱)
سنک (۲)
کنک
میکنک
آرگنک
لنک
کلنک
کاربونک
جونک
پھونک
جھاڑ پھونک
جھونک
جھانک جھونک
چھونک
دھونک
کمیونک
بھنک
جھنک
دھنک
بینک
پینک
ٹینک
سینک (۱)
سینک (۲)
سینک (۳)
عینک

حلوۂ مرگ
شادی مرگ
حلوائے مرگ
سورگ
شاہ رگ
شہ رگ
سگ
لگ
الگ
الگ الگ
سہالگ
سلگ
الگ تھلگ
مگ
جگمگ
جگمگ جگمگ
ڈگمگ
نگ
انگ
بانگ
گل بانگ
چتانگ
ٹانگ
اوٹ پٹانگ
دانگ
چاردانگ
شش دانگ
ویدانگ
ڈانگ
رانگ

سہاگ
گھاگ
تیاگ
بگ
پگ
تگ
(۱) جگ
(۲) جگ
جگ جگ
کلجگ
(۱) ڈگ
(۲) ڈگ
ڈگڈگ
رگ
مارگ
برگ
صد برگ
گل صد برگ
جوہانس برگ
گل برگ
لکسمبرگ
بے برگ
بزرگ
سرگ
کرگ
گرگ
(۱) مرگ
(۲) مرگ
قریب مرگ
جوان مرگ

گ
آگ
باگ
گج باگ
لوگ باگ
پاگ
جاگ
راگ
پراگ
کھٹ راگ
بیراگ
ویراگ
ساگ
کاگ
لاگ
بے لاگ
ناگ
کالا ناگ
سیس ناگ
شیش ناگ
بھاگ
ابھاگ
بھاگا بھاگ
مہا بھاگ
لگ بھاگ
بھاگم بھاگ
دھن بھاگ
پھاگ
چھاگ
سمندر جھاگ

(۱) ٹھیک
(۲) ٹھیک
ٹھیک ٹھیک
چھیک
****

(۲) چیک
تضحیک
نزدیک
باریک
گردن باریک
تاریک
چاریک
بریک
تحریک
وجۂ تحریک
شریک
دردشریک
گریک
کیک
رکیک
تشکیک
(۱) لیک
(۲) لیک
ممالیک
علیک سلیک
تملیک
ولیک
نیک
سپوتنیک
آثارنیک
ٹیکنیک
فال نیک
بالشویک
ہیک
بھیک

(۱) سنگ
(۲) سنگ
پاسنگ
مردارسنگ
فرسنگ
نرسنگ
گران سنگ
کان سنگ
ڈریسنگ
شنگ
شوخ و شنگ
تفنگ
نانکنگ
(۱) پیکنگ
(۲) پیکنگ
(۱) گنگ
(۲) گنگ
(۱) لنگ
(۲) لنگ
(۳) لنگ
النگ
شتالنگ
پلنگ
دارچلنگ
ڈارلنگ
سٹرلنگ
عذرلنگ
(۱) شلنگ
(۲) شلنگ
گلنگ

آبلۂ فرنگ
یک رنگ
ایک رنگ
راگ رنگ
گل رنگ
بادۂ گلرنگ
گندم رنگ
ہم رنگ
اورنگ
گل اورنگ
آب و رنگ
بورنگ
چورنگ
سبزہ رنگ
بیرنگ
بے رنگ
گلابی رنگ
بحیرۂ بیرنگ
آبنائے بیرنگ
قدرتی رنگ
پیازی رنگ
مشکی رنگ
نیرنگ
انجنیرنگ
کاسنی رنگ
اڑنگ بڑنگ
دھڑنگ
ننگ دھڑنگ
زنگ
ارژنگ

سارنگ
رنگارنگ
برنگ
بابرنگ
شب رنگ
رنگ برنگ
اسپرنگ
ترنگ
چترنگ
جل ترنگ
ناچ رنگ
درنگ
پادرنگ
بد رنگ
زرد رنگ
بے درنگ
سبزرنگ
سرنگ
تیلیا سرنگ
تہ آب سرنگ
چورسرنگ
آتش رنگ
آب آتش رنگ
خوش رنگ
فرنگ
افرنگ
بادفرنگ
قید فرنگ
گل فرنگ
اهل فرنگ

میٹنگ
جنگ
کلاجنگ
اسباب جنگ
وزارت جنگ
مہلت جنگ
دعوت جنگ
سلاح جنگ
محاذ جنگ
سالارجنگ
دفترجنگ
وزیرجنگ
بعد ازجنگ
صف جنگ
طبل جنگ
میدان جنگ
سامان جنگ
فن جنگ
قانون جنگ
بھجنگ
کالا بھجنگ
التوائے جنگ
چنگ
خرچنگ
دنگ
خدنگ
ہڑدنگ
پڈنگ
ہیڈنگ
رنگ

سانگ
ہانگ کانگ
ایڈی کانگ
میکانگ
دریائے میکانگ
چٹاگانگ
لانگ
فرلانگ
پھلانگ
چھلانگ
شیلانگ
مانگ
سوانگ
بھانگ
تھانگ
چورتھانگ
پیانگ یانگ
بنگ
دبنگ
ڈمپنگ
بک کیپنگ
(۱) تنگ
(۲) تنگ
بتنگ
پتنگ
بارتنگ
دل تنگ
براڈکاسٹنگ
پرنٹنگ
فلم شوٹنگ

کپال
پیل پال
چوپال
پشوپال
گوپال
بال گوپال
بھوپال
سکھپال
نیپال
تال
پاتال
پتال
اسپتال
ہٹتال
بند تال
پرتال
ہرتال
پڑتال
ہڑتال
بھوک ہڑتال
قتال
قتّال
جدال و قتال
ایک تال
تول تال
بے تال
بیتال
ٹال
سٹال
اسٹال

ل
ال
آل
ہال
اہال
نقطۂ اہال
فٹ بال
باسکٹ بال
فوٹبال
باسکیٹ بال
پرہال
غرہال
اقبال
صاحب اقبال
بلند اقبال
خوش اقبال
استقبال
نکبال
فارغ البال
دنبال
وبال
شکستہ بال
والیبال
پال
ٹپال
گج پال
تپال
پیرپال
ناسپال
ناشپال

بھوگ
کرم بھوگ
موہن بھوگ
ہیوگ
اسنیوگ
اسہیوگ
ہگ
ٹھگ
بنارسی ٹھگ
ڈھگ
کھگ
پگ
بیگ
ہینڈ بیگ
لال بیگ
پیگ
دیگ
شب دیگ
ریگ
پریگ
لیگ
پلیگ
مسلم لیگ
نیگ
ہیگ
******

سرہنگ
فرہنگ
(۱) نہنگ
(۲) نہنگ
ڈرائنگ
اسکیئنگ
پینگ
ڈینگ
رینگ
سینگ
ہینگ
جوگ
ہجوگ
ہرجوگ
دیگ جوگ
سنجوگ
اسنجوگ
کھیتی جوگ
روگ
پروگ
راج روگ
پنڈ روگ
نروگ
سوگ
لوگ
بابالوگ
صاحب لوگ
عام لوگ
کسان لوگ
اللہ لوگ

اسمگلنگ
ملنگ
بولنگ
دارجیلنگ
استری لنگ
امنگ
ننگ
پلاننگ
راشننگ
پھننگ
پھننگ
بے ننگ
ٹریننگ
اسکریننگ
ہرہونگ
ہڑبونگ
ہانڈونگ
ہنڈونگ
رونگ
لونگ
مونگ
ٹھونگ
ڈھونگ
سیونگ
آہنگ
ہم آہنگ
پھنگ
راج پھنگ
ڈھنگ
رنگ ڈھنگ

امسال
تقویم سال
جوان سال
پنسال
ننسال
کہن سال
فصلی سال
شال
اتصال
استحصال
خصال
بدخصال
خوش خصال
نیک خصال
انفصال
وصال
ایصال
استیصال
ضال
افضال (۱)
افضال (۲)
ابطال
اشتعال
متعال
فعال
افعال
بدافعال
انفعال
آب انفعال
عرق انفعال

جدال
کدال
ڈال
چانڈال
پنڈال
چنڈال
ابتذال
رال
بحیرۂ آرال
پرال
سسرال
اورال
بھوڑال
زال
اعتزال
پیرزال
غزال
انزال
لایزال
سال
سالہاسال
سال بسال
خرد سال
ارسال
پارسال
پرسال
گھڑسال
غسال
ٹکسال
بزرگ سال

محال (۲)
فرض محال
سنگوٹی محال
زبان حال
پرسان حال
پریشان حال
تباہ حال
خستہ حال
شکستہ حال
آشفتہ حال
آسودہ حال
فرسودہ حال
شوریدہ حال
ژولیدہ حال
بے حال
اثنائے حال
خال
پخال
ادخال
خال خال
خلخال
گل خال
خد و خال
خط و خال
پیخال
دال
آٹادال
ابدال
اعتدال
بے اعتدال

بھونچال
بھوچال
شہ چال
حال
تاحال
بحال
خراب حال
حسب حال
ارتحال
صورت حال
بدحال
شاهد حال
بھرحال
خوش حال
عرض حال
طحال
واقف حال
کحال
تنگ حال
الحال
مضطرب الحال
سال حال
متوسط الحال
فارغ الحال
واقف الحال
مفلوک الحال
مرفہ الحال
فی الحال
شامل حال
محال (۱)

بک سٹال
مال ٹال
گروگھنٹال
امتثال
مثال
امثال
تمثال
فقید المثال
عدیم المثال
بہ مثال
بے مثال
جال
نساجال
مہاجال
دجال
رجال
اندرجال
بھنورجال
مجال
جنجال
چال
بھیڑیاچال
چکرچال
مورچال
بھیڑچال
بک چال
ٹھمک چال
بگ چال
بول چال
چونچال

نا قابل
استعمال
کم استعمال
حزب
العمال
یرغمال
کمال
صاحب کمال
تمام و کمال
ذی کمال
ریگ مال
کفالت المال
بیت المال
راس المال
گول مال
قانون مال
آئین مال
رومال
اہمال
دہمال
ضابطۂ مال
صیغۂ مال
محکمۂ مال
پائمال
سوداگری
مال
سپردگیٔ
مال
پائے مال
نال

عدالت مال
جمال
اجمال
بالاجمال
صاحب جمال
بدیع الجمال
حمال
نقد مال
اند مال
رمال
مرد ارمال
افسرمال
نرمال
وزیرمال
شیرمال
مشیرمال
دسمال
شمال
دوشمال
گوش مال
پیمائش مال
عمال
اعمال
شامت اعمال
بد اعمال
نامۂ اعمال
استعمال
خارج از استعمال
متروک الاستعمال
قابل استعمال

حلال
اولاد حلال
نمک حلال
ولد الحلال
مال حلال
اکل حلال
اضمحلال
خلال
دلال
استدلال
زلال
آب زلال
ضلال
استقلال
(۱) کلال
(۲) کلال
گلال
ملال
پرملال
ہلال
رویت ہلال
سحرہلال
مال
مآل
پامال
مالامال
گپت مال
احتمال
دستمال
اشتمال

(۱) اشکال
(۲) اشکال
برشکال
نکال
پنکال
تین کال
گال
اگال
پرتگال
جگال
سگال
بد سگال
خیرسگال
برشگال
موسم برشگال
بنگال
خلیج بنگال
مغربی بنگال
پچھمی بنگال
چنگال
کنگال
گنگال
سینی گال
جمہوریۂ سینی گال
لال
اختلال
جلال
اجلال
ذوالجلال
جاہ و جلال

نعال
اشتغال
شغال
اشغال
فال
سفال
اطفال
مدرسۂ اطفال
نیک فال
فرخندہ فال
قال
بقال
انتقال
دستاویزانتقال
قابل انتقال
نا قابل انتقال
مقال
قال مقال
شیرین مقال
نقال
حال وقال
صاحب حال وقال
قیل وقال
کال
اکال
اکّال
انت کال
اننت کال
کٹ کال
سکال

ال بل
بلبل
جل بل
چلبل
کل بل
ھلبل
چھل بل
چمبل
.ریائے چمبل
کمبل
نبل
چنبل
دنبل
سنبل
روبل
بھوبل
مہبل
بائبل
فیشن ایبل
ٹیبل
کانسٹیبل
ڈائیننگ
ٹیبل
ٹائم ٹیبل
آنریبل
لیبل
(۱) پل
(۲) پل
چپل
اچپل

درۂ دانیال
ددھیال
(۱) بل
(۲) بل
ابل
(۱) بابل
(۲) بابل
سابل
قابل
ناقابل
تقابل
متقابل
مقابل
مدمقابل
بھروسے قابل
کابل
آتمابل
جبل
حبل
ڈبل
پربل
دربل
نربل
سبل
سبّل
طبل
اصطبل
قبل
ماقبل
مستقبل

نہال
ننہال
ٹاؤن ھال
نونہال
یال
ایال
پیال
خیال
وحدت خیال
پست خیال
قوت خیال
آزاد خیال
فانوس خیال
خوش خیال
نازک خیال
ورق الخیال
عالم خیال
ھم خیال
روشن خیال
خواب و خیال
آشفتہ خیال
نکتۂ خیال
کریال
گھڑیال
سیال
سیّال
آتش سیال
عیال
کثیرالعیال
اھل وعیال

کوٹھی وال
ھال
بھال
ابھال
تیربھال
دیکھ بھال
پھال
امپھال
تھال
ٹھال
کنسرٹ ھال
جہال
جھال
جھول جھال
چھال
اچھال
کرچھال
ڈھال
چال ڈھال
نڈھال
دربارھال
سہال
اسہال
کھال
پکھال
گھال
پگھال
ڈائیننگ ھال
میونسپل ھال
مہال

گج نال
کچنال
شترنال
کنال
آنول نال
منال
چھنال
منہنال
ھاتھی نال
وال
پوال
کوتوال
احوال
پروال
اگروال
پڑوال
زوال
لازوال
بےزوال
سوال
جواب سوال
شوال
قوال
اقوال
اموال
نوال
کارنوال
منوال
پٹھوال
ھانڈی وال

بے دخل	راحل	قزاق اجل	پٹل	پرنسپل
ٹرخل	مراحل	کاجل	کارٹل	میونسپل
چرخل	ساحل	گنگاجل	زٹل	کونپل
خلخل	ملابارساحل	فاضل اجل	ہوسٹل	تختہ پل
تخلخل	ملیبارساحل	لقمۂ اجل	ڈپارٹمنٹل	پیپل
مخل	لاحل	بے اجل	اورینٹل	(۱) تل
نخل	سواحل	خجل	انٹرکونٹی نینٹل	(۲) تل
(۱) دل	بحل	رجل	اوٹل	قاتل
(۲) دل	رحل	ارجل	بوٹل	زہرقاتل
بادل	زحل	سفرجل	ہوٹل	سم قاتل
موابادل	کحل	نرجل	ٹائٹل	پتل
تبادل	محل	سجل	پیٹل	مختل
متبادل	مٹیامحل	مسجل	تماثل	پادتل
دل بادل	برمحل	مستعجل	متماثل	پرتل
مجادل	چورمحل	(۱) معجل	مماثل	کھرتل
عادل	شیش محل	(۲) معجل	(۱) مثل	شفتل
معادل	عیش محل	مہرمعجل	(۲) مثل	قتل
عنادل	مضمحل	ان جل	بمثل	واجب القتل
دریادل	رنگ محل	جھونجل	مہرمثل	جرم واجب القتل
(۱) بدل	بے محل	موجل	علاج بالمثل	مقتل
(۲) بدل	نحل	مہرموجل	ضرب المثل	اقدام قتل
تبدل	مالاینحل	(۱) چل	فی المثل	مجرم قتل
متبدل	داخل	(۲) چل	ممثل	بوتل
تغیرو تبدل	تداخل	اچل	بے مثل	کوتل
صاحب دل	مداخل	چلاچل	(۱) جل	پیتل
پھیربدل	بخل	ھلچل	(۲) جل	چیتل
نعم البدل	ابخل	آنچل	جلّ	سیتل
ادل بدل	دخل	چنچل	اجل	ٹل
مبدل	عمل دخل	وندھیہ چل	اجلّ	اٹل
رد و بدل	مدخل	حل	عاجل	پاٹل

ڈیزل
سل
سلّ
سلاسل
تناسل
عضوتناسل
آلۂ تناسل
رسل
پارسل
(۱) مرسل
(۲) مرسل
مجازمرسل
نرسل
یونیورسل
عسل
غسل
کسل
گسل
جان گسل
تسلسل
مسلسل
غیرمسلسل
مسل
نسل
(۱) کانسل
(۲) کانسل
پنسل
بدنسل
افزائش
نسل

سنٹرل
نیچرل
ڈرل
فیڈرل
جنرل
اکاؤنٹنٹ جنرل
میجرجنرل
گورنرجنرل
کارپورل
کھرل
کیرل
ایڈمیرل
ازل
قسام ازل
نازل
منازل
معتزل
عزل
غزل
تغزل
متغزل
بیت الغزل
تزلزل
متزلزل
غیرمتزلزل
تنزل
منزل
تدبیرمنزل
عیش منزل
ہزل

آسودہ دل
تیرہ دل
شیشۂ دل
بے دل
پیدل
ٹڈی دل
بگڑے دل
قوی دل
مقویٔ دل
ڈل
ماڈل
کانڈل
بنڈل
(۱) کنڈل
(۲) کنڈل
منڈل
تارامنڈل
کمنڈل
ہینڈل
موڈل
بھوڈل
پیڈل
میڈل
ذل
اذل
اراذل
بذل
مبتذل
ارذل
لبرل

تنگ دل
سنگ دل
دلدل
ہول دل
آرام دل
رحم دل
خرم دل
نرم دل
موم دل
ہم دل
پریشان دل
دھاندل
روشن دل
صندل
کندل
مندل
توندل
سیاہ دل
سوختہ دل
خستہ دل
شکستہ دل
تفتہ دل
گرفتہ دل
آشفتہ دل
سادہ دل
کشادہ دل
آزردہ دل
افسردہ دل
مردہ دل
زندہ دل

بے بدل
راحت دل
سخت دل
معتدل
جدل
جنگ وجدل
فراخ دل
شاد دل
بددل
درددل
دود دل
بیداردل
فگاردل
پردل
شتردل
خردل
کوردل
بزدل
خوش دل
عدل
اعدل
بےعدل
فراغ دل
صاف دل
ضعف دل
پاک دل
نازک دل
یک دل
ایک دل
نیک دل

مقفل
تکفل
متکفل
فلفل
نفل
قرنفل
رائفل
اطریفل
قل
اقل
حد اقل
عاقل
ذو
اضعاف اقل
ناقل
نواقل
بقل
مستقل
منتقل
ثقل
مرکزثقل
کشش ثقل
عقل
صاحب عقل
فریب عقل
تعقل
بدعقل
باعتبارعقل
فتورعقل
کورعقل

قول و فعل
لعل
لیت و لعل
نعل
غل
غلّ
شاغل
مشاغل
بغل
اغل بغل
گندہ بغل
چغل
دغل
فرغل
شغل
مغل
توغل
شوروغل
محافل
سافل
اسافل
غافل
تغافل
نوافل
محفل
شمع محفل
رفل
اسفل
طفل
قفل

فیصل
قول فیصل
ضل
فاضل
افاضل
زرفاضل
فضل
افضل
ابوالفضل
اہل فضل
علم و فضل
باطل
فرد باطل
خیال باطل
بطل
رطل
تعطل
معطل
عضومعطل
ظل
حنظل
فاعل
اسم فاعل
مشتعل
جعل
مشعل
فعل
متعلقات فعل
بالفعل
منفعل

الحاصل
سال حاصل
تحصیل حاصل
محاصل
پیادۂ محاصل
بد اصل
د راصل
زراصل
فاصل
مفاصل
وجع المفاصل
نقل مطابق اصل
سود مساوی الاصل
کم اصل
ہم اصل
واصل
حواصل
بے اصل
متصل
محصل
فصل
مفصل
مفصّل
منفصل
اندازۂ فصل
بے فصل
قنصل
قونصل
وصل
موصل

مخلوط النسل
ہم نسل
کونسل
وارکونسل
یونین کونسل
لیجسلیٹوکونسل
وسل
توسل
متوسل
موسل
شل
مارشل
کورٹ مارشل
فیلڈ مارشل
جزائرمارشل
فنانشل
کانفیڈنشل
پراونشل
سوشل
سپیشل
اسپیشل
جوڈیشل
آفیشل
اوفیشل
صل
اصل
مستاصل
حاصل
لاحاصل
سیرحاصل

ملّ
امل
تامل
تامّل
بلاتامل
متأمل
بے تامل
حامل
شامل
عامل
کامل
غورکامل
اجلاس کامل
ماہ کامل
نقطۂ کامل
انامل
عوامل
مشتمل
جوٹ مل
کھٹمل
جمل
جمّل
اجمل
تجمل
مجمل
چمل
(۱) حمل
(۲) حمل
تحمل
متحمل

بگل
اگل بگل
سبد گل
زرگل
مرگل
ورق گل
برگ گل
فصل گل
گلگل
اسمگل
انگل
چارانگل
پنگل
جنگل
چنگل
د نگل
منگل
آنند منگل
بھاکڑہ ننگل
آب و گل
گوگل
کاہ گل
بھگل
کھگل
خلل
مدلل
تذلل
علل
(۱) مل
(۲) مل

میزان کل
سانکل
میکنکل
توکل
علی التوکل
متوکل
جزوکل
کوکل
لوکل
(۱) موکل
(۲) موکل
پھوکل
بے کل
آرٹیکل
پولیٹیکل
ریڈیکل
میڈیکل
کلاسیکل
ٹیکنیکل
مکینیکل
ہیکل
قوی ہیکل
سائیکل
موٹرسائیکل
(۱) گل
(۲) گل
(۳) گل
اگل
پاگل
چھاگل

کراکل
تشاکل
کاکل
بکل
(۱) بکّل
(۲) بکّل
تکل
محبت کل
اٹکل
پھٹکل
آج کل
صلح کل
سرکل
نرکل
ٹرائسکل
بائیسکل
موٹر بائیسکل
شکل
متشکل
بد شکل
مشکل
بمشکل
ہم شکل
بالکل
عقل کل
کلکل
د انتاکلکل
تفضیل کل
نکل
بوٹانکل

خارج ازعقل
تیزعقل
خلاف عقل
مسلوب العقل
صحیح العقل
بعید العقل
فاترالعقل
ناقص العقل
ضعف العقل
ضعیف العقل
اہل عقل
خام عقل
کم عقل
قرین عقل
بے عقل
قل قل
(۱) نقل
(۲) نقل
نقل در نقل
ناقابل نقل
منقل
حمل و نقل
ہوبہ ہونقل
صیقل
(۱) کل
(۲) کل
(۱) اکل
(۲) اکل
آٹاکل
بھاراکل

(۱) ٹول
(۲) ٹول
ٹٹول
سٹول
ٹال ٹول
ٹال مٹول
گول مٹول
سرپھٹول
ٹھٹول
میل جول
چول
پرچول
احول
لاحول
ماحول
خول
دخول
ممکن
الدخول
ناقابل
دخول
مدخول
خلخول
مخول
(۱) دول
(۲) دول
جدول
عدول
اھل دول
(۱) ڈول

تناول
مساوات درجۂ اول
سہاول
مرافعۂ اول
ہریاول
(۱) بول
(۲) بول
ببول
قبول
ناقابل قبول
مقبول
ایجاب و قبول
حبس البول
سلسل البول
استامبول
انبول
تنبول
دوبول
پول
سیباستوپول
سیواستوپول
تول
بتول
ماپ تول
ناپ تول
مارتول
پستول
مستول
مقتول
مول تول

نیشنل
انٹرنیشنل
سگنل
فائنل
انگلش چینل
اول
اوّل
اتاول
چاول
بالم چاول
رومالی چاول
تداول
متداول
عدداول
چنڈاول
راول
قراول
ہراول
جڑاول
سزاول
رساول
یساول
تفاول
طرف اول
فریق اول
بکاول
ربیع الاول
جمادی الاول
معلم اول
ناول

تقسیم عمل
لائحۂ عمل
دائرۂ عمل
پیداواری عمل
سفلی عمل
کمل
کمّل
اکمل
مکمل
نامکمل
غیرمکمل
تقسیم مکمل
ململ
ہلمل
جھلمل
ڈھلمل
گھل مل
انمل
کومل
مہمل
سیمل
نل
جرنل
کرنل
لفٹنٹ کرنل
لیفٹننٹ کرنل
ڈویژنل
پرسنل
اڈیشنل
ایڈیشنل

اسقاط حمل
وضع حمل
محمل
نقل و حمل
مخمل
گل مخمل
دمل
مندمل
رمل
پرمل
علم رمل
نرمل
بھڑمل
بسمل
رقص بسمل
نیم بسمل
عمل
مستعمل
غیرمستعمل
ردعمل
طرزعمل
طریق عمل
اشتراک عمل
واجب العمل
دارالعمل
دستورالعمل
ناممکن العمل
ناقابل عمل
معمل
اقدام عمل

شمول
بشمول
مشمول
معمول
حسب
معمول
خلاف
معمول
گول مول
انمول
نول (۱)
نول (۲)
آنول
چانول
کنول
نیل کنول
هول (۱)
هول (۲)
ساهول
بهول
پهول
سیس پهول
پان پهول
کرن پهول
هتھ پهول
لاٹهی
لٹهول
ٹهٹهول
جهول (۱)
جهول (۲)

اسکول
مڈل اسکول
هائی اسکول
کشکول
چمکول
گول
گول گول
منگول
بهوگول
الول
پلول
اول جلول
حلول
محلول
مسـ ل
مشلـ ئ
معلو
علت و معلول
بغلول
کلول
الول کلول
ملول
بهلول
مول (۱)
مول (۲)
امول
تمول
متمول
محمول
خمول

غول (۱)
غول (۲)
اسپغول
غارت غول
مرغول
مشغول
فول
مکفول
اول فول
اپریل فول
ڈ فول
قول
ساقول
بقول
عقول
معقول
نامعقول
مرد معقول
وجۂ معقول
صادق القول
نقول
محررنقول
منقول
شهادت منقول
کول (۱)
کول (۲)
ماکول
کجکول
کچکول
سکول

ترسول
نیازرسول
آل رسول
ترشول
اصول
اصل الاصول
اصل اصول
بے اصول
حصول
ممکن الحصول
ناقابل حصول
محصول
فرد محصول
بے محصول
فصول
وصول
واجب الوصول
عند الوصول
قبض الوصول
ناممکن الوصول
موصول
اسم موصول
فضول
طول
اطول
مطول
عرض و طول
مفعول
اسم مفعول
فاعل و مفعول

ڈول (۲)
سڈول
هولڈ ول
هلڈول
ڈیل ڈول
ڈانواں ڈول
پنڈول
چنڈول (۱)
چنڈول (۲)
بے ڈول
مبذول
رول (۱)
رول (۲)
پرول (۱)
پرول (۲)
پترول
پٹرول
کنٹرول
برتھ کنٹرول
هوم رول
هرول (۱)
هرول (۲)
بهرول
معزول
نزول
منزول
شان نزول
سول (۱)
سول (۲)
رسول

بیل (۲)
ابابیل
قابیل
تھکابیل
ھابیل
زنجبیل
دبیل
ابیل دبیل
امربیل
سبیل
آکاس بیل
ابن السبیل
سلسبیل
داغ بیل
قبیل
زنبیل
رائے بیل
پیل (۱)
پیل (۲)
اپیل
الٹ اپیل
دھکاپیل
ریل پیل
تیل
پتیل
ترتیل
فتیل
قتیل
نون تیل
پٹیل

سٹائل
حائل
ڈائل
رائل
زائل
سائل
رسائل
رسل و رسائل
مسائل
وسائل
خصائل
فضائل
طائل
لاطائل
فائل
قائل
دلائل
مائل
حمائل
شمائل
شکل وشمائل
سرخی مائل
سفیدی مائل
اوائل
ھائل
کوئل
یل
پایل
گھایل
بیل (۱)

جھلجھل
اوجھل
بوجھل
ابوجھل
چھل (۱)
چھل (۲)
چھل
اچھل
مورچھل
چھلچھل
دھل (۱)
دھل (۲)
ببانگ دھل
دھل دھل
آندھل
دودھل
گڑھل
سہل
اسہل
مسہل
کھل
باکھل
بکھل
کھلکھل
اوکھل
بوکھل
ھلہل
الکوھل
قبائل
آٹوموبائل

بھل بھل
پھل
پھل
سیتاپھل
سداپھل
سمندرپھل
نرپھل
سپھل (۱)
سپھل (۲)
چھل پھل
ماجوپھل
چوپھل
اطری پھل
پونگی پھل
پہلے پھل
جائے پھل
تھل
اتھل
اتھل پتھل
چتھل
جل تھل
تھل تھل
ٹھل
گٹھل
ڈنٹھل
ھونٹھل
جھل
جھل
اجھل
جھلاجھل

بجھول
مجھول
مقدارمجھول
فعل مجھول
یائے مجھول
دھول (۱)
دھول (۲)
کپڑدھول
خاک دھول
ڈھول
مسئول
سیئول
سیول
لیول
ھل
اھل
نااھل
تأھل
متأھل
جاھل
تجاھل
ساھل
تساھل
اھل
بحرانداھل
ھالاھل
کولاھل
ھلاھل
زھرھلاھل
بھل

(۲) الیل
جلیل
تحلیل
خلیل
دلیل
دعویٰ
بلادلیل
قاطع دلیل
ذلیل
تذلیل
علیل
تعلیل
حسن تعلیل
غلیل
قلیل
تقلیل
کلیل
اکلیل
پھلیل
تہلیل
(۱) میل
(۲) میل
(۳) میل
جمیل
پچ میل
پنچ میل
جوڑمیل
مربع میل
تعمیل
عدم تعمیل

اسم تفضیل
مستطیل
تعطیل
اسماعیل
(۱) فیل
(۲) فیل
اسرافیل
اصحاب فیل
طفیل
انٹاغفیل
کفیل
ذات الفیل
دندان فیل
ثقیل
جرثقیل
غذائے ثقیل
عقیل
کیل
سکیل
اسکیل
شکیل
تشکیل
نکیل
چونکیل
وکیل
تھکیل
(۱) گیل
(۲) گیل
لیل
(۱) الیل

مٹیریل
برقی ریل
اڑیل
پڑیل
چڑیل
سڑیل
کڑیل
چتھڑیل
جھڑیل
برازیل
عزازیل
نزیل
تنزیل
(۱) سیل
(۲) سیل
(۳) سیل
ترسیل
رجسٹرترسیل
محررترسیل
شیل
اشیل
اصیل
تفاصیل
تحصیل
خاص تحصیل
غصیل
فصیل
تفصیل
بالتفصیل
تفضیل

تعدیل
تندیل
قندیل
مندیل
ڈیل
ٹنڈیل
کنڈیل
ذیل
حسب ذیل
بشرح ذیل
رذیل
بتفصیل ذیل
مندرجۂ ذیل
متذکرۂ ذیل
مفصلۂ ذیل
مرقومۂ ذیل
(۱) ریل
(۲) ریل
ناریل
جبریل
اپریل
کھپریل
انڈسٹریل
مریل
اڈیٹوریل
ایڈیٹوریل
میموریل
ہریل
محکمۂ ریل
امپیریل

(۱) چٹیل
(۲) چٹیل
سٹیل
اسٹیل
چھنٹیل
پھٹیل
جھٹیل
گھٹیل
تمثیل
جیل
اناجیل
نارجیل
تعجیل
انجیل
داروغۂ جیل
چیل
حیل
مستحیل
رحیل
لطائف الحیل
محیل
خیل
بخیل
تخیل
متخیل
دخیل
سرخیل
قنادیل
تبدیل
عدیل

گودام
چھدام
انہدام
بے دام
بندۂ
بے دام
جذام
رام
آرام
دل آرام
بے آرام
ابرام
احترام
اجرام
حرام
احرام
آب حرام
صورت حرام
نمک حرام
بیت الحرام
مسجد
الحرام
ولد الحرام
مال حرام
تخم حرام
نطفۂ حرام
خرام
محشرخرام
خوش خرام
بسرام

چام
حام
ازدحام
ارحام
ذوی الارحام
خام
وفاخام
منافع خام
طمع خام
خیال خام
نقرۂ خام
سودائے خام
اشیائے خام
دام
بادام
کاغذی بادام
خدام
اسیردام
(۱) اقدام
(۲) اقدام
گدام
مدام
اندام
ہفت اندام،
خوش اندام
نازک اندام
گل اندام
سمن اندام
سرواندام
فربہ اندام

م
ام
امّ
آم
بام
آفتاب لب بام
سربام
طشت از بام
پام
تام
بتام
اختتام
قریب الاختتام
بوتام
ایتام
اسٹام
ٹیم ٹام
جام
حجام
فرجام
نافرجام
نیک فرجام
لجام
انجام
فرحت انجام
بدانجام
سرانجام
نیک انجام
آغازوانجام
شعلۂ جام

چھیل
ددھیل
ڈھیل
دڑھیل
ڈڑھیل
سہیل
تسہیل
صہیل
(۱) کھیل
(۲) کھیل
رکھیل
ہنسی کھیل
بگھیل
جبرائیل
عزرائیل
اسرائیل
بنی اسرائیل
ریشائیل
جبرئیل
****

اجرائے تعمیل
تکمیل
ناقابل تکمیل
سنگ میل
تال میل
گھال میل
ھیل میل
ان میل
ہمیل
بے میل
(۱) نیل
(۲) نیل
کرنیل
اسپینیل
دریائے نیل
ویل
تاویل
برازاویل
تحویل
لیوپولڈ ویل
طویل
تطویل
طول طویل
نویل
ہیل
بھیل
جھیل
بجھیل
ڈل جھیل
وکٹوریہ جھیل

تیزگام
سبک گام
لگام
بد لگام
نرم لگام
بے لگام
ھنگام
شاہ گام
شہ گام
لام
آلام
احتلام
احلام
اضغاث
احلام
سلام
اسلام
شیخ
الاسلام
اھل اسلام
بعد ازسلام
دارالسلام
وعلیکم
السلام
مدینۃ
السلام
علیہ السلام
فراشی سلام
فرشی سلام
علام

غیرسفید فام
مشک فام
لال فام
گل فام
بادۂ گلفام
سیاہ فام
لالہ فام
بادۂ لالہ فام
انتقام
ارقام (۱)
ارقام (۲)
اسقام
مقام
کوچ مقام
صدرمقام
صحت بخش مقام
نقل مقام
قائم مقام
کام
اکام
ناکام
حکام
احکام
استحکام
تلخ کام
شادکام
زکام
تشنہ کام
بے کام
گام

کسورعام
مکسورعام
تشخیص عام
فیض عام
طعام
اطلاع عام
مرجع عام
شارع عام
مجمع عام
غلط العام
قتل عام
صمعام
انعام
چورانعام
قابل انعام
دیوان عام
اذن عام
خاص و عام
رفاہ عام
گذرگاہ عام
گزرگاہ عام
افواہ عام
افادۂ عام
کھلے عام
صلائے عام
ادغام
پیغام
نامہ و پیغام
فام
سفید فام

ناقابل انقسام
مسام
شام
آشام
شراب آشام
نماشام
خون آشام
بادہ آشام
شعلہ آشام
مے آشام
آفتاب شام
احتشام
سرشام
آفتاب سرشام
مشام
جمہوریۂ
عربیۂ شام
اعتصام
صمصام
انتظام
حسن انتظام
عظام
عظّام
نظام
عام
بارعام
دربارعام
مختارعام
کسرعام
منظرعام

انصرام
کرام
اکرام
انعام و اکرام
گرام
پروگرام
کلوگرام
ٹیلیگرام
مرام
رام رام
فائزالمرام
نیل مرام
بے نیل مرام
اھرام
بہرام
کھرام
دھڑام
التزام
الزام
مورد الزام
آسام
ابتسام
اجسام
برسام
سرسام
قسام
اقسام
انواع و اقسام
انقسام
قابل انقسام

حاتم
خاتم
پراتم
ماتم
صف ماتم
ختم
لوگارتم
ستم
رستم
شتم
لشتم پشتم
سب و شتم
هشتم
هفتم
انتم
گوتم
پیتم
پریتم
اٹم
آٹم پاٹم
پٹم
وزیگاپٹم
سسٹم
کسٹم
لشٹم پشٹم
کٹم
ٹمٹم (۱)
ٹمٹم (۲)
الٹی میٹم
ثم

مدارالمهام
اوهام
ایهام
ایام
گردش ایام
ابلق ایام
پیام
سلام پیام
نامه و پیام
التیام
سیام
خلیج سیام
شیام
گھن شیام
صیام
ماه صیام
قیام
قلمی آم
نیام
بے نیام
بویام
بم
ته آب بم
ٹیربم
البم
هائڈروجن بم
زیروبم
تم
اتمّ
اتمّ

دوام
جاگیر دوام
حبس دوام
جائداد
معافیٔ دوام
بقائے دوام
عوام
محاذ عوام
بیت العوام
دارالعوام
غلط العوام
قوام
اقوام
مجلس اقوام
ابهام
تهام
اتهام
روک تهام
جهام
تام جهام
دهام
دهوم دهام
سهام
افهام
استفهام
علامت استفهام
اسم استفهام
گهام
الهام
مهام

اهتمام
زیراهتمام
حمام
زمام
انضمام
نمام
نام
انام
بنام
نام بنام
ذات نام
ویت نام
بدنام
پرنام
سرنام
دشنام
اصنام
نیک نام
منام
گم نام
هم نام
دریائے منام
نکونام
ننگ و نام
بے نام
فرضی نام
برائے نام
وام
توام
برادرتوام

اعلام (۱)
اعلام (۲)
غلام
اغلام
کاف لام
کلام
لاکلام
مالاکلام
تائید کلام
میرکلام
طرزکلام
قطع کلام
حاصل کلام
طول کلام
علم کلام
هم کلام
بیهوده کلام
تکیه کلام
فحوائے کلام
ملام
پھولام
نیلام
استرداد نیلام
قبالهٔ نیلام
امام
تمام
اتمام
ناتمام
ماضی ناتمام
سال تمام

(۲) رم
ارم
فارم
پلیٹ فارم
آیوڈوفارم
کلوروفارم
داروغۂ
فارم
ریفارم
ڈیری فارم
مکارم
الارم
چہارم
برم
مبرم
تقدیرمبرم
قضائے مبرم
ترم
(۱) محترم
(۲) محترم
(۱) جرم
(۲) جرم
(۳) جرم
لاجرم
رتکاب جرم
مرتکب جرم
اثبات جرم
ثبوت جرم
فرد جرم
وقوع جرم

سبزقدم
تیزقدم
نقش قدم
نیک قدم
مقدم
مقدّم
دم قدم
خیرمقدم
شوم قدم
ہم قدم
کدم
اک دم
ایک دم
گل دم
ہم دم
چاندم
چرندم خورندم
کورندم
گندم
گاؤدم
تیغ دودم
ہدم
تازہ دم
منہدم
بے دم
ایمسٹرڈم
سرف ڈم
میڈم
ذم
(۱) رم

دمادم
نادم
ابن آدم
بنی آدم
دم بدم
پدم
کج دم
صبح دم
خدم
گجردم
مردم
ہردم
کڑدم
حبس دم
نیش دم
عدم
ملک عدم
کالعدم
منعدم
(۱) قدم
(۲) قدم
قدم بقدم
تقدم
ماتقدم
حفظ ماتقدم
ثابت قدم
سست قدم
پشت قدم
متقدم
برق دم

(۲) رحم
ارحم
ترحم
واجب الرحم
قابل رحم
ناقابل رحم
فم رحم
سیلان رحم
صلۂ رحم
بے رحم
لحم
بیت اللحم
(۱) خم
(۲) خم
تخم
چارتخم
پشت خم
زخم
چشم زخم
دم خم
سرتسلیم خم
پیچ وخم
(۱) دم
(۲) دم
آدم
باوا آدم
خادم
قدآدم
تصادم
متصادم

اثم
آثم
جم
جمّ
جاجم
تراجم
حجم
مساوی الحجم
رجم
(۱) مترجم
(۲) مترجم
عجم
معجم
شلجم
جام جم
جم جم
نجم
انجم
پنجم
منجم
چم
چماچم
پرچم
پشچم
پنچم
خم وچم
راحم
مراحم
مزاحم
(۱) رحم

(۱) ہم قسم
(۲) ہم قسم
منقسم
اجلاس
منقسم
کسم
طلسم
لوح طلسم
سمسم
گم سم
موسم
مقیاس
الموسم
بے موسم
بھسم
بشم
پشم
محتشم
چشم
توتا چشم
آب چشم
آشوب چشم
شوخ چشم
بد چشم
کبود چشم
چارچشم
کورچشم
نورچشم
سیرچشم
میش چشم

جرنلزم
نشنلزم
امپیریلزم
مٹیریلزم
زمزم
آب زمزم
کمیونزم
ہزم
منہزم
مسمریزم
نازیزم
ہیزم
سم
سمّ
اسم
مراسم
قاسم
تبسم
متبسم
مرتسم
جسم
مجسم
رسم
ریت رسم
راہ و رسم
راہ رسم
(۱) قسم
(۲) قسم
(۳) قسم
مقسم

اگڑم بگڑم
بوڑم
جازم
عازم
لازم
تلازم
مصدر لازم
وقف لازم
فعل لازم
ملازم
گشتی ملازم
واجب و لازم
لینن ازم
لوازم
بزم
ہم بزم
ملتزم
جزم
عزم بالجزم
حزم
رزم
اہل رزم
فاشزم
عزم
اولوالعزم
مستلزم
سوشلزم
قلزم
بحیرۂ قلزم
ملزم

اکرم
پراکرم
کریاکرم
بکرم
ابرکرم
شکرم
اہل کرم
مکرم
ازراہ کرم
گرم
گرماگرم
سرد گرم
سرگرم
شیرگرم
سیل گرم
نرم گرم
نیم گرم
نرم
نرم نرم
ورم
کنچے پورم
متورم
کورم
ہرم
پھرم
دھرم
جات دھرم
ہٹ دھرم
راج دھرم
اڑم

اعتراف جرم
اشتراک جرم
شریک جرم
اقبال جرم
مجرم
اقدام جرم
معاون جرم
سنگین جرم
بے جرم
اخفائے جرم
چرم
حرم
محرم
محرّم
نامحرم
عشرۂ محرم
آہوئے حرم
خرم
خوش و خرم
درم
ٹریونڈرم
شرم
آشرم
بے شرم
منصرم
فرم
کوہ قراقرم
(۱) کرم
(۲) کرم
(۳) کرم

سنگم
بہنگم
بے ھنگم
بیگم
(۱) لم
(۲) لم
الم
بالم
تالم
سالم
صحیح سالم
ظالم
مظالم
(۱) عالم
(۲) عالم
نیرنگئ عالم
کالم
اسٹاک ھالم
بلم
بلّم
ٹلم
چلم
حلم
اسلم
مسلم
مسلّم
نومسلم
یروشلم
ظلم
اظلم

بکّم
صم بکم
(۱) حکم
(۲) حکم
(۳) حکم
بحکم
حسب حکم
تحکم
مستحکم
خلاف حکم
حسب الحکم
تعمیل حکم
محکم
بھاری بھرکم
سکم
شکم
درد شکم
پرشکم
ھلکم
ویلکم
کم کم
انکم
بیش و کم
کیف و کم
یکم
سلام علیکم
السلام علیکم
گم
آگم
سرگم

اعم
زعم
بزعم
صلعم
(۱) نعم
(۲) نعم
تنعم
منعم
غم
رود ادغم
مدغم
رغم
پرغم
بلغم
شلغم
گنگا شلغم
نغم
پیچ وغم
بےغم
ضیغم
فم
راقم
قاقم
منتقم
رقم
انعامی رقم
سقم
کم
حاکم
بکم

متخاصم
فریق متخاصم
مخاصم
عاصم
معتصم
خصم
ضم
ھاضم
منضم
ھضم
فتورھضم
تلاطم
متلاطم
ناظم
منتظم
اعظم
عاد اعظم
سواد اعظم
قائداعظم
صدراعظم
وزیراعظم
نیراعظم
عرش اعظم
اسم اعظم
مقسوم علیہ اعظم
صحرائے اعظم
معظم
نظم
منظم
عم

ازرق چشم
ابلق چشم
ترک چشم
یک چشم
تاریک چشم
تنگ چشم
غزال چشم
گل چشم
تخم چشم
زخم چشم
ھم چشم
بہ سروچشم
آھوچشم
سیاہ چشم
گربۂ چشم
کرۂ چشم
گوشۂ چشم
گرسنہ چشم
پری چشم
حشم
جاہ و حشم
خشم
ششم
یشم
ریشم
بریشم
ابریشم
شیشم
سنگ یشم
صم

منظوم
مطعوم
قوم
سالارقوم
مرقوم
غیرقوم
زقوم
شریف قوم
حلقوم
ہم قوم
محکوم
ظلوم
مظلوم
علوم
اشاعت العلوم
بیت العلوم
دارالعلوم
ام العلوم
مخزن العلوم
مدرسۃ العلوم
مبادی العلوم
معلوم
نامعلوم
موم
مذموم
سموم

(۱) روم
(۲) روم
ریفرشمنٹ روم
محروم
گارڈ روم
بارروم
قیصرروم
کلاس روم
ڈریسنگ روم
ڈرائنگ روم
بال روم
انجن روم
باتھ روم
بحیرۂ روم
لزوم
ملزوم
لازم ملزوم
(۱) سوم
(۲) سوم
رسوم
انتقال رسوم
مرسوم
مالکانہ رسوم
مقسوم
موسوم
شوم
صوم
معصوم
(۱) خرطوم
(۲) خرطوم

مفتنم
وشاکھاپٹنم
جنم
نیاجنم
پرنم
ترنم
مترنم
صنم
بیت الصنم
جہنم
پلیٹنم
اوم
بوم
زاد بوم
مرزبوم
مختوم
ٹوم
نجوم
بین النجوم
علم نجوم
ہجوم
مرحوم
دوم
مخدوم
افسردوم
معدوم
قدوم
مہدوم
ڈوم
مجذوم

سرقلم
جنبش قلم
خوش قلم
یک قلم
اہل قلم
لوح و قلم
موقلم
سہوقلم
کوتاہ قلم
تکلم
متکلم
ضمیرمتکلم
پینڈولم
جھلم
جہلم
دریائے جہلم
چہلم
نیلم
مم
امم
مہتمم
مرمم
مصمم
ہمم
تیمم
نم
خانم
تماشاخانم
شاہ خانم
شبنم

تظلم
متظلم
(۱) علم
(۲) علم
اعلم
لااعلم
واللہ اعلم
ارباب علم
اصحاب علم
طالب علم
تعلم
متعلم
طالب العلم
اولوالعلم
مدینۃ العلم
اہل علم
معلم
کم علم
مغلم
الم غلم
فلم
فیچرفلم
رنگین فلم
اخباری فلم
ٹاکی فلم
قلم
ارباب قلم
اصحاب قلم
صاحب قلم
ہفت قلم

پیم
یتیم
دریتیم
(۱) ٹیم
(۲) ٹیم
سٹیم
ھاکی ٹیم
اثیم
جراثیم
بلجیم
تنجیم
اھل تنجیم
جحیم
رحیم
شحیم
لحیم شحیم
لحیم
ترخیم
ضخیم
مخیم
ادیم
عدیم
قدیم
تقدیم
بنجرقدیم
علوم قدیم
ندیم
سوڈیم
سٹیڈیم
ریڈیم

(۲) ملہم
مہم
نہم
وہم
توہم
متوہم
پیہم
گردش پیہم
علیہم
اوورٹائم
دائم
جرائم
رجسٹرجرائم
تفتیش جرائم
عزائم
نسائم
صائم
قائم
اصل قائم
سرمایۂ قائم
لائم
ملائم
ناملائم
شمائم
غنائم
بہائم
یم
یمّ
بیم
امید و بیم

مرہم
سہم
فہم
ادافہم
نافہم
ارباب فہم
تفہم
کج فہم
کند فہم
زود فہم
تیزفہم
خوش فہم
قریب الفہم
سریع الفہم
قابل فہم
ناقابل فہم
اھل فہم
عام فہم
کم فہم
سخن فہم
کوتاہ فہم
اشارہ فہم
معاملہ فہم
کھم
جوکھم
جان جوکھم
مگھم
برمنگھم
کلہم
(۱) ملہم

فراھم
بہم
مبہم
تھم
متہم
جھماجھم
رم جھم
جھم جھم
پچھم
چھم چھم
(۱) دھم
(۲) دھم
ادھم
ادّھم
دھمادھم
ابراھیم ادھم
چاردھم
ماہ چاردھم
چھاردھم
دوازدھم
یازدھم
پانزدھم
شانزدھم
سیزدھم
مدھم
اودھم
(۱) برھم
(۲) برھم
درھم برھم
درھم

بادسموم
مسموم
مضموم
عموم
بالعموم
علی العموم
مغموم
(۱) نوم
(۲) نوم
اقنوم
مشی فی النوم
ھوم
بھوم
جنم بھوم
ایٹ ھوم
جھوم
دھوم
مفھوم
گھوم
موھوم
نقطۂ موھوم
یوم
قیوم
ھم
ھمّ
اھم
باھم
پرامن بقائے باھم
تاھم
دراھم

ن
(۱) ان
(۲) ان
آن
انّ
قاآن
بان
آبان
تابان
نیرتابان
شتابان
بیابان
خیابان
مرتبان
کوچ بان
صاحبان
بادبان
نردبان
دیدبان
ساربان
شتربان
موٹربان
خچربان
دربان
قربان
عیدقربان
مہربان
نامہربان
زبان
صاحب زبان

دونیم
ہارمونیم
الومونیم
الومینیم
ایلومینیم
تقاویم
دویم
مساوات
درجۂ دویم
تقویم
ابراہیم
بہیم
جہیم
اصحاب جہیم
ڈہیم
سہیم
فہیم
تفہیم
افہام و تفہیم
لئیم

****

ذوق سلیم
عقل سلیم
علیم
تعلیم
وزارت تعلیم
وزیر تعلیم
نظام تعلیم
ہم تعلیم
تختۂ تعلیم
ضابطۂ تعلیم
محکمۂ تعلیم
اقلیم
ہفت اقلیم
(۱) کلیم
(۲) کلیم
گلیم
ہیلیم
میم
تتمیم
حمیم
ترمیم
ناقابل ترمیم
شمیم
صمیم
عمیم
تعمیم
نیم
تسنیم
غنیم
منیم

شیم
نشیم
حطیم
عظیم
تعظیم
واجب التعظیم
جرم عظیم
تنظیم
زعیم
نعیم
دارالنعیم
افیم
قیم
مستقیم
صراط مستقیم
خط مستقیم
ترقیم
سقیم
عقیم
مقیم
حکیم
نیم حکیم
سکیم
اسکیم
الیم
اقالیم
حلیم
سلیم
تسلیم
واجب التسلیم

ریم
پریم
سپریم
ٹریم
گلف اسٹریم
حریم
تحریم
فریم
(۱) کریم
(۲) کریم
تکریم
مریم
پنجۂ مریم
میوزیم
(۱) سیم
(۲) سیم
جسیم
قسیم
تقسیم
محرر تقسیم
غیر تقسیم
قابل تقسیم
ناقابل تقسیم
حاصل تقسیم
سلسلۂ
ضرب و تقسیم
نسیم
موج نسیم
وسیم
کالی سیم

فتان
افتان
تافتان
خفتان
کتان
خم کتان
بھگتان
ملتان
سنتان
اسنتان
بہتان
چٹان
کرسٹان
بھوٹان
جان
باباجان
احت جان
مخت جان
آفت جان
نقد جان
مرجان
یک جان
ایک جان
رگ جان
وبال جان
خلجان
آرام جان
علم جان
نیم جان
انجان

بہارستان
قبرستان
پرستان
کفرستان
کشورستان
گورستان
پاکستان
تعزیرات پاکستان
اہل پاکستان
اسلامی
جمہوریۂ پاکستان
ازبکستان
تاجکستان
ترکستان
فرنگستان
ریگستان
نخلستان
دل ستان
گلستان
انگلستان
زمستان
جاں ستان
افغانستان
چمنستان
پختونستان
بوستان
ہندوستان
کوہستان
چیستان
نیستان

چسپان
طپان
جل پان
پھول پان
کھان پان
چوپان
تان
کپتان
گھاٹ کپتان
ستان (۱)
ستان (۲)
آستان
پاستان
داستان
ہزار داستان
بلبل ہزار داستان
سنگ آستان
بستان
تابستان
دبستان
شبستان
پستان
سرپستان
سپستان
بلوچستان
قزاخستان
ہندستان
جزیرہ نما
ہندستان
نگارستان

شعبان
باغ بان
مرغ بان
پیل بان
فیل بان
لمبان
انبان
آن بان
جہان بان
جنبان
خوبان
لوبان
نگاہ بان
رتھ بان
رہبان
نگہ بان
اللہ نگہبان
گلہ بان
سائبان
پشتی بان
کشتی بان
گورغریبان
گریبان
چاک گریبان
گاڑی بان
پان
جاپان
بحیرۂ جاپان
تپان
ساس پان

چرب زبان
سلاست زبان
ہفت زبان
کج مج زبان
بد زبان
ورد زبان
تند زبان
برزبان
مرزبان
تیز زبان
آتش زبان
خوش زبان
تیغ زبان
صاف زبان
سیف زبان
نوک زبان
یک زبان
ایک زبان
اہل زبان
نرم زبان
ہم زبان
شیریں زبان
گاؤ زبان
گرفتہ زبان
بے زبان
مادری زبان
کالی زبان
میزبان
پاسبان
شبان

عالی
خاندان
چندان
خندان
سخن دان
دندان
آب دندان
پیلدندان
فیل دندان
زندان
سندان
روشندان
قانون دان
آئین دان
جاودان
آب جاودان
اردودان
جزودان
سودان
جمهوریۂ
سودان
گئودان
نکتہ دان
بچہ دان
قاعدہ دان
هندسہ
دان
توشہ دان
فلسفہ دان
راکھ دان

یزدان
ناس دان
سائنس دان
آتش دان
توشدان
پرتلا و توشدان
خاص دان
شمع دان
چراغ دان
فرقدان
فقدان
خاک دان
نمک دان
پیک دان
اگالدان
(۱) بلدان
(۲) بلدان
گل دان
بول دان
پھول دان
هیچمدان
علم دان
قلم دان
ندان
زبان دان
پان دان
خاندان
فخرخاندان
ننگ خاندان
ذی خاندان

اشعاعیات دان
برقیات دان
گپت دان
سیاست دان
لغت دان
هیئت دان
مزاج دان
وجدان
تشریح دان
زنخدان
چاہ زنخدان
تاریخ دان
قواعد دان
اچاردان
کاردان
سنگاردان
بردان
قدردان
عطردان
(۱) گردان
(۲) گردان
اگردان
بلاگردان
سرگردان
حیران وسرگردان
روگردان
کٹوردان
شیردان
رازدان
جزدان

(۲) الحان
خوش الحان
ریحان
تخم ریحان
خان
دخان
دیرہ
اسمعیل خان
فرشتہ خان
طرے خان
دان
آبادان
چادان
شادان
تلادان
نادان
معاملہ نادان
هوادان
کیمیادان
ابدان
تاب دان
(۱) کتاب دان
(۲) کتاب دان
حساب دان
تشریح الابدان
علم الابدان
ماهرعلم الابدان
نابدان
غیب دان
دھوپ دان

گرانجان
بادنجان
سورنجان
گل سورنجان
فنجان
گنجان
خولنجان
دل وجان
بہ دل وجان
سوختہ جان
شیرۂ جان
بیمۂ جان
بے جان
ابیجان
هیجان
سچان
مچان
نچان
پہچان
جان پہچان
پیچان
عشق پیچان
کاکل پیچان
غلطان پیچان
سبحان
امتحان
سوالات امتحان
رجحان
فرحان
(۱) الحان

نامہ رسان
روزی رسان
چٹھی رسان
کھڑسان
فسان
افسان
کسان
اکسان
یکسان
لسان
لسّان
بلسان
روغن بلسان
رطب
اللسان
اہل لسان
طیلسان
مسان
گھمسان
انسان
نوعِ انسان
قتل انسان
سن سان
اوسان
بد اوسان
دھسان
ہیڑیا
دھسان
نیسان
آب نیسان

خیزان
افتان خیزان
افتان و خیزان
ریزان
اشک ریزان
گریزان
میزان
آویزان
سان
آسان
ہراسان
تن آسان
پسان
احسان
شرمندۂ احسان
استحسان
(۱) رسان
(۲) رسان
ایذا رسان
پرسان
ترسان
راحت رسان
مضرت رسان
خبر رسان
ضرر رسان
آواز رسان
فیض رسان
نفع رسان
سراغ رسان
نقصان رسان

کامران
حکم ران
دوران
انجمن
اتحاد مزدوران
گردش دوران
ہرآن
قلبہ ران
تہران
طیارہ ران
طہران
ایران
حیران
ویران
کشت ویران
اڑان
چوڑان
ازان
بعد ازان
نازان
احزان
کلبۂ احزان
خزان
موسم خزان
ارزان
لرزان
سنگ لرزان
اوزان
فروزان
سوزان

(۱) پران
(۲) پران
ہجران
بحران
دران
گذران
جہازران
(۱) گزران
(۲) گزران
خوش گزران
خسران
مگس ران
قطران
غران
زعفران
کشت زعفران
شاخ زعفران
غفران
کفران
قران
قرآن
اقران
صاحب قران
کران
یک ران
بے کران
گران
سرگران
رطل گران
نگران

معاملہ دان
جرثومہ دان
ہمہ دان
قہوہ دان
عربی دان
بتیدان
ردی دان
انگریزی دان
فارسی دان
ریاضی دان
موسیقی دان
بلیدان
میدان
کف دست میدان
مرد میدان
کمیدان
سیاہی دان
گنج شہیدان
چوہے دان
پائے دان
چائے دان
سوڈان
اذان
ران
باران
آب باران
ابرباران
امساک باران
بران
بنابران

وارستگان
فرشتگان
کشتگان
رفتگان
وارفتگان
خواجگان
بچگان
واماندگان
بندگان
نمائندگان
آسودگان
بزرگان
مژگان
لگان
بقایالگان
شرح لگان
زرلگان
تخفیف لگان
اضافۂ لگان
بیشئ لگان
ادائے لگان
چوگان
خم چوگان
گوئے چوگان
رائگان
شائگان
گنج شائگان
یگان
الآن
پالان

دھقان
ایقان
کان
بکان
تکان
چکان
چکّان
خون چکان
دکان
ارکان
سکان
مسکان
لکان
ھلکان
مکان
امکان
خارج ازامکان
لامکان
حسب الامکان
حتیٰ الامکان
ظرف مکان
مالک مکان
نقل مکان
تبدیل مکان
کون ومکان
دوکان
تھکان
پیکان
آب پیکان
وابستگان

گوھرغلطان
شیطان
اذعان
واجب الاذعان
امعان
کنعان
ماہ کنعان
ریعان
چراغان
فغان
افغان
آہ و فغان
مدرسۂ بالغان
مغان
ارمغان
پیرمغان
غون غان
دفان
ترفان
عرفان
اھل عرفان
توفان
طوفان
خاقان
فرقان
یرقان
عاشقان
خفقان
بلقان
قان قان

کاہ کشان
کہکشان
رفیع الشان
عظیم الشان
نشان
خاطرنشان
شون شان
نام و نشان
بے نام و نشان
پرسیاوشان
جوشان
کوشان
خموشان
شہرخموشان
پریشان
خواب پریشان
زلف پریشان
عالی شان
رقصان
نقصان
نفع و نقصان
رمضان
عید رمضان
فیضان
سرطان
خط سرطان
راس السرطان
سلطان
قتل سلطان
غلطان

ابرنیسان
شان
والاشان
رخشان
درخشان
کسرشان
فشان
افشان
پرافشان
درافشان
زرافشان
نورافشان
گوھرافشان
اشک افشان
گل افشان
پرفشان
شررفشان
زرفشان
نورفشان
گوھرفشان
آتش فشان
کوہ آتش فشان
اشک فشان
گل فشان
جان فشان
خون فشان
ضوفشان
خونابہ فشان
شعلہ فشان
کشان

جانان
خانخانان
بنان
لبنان
جمہوریۂ لبنان
امتنان
چنان
حنان
زنان
سنان
اسنان
اشنان
گنگا اشنان
عنان
خوش عنان
مطلق العنان
ہم عنان
کنان
تماشا کنان
صید کنان
پروازکنان
رقص کنان
نالہ کنان
جلوہ کنان
گریہ کنان
منان
اطمنان
آب و نان

بے خانمان
سنمان
ھنمان
رومان
خان و مان
بے خان و مان
ھنومان
دودھ مان
مہمان
میہمان
یمان
ایمان
باایمان
دین ایمان
بے ایمان
پیمان
سست پیمان
عہد و پیمان
پشیمان
زود پشیمان
پارلیمان
آئین پارلیمان
سلیمان
تخت سلیمان
جزائرسلیمان
کوہ سلیمان
سوتیلی مان
ابھیمان
بدھی مان
نان

نافرمان
کرمان
قہرمان
زمان
ظرف زمان
آخرالزمان
اخوان الزمان
(۱) سمان
(۲) سمان
آسمان
ہفت آسمان
آتش آسمان
گردش آسمان
ریسمان
عمان
عمّان
یغمان
لقمان
کمان
ترکمان
گوشۂ کمان
گمان
بھاگمان
بدگمان
سان گمان
سان نہ گمان
بے گمان
مسلمان
غلمان
خانمان

خرامان خرامان
سامان
رجسٹرسامان
میرسامان
خانسامان
خوان سامان
سروسامان
بے سروسامان
سازوسامان
فرعون بے سامان
الامان
دارالامان
امن و امان
بے امان
باپ مان
کتمان
براجمان
ججمان
ترجمان
رحمان
شادمان
دودمان
جزائرانڈمان
رمان
ارمان
حرمان
درمان
دارودرمان
بے درمان
فرمان

چالان
دالان
نالان
(۱) پلان
(۲) پلان
ارسلان
بطلان
اعلان
علی الاعلان
فلان
کلان
خوب کلان
تعمیراتِ کلان
کل کلان
ملان
جولان
پاجولان
ڈھلان
سیلان
مغیلان
خارمغیلان
(۱) میلان
(۲) میلان
(۱) مان
(۲) مان
(۱) امان
(۲) امان
دامان
ہم دامان
خرامان

تہان	پرچھانوان	روح روان	تسبیح خوان	یونان
تھان	چنوان	عمر روان	میلاد خوان	اطمینان
ستھان	عنوان	ریگ روان	ابجد خوان	قابل اطمینان
استھان	کنوان	سال روان	دسترخوان	ناقابل اطمینان
راج استھان	اندھاکنوان	نروان	شعرخوان	وان
جنم	گنوان	سرو روان	سوزخوان	تاوان
استھان	رتھ وان	ماہ روان	خوش خوان	فراوان
راجستھان	آٹھوان	سنہ روان	غزل خوان	پرچھاوان
پرستھان	بیٹھوان	جڑوان	مسل خوان	روپ وان
جہان تہان	دھوان	دسوان	اردوخوان	توان
اٹھان	چودھوان	رضوان	نوحہ خوان	ساتوان
پٹھان	اگارھوان	روضۂ رضوان	قصہ خوان	ناتوان
ٹھان ٹھان	گیارھوان	اعوان	سانہ خوان	ستوان
ٹھون ٹھان	چڑھوان	ارغوان	مرثیہ خوان	تاب و توان
(۱) جہان	گیہوان	عنفوان	عربی خوان	چھٹوان
(۲) جہان	ایوان	کوان	پری خوان	لپیٹوان
نورجہان	حیوان	پکوان	انگریزی خوان	جوان
جوان	آب حیوان	ساگوان	فارسی خوان	اجوان
جہان	دیوان	بھاگوان	دوان	لاجوان
کارگاہ	صدردیوان	بھگوان	ادوان	نوجوان
جہان	کیوان	الوان	ودوان	پانچوان
ابنائے	ھاتھی وان	بلوان	(۱) روان	پیچوان
جہان	تائی وان	تلوان	(۲) روان	خوان
(۱) چھان	جزیرۂ تائی وان	حلوان	کاروان	اخوان
(۲) چھان	(۱) ھان	تولوان	سالارکاروان	ثناخوان
پرچھان	(۲) ھان	پہلوان	میرکاروان	استخوان
کپڑچھان	خواھان	ڈھلوان	آب روان	مشت استخوان
(۱) دھان	بہان	نوان	پروان	نعت خوان
(۲) دھان	بھان	سانوان	تخت روان	ہفت خوان
سمادھان	پہان	جھانوان	کتروان	مدح خوان

مقیاس اللبن
ان بن
جوبن
بیخ و بن
دھوبن
پھبن
کیبن
گیبن
(۱) پن
(۲) پن
(۳) پن
پاپن
موٹاپن
چھوٹاپن
کھوٹاپن
سچاپن
کچاپن
لچاپن
بوداپن
بھداپن
شہداپن
لونڈاپن
کراراپن
لنگاراپن
کنواراپن
لتراپن
ٹراپن
کھردراپن
مگراپن
پوراپن

درمیان
عالمیان
اللہ میان
(۱) بنیان
(۲) بنیان
ضعیف البنیان
پرنیان
جویان
رویان
سویان
رومالی سویان
دھیان
اشنان دھیان
جھائیان
چھائیان
ٹوئیان
گوئیان
(۱) بن
(۲) بن
(۳) بن
ابن
بابن
پنجابن
صابن
کاربن
ادھیڑبن
لزبن
غبن
لبن
گلبن

شریان
عریان
گریان
امریان
شہانی چوڑیان
چھڑیان
زیان
ژیان
شیرژیان
سیان
(۱) نسیان
(۲) نسیان
آشیان
عصیان
عیان
اعیان
طغیان
ماکیان
گیان
اگیان
تالیان
اوپر والیان
رنگ رلیان
قلیان
کلیان
شام کلیان
بھول بھلیان
اٹکھیلیان
(۱) میان
(۲) میان

شایان
نمایان
کارنمایان
بیان
کج مج بیان
سحربیان
اعجازبیان
آتش بیان
خوش بیان
صبیان
ام الصبیان
عذب البیان
ناقابل بیان
علم بیان
شیرین بیان
جادوبیان
آشفتہ بیان
شیوہ بیان
خوش گپیان
وین تیان
ٹیان
چنگھوٹیان
چیان
ادیان
بادیان
مادیان
ہذیان
بریان
آسٹریان
جریان

پدھان
پردھان
بندھان
ساودھان
ازھان
برھان
اصفہان
کہان
کھان
بکھان
پکھان
گھان
ناگہان
لہان
لہولہان
مہان
(۱) نہان
(۲) نہان
پنہان
ہون ہان
وہان
چوہان
سوہان
کوہان
یہان
یان
بایان
پایان
بے پایان
دایان

تریپن
اناڑی پن
شخصیپن
لاابالی پن
ہرجائی پن
(۱) تن
(۲) تن
(۳) تن
پاتن
پراتن
جلاتن
ناتن
سناتن
سنگھاتن
جتن
پنج تن
ختن
رتن
برتن
کورا برتن
پنچ رتن
نورتن
گرہستن
کشتن
فتن
یک تن
پیل تن
فیل تن
متن
تہمتن

ہنسوڑ پن
اکھڑپن
سگھڑپن
پھوھڑپن
احمق پن
لڑکپن
بالکپن
بانک پن
رذالپن
کنگالپن
چھنال پن
چپلپن
پاگل پن
ان میل پن
اٹکھیلپن
دان پن
سانپن
دھان پن
سیان پن
کھسیان پن
الوپن
سادھوپن
چھپن
سادہ پن
مسخرہ پن
مورکھ پن
سفلہ پن
کمینہ پن
پاجی پن
بھاری پن

بوڑھاپن
ٹیڑھاپن
سکھاپن
روکھاپن
نیاپن
ادھیاپن
تپن
سوتپن
چھٹپن
چپن
بچپن
پچپن
لچپن
نیچپن
شہد پن
اجڈ پن
ارپن
کمارپن
کوارپن
کنوارپن
گنوارپن
(۱) ترپن
(۲) ترپن
نڈرپن
چٹورپن
چھچھورپن
کھلاڑپن
اناڑپن
بڑپن
لیچڑپن

دھندلاپن
ہکلاپن
گیگلاپن
باؤلاپن
اتاولاپن
بھولاپن
البیلاپن
پیلاپن
خیلاپن
اکیلاپن
گیلاپن
میلاپن
شرمیلاپن
نیلاپن
انیلاپن
ہٹھیلاپن
ڈھیلاپن
سورماپن
کھسیاناپن
کڑواپن
استھاپن
جھوٹھاپن
سیٹھاپن
ہیٹھاپن
اوچھاپن
گدھاپن
اندھاپن
سوندھاپن
سیدھاپن
بڈھاپن

کوراپن
گوراپن
چھچھوراپن
ہراپن
بہراپن
کھراپن
لنگاڑاپن
بڑاپن
کبڑاپن
منڈچڑاپن
چڑچڑاپن
کڑاپن
چوڑاپن
پچھڑاپن
پکاپن
اچکاپن
ہلکاپن
گونگاپن
بالاپن
نرالاپن
کالاپن
ابلاپن
چبلاپن
دبلاپن
چلبلاپن
اچپلاپن
پتلاپن
اجلاپن
مچلاپن
گدلاپن

تن بدن
مقویٔ بدن
رات دن
اردن
چاردن
شرق اردن
گردن
کوتاہ گردن
پھردن
چشم زدن
نس دن
عدن
جنت عدن
معدن
(۱) مدن
(۲) مدن
تمدن
سیاست
مدن
متمدن
تہذیب
وتمدن
جنم دن
چندن
لال چندن
(۱) کندن
(۲) کندن
لندن
کودن
یہودن

ناخن
سخن
لاسخن
ارباب سخن
طرزسخن
قطع سخن
صنف سخن
مشق سخن
محفل سخن
طول سخن
اہل سخن
گرم سخن
بزم سخن
کم سخن
ہم سخن
محاسن سخن
حسن سخن
شعروسخن
بے سخن
روئے سخن
گلخن
دن
معادن
دنادن
بدن
چوربدن
گدازبدن
نازک بدن
صحیح البدن
گل بدن

بھڑبھونجن
کھنجن
پینجن
پوجن
مورتی پوجن
نائٹروجن
ہائڈروجن
سوجن
انس وجن
بھوجن
ابھوجن
بھجن
ہربھجن
آکسیجن
چن
بچن
ست بچن
باورچن
کھرچن
کنچن
لوچن
بنسلوچن
(۱) ممتحن
(۲) ممتحن
صحن
لحن
خوش لحن
محن
رنج ومحن
فلاخن

پپوٹن
ٹوٹن
لوٹن
بلی لوٹن
پھوٹن
گھٹن
لپیٹن
اجیٹن
بلیٹن
میراثن
(۱) جن
(۲) جن
جنّ
باجن
ساجن
مہاجن
ارجن
درجن
سرجن
(۱) سجن
(۲) سجن
(۱) انجن
(۲) انجن
فائرانجن
تیل انجن
سٹیم انجن
جھانجن
بے انجن
متنجن
منجن

سیم تن
دانتن
تن تن
پٹوتن
جوتن
فروتن
سوتن
ہمہ تن
نکیتن
شانتی نکیتن
(۱) ٹن
(۲) ٹن
ساٹن
ادگھاٹن
بٹن
ابٹن
پٹن
کیپٹن
کنڈرگارٹن
گریٹ برٹن
کنگسٹن
مانس ٹن
واشنگٹن
ولنگٹن
پلٹن
گھاگراپلٹن
گھاگھراپلٹن
بچھیراپلٹن
چھانٹن
اوٹن

رہزن
نعرہ زن
سکہ زن
نالہ زن
شعلہ زن
نغمہ زن
خیمہ زن
طعنہ زن
سینہ زن
قہقہہ زن
سیزن
ڈویژن
سب ڈویژن
موٹر ڈویژن
ٹیلی ویژن
(۱) سن
(۲) سن
سنّ
آسن
ہاسن
محاسن
سنگھاسن
بسن
(۱) اپسن
(۲) اپسن
ٹسن
پٹسن
(۱) حسن
(۲) حسن
احسن

مخزن
ارزن
برزن
تبرزن
د رزن
پیرزن
تیرزن
شمشیرزن
آتش زن
جوش زن
نیش زن
قطزن
شعاع زن
تیغ زن
لاف زن
چشمک زن
رگ زن
طبلزن
گام زن
قلم زن
گرد ن زن
وزن
روزن
سوزن
کم وزن
ہم وزن
بے وزن
راہ زن
گرفتہ زن
خند ہ زن

چورن
ہرن
اہرن
بھرن
ابھرن
د ھرن
بیرن
اٹیرن
اجیرن
سب میرن
لکھیرن
اڑن
پہاڑن
جھاڑن
(۱) سڑن
(۲) سڑن
پچھوڑن
جھڑن
زن
خازن
زنازن
توازن
ہزن
نقب زن
نوبت زن
مشت زن
موج زن
حزن
بیت الحزن
چرخ زن

(۱) پیٹرن
(۲) پیٹرن
چرن
آچرن
ماڈرن
سرن
اسرن
کنسرن
لوسرن
فرن
قرن
(۱) کرن
(۲) کرن
ویاکرن
بجلی کرن
جاگرن
مرن
سمرن
اسمرن
جنم مرن
جیون مرن
ورن
ساورن
میلبورن
پورن
سپورن
سمپورن
اسمپورن
بتورن
بٹورن

گارڈ ن
وارڈ ن
منڈ ن
کھنڈ ن
سویڈ ن
اذ ن
مؤذ ن
رن
اتارن
پچارن
بنجارن
فارن
کارن
پکارن
بھکارن
سنارن
وارن
بہارن
د ھارن
ساد ھارن
لہارن
پنہارن
منہارن
ہرن
اترن
دسترن
(۱) کترن
(۲) کترن
ناٹرن
میجک لنٹرن

ظن
بدظن
حسن ظن
سوئے ظن
عن
طعن
لعن طعن
لعن
من وعن
قدغن
ارغن
زغن
روغن
رنگ روغن
فن
فنّ
ٹفن
دفن
مدفن
کفن دفن
تعفن
متعفن
کفن
گوروکفن
بےکفن
اہل فن
سیفن
ساقن
ذقن
چاہ ذقن

باطن
بدباطن
کورباطن
صاف باطن
اہل باطن
ظاہروباطن
سیاہ باطن
آئینۂ باطن
مواطن
بطن
بطناً بعد بطن
ہم بطن
وطن
جلاوطن
توطن
متوطن
مادروطن
ترک وطن
حب الوطن
محب الوطن
غریب الوطن
بعیدالوطن
تارک الوطن
نقل وطن
اہل وطن
موطن
ہم وطن
تقسیم وطن
آوارہ وطن
بےوطن

امی ٹیشن
اڈیشن
ایڈیشن
ایکس پیڈیشن
اپریشن
رجسٹریشن
اڈمنسٹریشن
فیڈریشن
نائجیریا فیڈریشن
ملیشیا فیڈریشن
اگریشن
کارپوریشن
کالونائزیشن
کنسیشن
پروسیشن
فیشن
ایجوکیشن
کانووکیشن
اپلی کیشن
ویکیشن
کولیشن
ریگولیشن
اڈمیشن
انفارمیشن
کمیشن
جانچ کمیشن
نیشن
ایمونیشن
سالویشن
محصن

درشن
سدرشن
سکھ درشن
کرشن
سشن
جنکشن
اوکشن
الیکشن
گلشن
کویلشن
مشن
پنشن
کنوینشن
جوشن
روشن
روزروشن
انسٹیٹیوشن
کانسٹی ٹیوشن
کونسٹی ٹیوشن
ریزولیوشن
ایسوسی ایشن
سٹیشن
اسٹیشن
پولیس اسٹیشن
بجلی اسٹیشن
پولنگ سٹیشن
ریلوے سٹیشن
ڈکٹیشن
ڈپوٹیشن
ایجیٹیشن

مستحسن
محسن
خلیج ھڈسن
رسن
پرسن
صغرسن
صغیرسن
لسن
مسن
کم سن
ہم سن
توسن
پروسن
پڑوسن
سوسن
گل سوسن
گھسن
لہسن
بیسن
پردیسن
فریمیسن
الہی سن
تقاضائے سن
مقتضائے سن
راشن
فراشن
بھاشن
بشن
حبشن
جشن

چال چلن
دلن
برلن
پینسلن
پھسلن
معلن
کلن
ملن
تنبولن
بتولن
هلن ڈولن
رولن
کھولن
هلن
وائلن
بیلن
تیلن
گیلن
چھیلن
اٹکھیلن
(۱) من
(۲) من
منّ
امن
بامن
ثامن
جامن
گلاب جامن
دامن
تردامن

آنگن
ٹانگن
اٹنگن
سن گن
کنگن
هاتھ کنگن
بھنگن
بینگن
مشین گن
اوگن
جوگن
بروگن
سوگن
کوپن هیگن
الن
آلن
پالن
آگیا پالن
لالن پالن
پشوپالن
سالن
سادہ سالن
مالن
گوالن
ڈہلن
پوپلن
چلن
چلن
بدچلن
نیک چلن

کوہ کن
پیکن
ٹیکن
امریکن
لیکن
ولیکن
گن
اگن
پالاگن
ناگن
اڑناگن
ابھاگن
پھاگن
سہاگن
سداسہاگن
ڈگن
ارگن
آرگن
شگن
فگن
افگن
صید افگن
شیرافگن
آتش افگن
ناوک افگن
شیرفگن
ناوک فگن
گگن
لگن
مگن

مسکن
مسکّن
شکن
وفاشکن
بت شکن
همت شکن
اتحاد شکن
عهد شکن
صف شکن
خوش کن
توبہ شکن
وعدہ شکن
طیارہ شکن
متمکن
ممکن
ناممکن
غیرممکن
حیران کن
پریشان کن
کان کن
نانکن
چھونکن
روکن
سوکن
تباہ کن
چاہ کن
تھکن
ڈھکن
پردہ ڈھکن
فیصلہ کن

سقن
تیقن
متیقن
(۱) کن
(۲) کن
(۳) کن
ڈاکن
ساکن
اماکن
چپکن
پوست کن
اٹکن بٹکن
پٹکن
لٹکن
پھٹکن
چکن
(۱) اچکن
(۲) اچکن
هچکن
بیخ کن
دکن
صید کن
رکن
کارکن
قہرکن
ترکن
گورکن
مہرکن
پھڑکن
دھڑکن

(۲) پون
(۳) پون
تون
آتون
باتون
خاتون
داتون
ساتون
کلابتون
چتون
مختون
دتون
ستون
بیستون
مفتون
دانتون
یون تون
زیتون
کارٹون
ٹٹرون ٹون
(۱) جون
(۲) جون
(۳) جون
معجون
طرفہ
معجون
بے جون
چون
چوّن
چرخ چون

کیپ ٹاؤن
فری ٹاؤن
داؤن
ڈاؤن
ھنڈاون
راون
کراؤن
کھڑاؤن
ساون
تعاون
عدم تعاون
تحریک
عدم تعاون
معاون
قاؤن قاؤن
اکاون
ایکاون
گاؤن
پھناون
ھاون
اٹھاون
چھاؤن
دھوپ چھاؤن
اکیاون
میاؤن
بون
زبون
لبون
ابن اللبون
(۱) پون

بہمن
ابربہمن
لچھمن
برھمن
مہابرھمن
(۱) یمن
(۲) یمن
ایمن
بدیمن
نشیمن
افیمن
لیمن
نن
تسنن
اھل تسنن
تفنن
مقنن
منن
ذوالمنن
ون
اون
باون
پاؤن
سرپاؤن
پاؤن پاؤن
ھاتھ پاؤن
دبے پاؤن
ننگے پاؤن
ھاتھی پاؤن
ستاون

گوآ، دیو اور دمن
ارمن
جرمن
خرمن
درمن
اھرمن
زمن
مزمن
(۱) سمن
(۲) سمن
یاسمن
دشمن
وفادشمن
انقلاب دشمن
ملوکیت دشمن
جنگ دشمن
وطن دشمن
سامراجی دشمن
ضمن
مضمن
مشفق من
آگمن
چلمن
تن من
منمن
رومن
جزائرسولومن
مومن
باھمن
براھمن

خوش دامن
پاک دامن
کوتاہ دامن
پرامن
ھیرامن
ضامن
ضامن درضامن
حاضرضامن
نقض امن
مال ضامن
امام ضامن
حفظ امن
مچلکۂ حفظ امن
دارالامن
مامن
معاھدۂ امن
جناب من
صاحب من
پمن
تمن
ثمن
زرثمن
مثمن
انجمن
شمع انجمن
چمن
غیرت چمن
مرغ چمن
صحن چمن
دمن

(۱) لون
(۲) لون
تلون
پتلون
متلون
کچلون
ملون
بیلون
پٹیلون
(۱) سیلون
(۲) سیلون
ھیر
ڈریسنگ
سیلون
نائیلون
مون
بن دامون
(۱) مامون
(۲) مامون
ھامون
جمون
ھارمون
مضمون
نفس مضمون
قلمون
بوقلمون
رھنمون
لیمون
آب لیمون
میمون

(۲) کون
تکون
ترکون
سکون
پرسکون
مسکون
ربع مسکون
ککڑوں کون
(۱) گون
(۲) گون
(۳) گون
(۴) گون
ساگون
گوناگون
آواگون
آبگون
شب گون
دگرگون
واژگون
شگون
بد شگون
گل گون
آب گلگون
نیل گون
گندم گون
نگون
رنگون
سرنگون
سائگون
مے گون

نرسون
فسون
افسون
افسانہ و افسون
مانسون
بیسون
انیسون
دریائے سون
فلاطون
افلاطون
بطون
عون
طاعون
بعون
اربعون
فرعون
مطعون
ملعون
غون
آغون
غٹرغون
(۱) فون
(۲) فون
مدفون
اکڑفون
فون فون
گراموفون
ٹیلیفون
ٹائیفون
(۱) کون

قارون
گنج قارون
برون
گبرون
درون
اندرون
مقرون
ڈیکرون
کیمرون
رون رون
بیرون
اکڑون
سیکڑون
محزون
فزون
افزون
روزافزون
اوزون
موزون
ناموزون
امیزون
دریائے امیزون
واژون
(۱) سون
(۲) سون
(۳) سون
پرسون
ترسون
اترسون
سرسون

پرچون
پانچون
چون چون
لوہ چون
بے چون
دریائے سیحون
خون
آخون
ناخون
شب خون
فساد خون
پرخون
جوش خون
ادخال خون
نقل خون
دوران خون
کشت و خون
تشنۂ خون
مصفئ خون
(۱) دون
(۲) دون
بھادون
بدون
گردون
شیرگردون
کودون
دریائے دون
شیخ ڈونڈون
چارون
الغارون

آب دهن	ساتهن	مدیون	هون	هنی مون
نردهن	(۱) مرتهن	دهڑیون	(۱) بهون	(۱) نون
شیردهن	(۲) مرتهن	سیون	(۲) بهون	(۲) نون
تنگ دهن	متهن	شیون	راج بهون	پانون
سمدهن	پلیتهن	عیون	تربهون	قانون
بندهن	ٹهن	افیون	بهون بهون	لاقانون
رکشابندهن	کٹهن	کیون	راشٹرپتی بهون	حسب قانون
ایندهن	ٹهن ٹهن	کمیون	پهون	اثرقانون
پنبہ دهن	اینٹهن	مائیون	ٹهون	واضع قانون
بستہ دهن	بیٹهن	هن	(۱) دهون	خلاف قانون
غنچہ دهن	بریٹهن	آهن	(۲) دهون	مجمع خلاف قانون
گندہ دهن	جهن	باهن	لبڑدهون دهون	قاعدہ قانون
دریدہ دهن	الجهن	آب آهن	مرهون	مسودۂ قانون
استری دهن	جهانجهن	راهن	جوکهون	مجموعۂ قانون
ذهن	(۱) چهن	پیراهن	جان جوکهون	جنون
کندذهن	(۲) چهن	ساهن	(۱) انهون	مجنون
رهن	(۳) چهن	کاهن	(۲) انهون	بید مجنون
پٹارهن	چهنّ	گاهن	هان هون	مسنون
زررهن	کپڑچهن	لاهن	اون هون	مظنون
انفکاک رهن	لچهن	بہن	هون هون	معنون
استحقاق	پونچهن	گابهن	گیهون	ارغنون
انفکاک رهن	پیٹ پونچهن	چبهن	پمن گیهون	فنون
فک رهن	چهنچهن	بهن بهن	مصئون	علوم وفنون
گرهن	(۱) دهن	سوتیلی بہن	یون	اکنون
سورج گرهن	(۲) دهن	پہن	همایون	مکنون
چاندگرهن	(۳) دهن	پهن	پیون	ممنون
چندرگرهن	ادهن	تن پهن	تیون	دونون
انتقال رهن	آرادهن	گوپهن	(۱) جیون	تینون
فک الرهن	سادهن	تہن	(۲) جیون	وون
تکمیل رهن	مهادهن	تهن	نیپچیون	دهوون

چوبین
کوتاہ بین
نکتہ بین
خردہ بین
سینہ بین
(۱) پین
(۲) پین
تارپین
اسپین
پورٹ
آف اسپین
بحیرۂ
کیسپین
آلپین
چمپین
پنوم پین
چیمپین
ایکس
چیمپین
فاؤنٹن پین
تین
خواتین
کعبتین
آستین
مارآستین
نیم آستین
نیمہ آستین
نخستین
پوستین
پشتین

ترنجبین
سکنجبین
ماہ جبین
کشادہ جبین
زہرہ جبین
مہ جبین
بد بین
خرد بین
خود بین
اخباربین
پربین
آخربین
دوربین
ظاہربین
بحیرۂ کیربین
تماشبین
پیش بین
قطبین
نزدیک بین
باریک بین
انگبین
بادۂ انگبین
مبین
مبیّن
کم بین
نبین
جانبین
جہاں بین
چھاں بین
بین بین

ہیڈ لائن
ایرلائن
ریلوے لائن
مائن
نائن
وائن
اجوائن
ہیروئن
ین
این
تباین
ڈاین
رساین
بکاین
گاین
راماین
ادواین
ڈھاین
(۱) بین
(۲) بین
بیّن
قرابین
تماشابین
کابین
مابین
آفتاب بین
عیب بین
مصلحت بین
جبین
لوح جبین

دولھن
وھن
دوھن
سوھن
موھن
من موھن
بیھن
سٹیم ٹربائن
ہاروسٹرکمبائن
چوبائن
پائن
فلپائن
ارجنٹائن
خائن
دائن
مدائن
ڈائن
رائن
نارائن
اندرائن
قرائن
دریائے رائن
ڈزائن
ڈیزائن
سائن
ٹریفک سائن
دفائن
لائن
پائپ لائن
شاخ لائن

مرھن
پیرھن
تارپیرھن
گل پیرھن
بےپیرھن
(۱) پڑھن
(۲) پڑھن
کڑھن
کوڑھن
رھن سھن
(۱) کھن
(۲) کھن
جاکھن
ماکھن
دکھن
گرگ کھن
مکھن
گھن
(۱) گھن
(۲) گھن
(۳) گھن
اگھن
بگھن
سورج گھن
چاند گھن
مگھن
لانگھن
لنگھن
تلھن
دلھن

زیرین
نائٹرو
گلیسیرین
شیرین
آب شیرین
لب شیرین
(۱) زین
(۲) زین
ازین
پیش ازین
قبل ازین
حزین
فرزین
گزین
عزلت گزین
خلوت گزین
پناہ گزین
گوشہ گزین
میگزین
مزین
بنزین
بےزین
(۱) سین
(۲) سین
یاسین
پسین
واپسین
نفس
واپسین
بازپسین

میل ٹرین
بحرین
جزائر بحرین
مجمع البحرین
آخرین
متأخرین
اولین و آخرین
زرین
سرین
نسرین
معاصرین
حاضرین
ناظرین
چارنظرین
آفرین
صد آفرین
کارآفرین
بہارآفرین
جان آفرین
جہان آفرین
نفرین
قرین
کرین
شکرین
یوکرین
مرمرین
رین رین
بلورین
کلورین
لائبریرین

کاغذین
رین
دارین
نگارین
خیارین
برین
بنابرین
چرخ برین
عرش برین
عنبرین
ترین
خوب ترین
بدترین
جدیدترین
طاقتورترین
کثیرترین
تیزترین
نیک ترین
اسفل ترین
گرم ترین
کم ترین
قدیم ترین
گران ترین
پرسکون ترین
حسین ترین
بہترین
تازہ ترین
ٹرین
پیسنجر ٹرین
لوکل ٹرین

ریزہ چین
سکھ چین
بے چین
حین
(۱) دین
(۲) دین
(۳) دین
قرابادین
مادین
نرمادین
حزب المستبدین
تدین
متدین
زمردین
فروردین
ضدین
اجتماع ضدین
سعدین
قران السعدین
متعاقدین
فرقدین
والدین
علم دین
چندین
لین دین
بےدین
اعدائے دین
انڈین
کسٹوڈین
کوڈین

متین
حبل المتین
حبل متین
افسنتین
ٹین
پٹین
کالٹین
لالٹین
بلبل ٹین
ٹین ٹین
جین
خرجین
خورجین
زوجین
بحیرۂ ایجین
(۱) چین
(۲) چین
(۳) چین
پراچین
عیب چین
دیوارچین
فغفور چین
گل چین
آرام چین
سخن چین
امن چین
چین چین
کوچین
نکتہ چین
صنم کدۂ چین

نیازآگین
سانگین
سرگین
شرم گین
خشمگین
غم گین
نگین
رنگین
زیرنگین
سنگین
واردات
سنگین
جرم سنگین
جرائم سنگین
معاملۂ
سنگین
سزائے سنگین
سرمہ گین
اندوہ گین
(۱) لین
(۲) لین
بالین
اٹالین
بٹالین
قالین
شیرقالین
فلالین
پھلالین
ایروپلین
مرسلین

شوقین
شائقین
یقین
بد یقین
فریقین
بالیقین
علم الیقین
عین الیقین
ناقابل یقین
ڈھلمل یقین
کین
اراکین
مساکین
رکین
چرکین
رکن رکین
تسکین
ناقابل تسکین
مسکین
گربۂ مسکین
(۱) مشکین
(۲) مشکین
کاکل مشکین
مکین
تمکین
نمکین
کم نمکین
کوکین
گین
آگین

غیرمتعین
نورعین
فرض عین
لعین
نصب العین
طرفت العین
واحد العین
نورالعین
نجس العین
معین
معیّن
اجمعین
غیرمعین
غین
چرغین
کافین
تدفین
طرفین
نجیب الطرفین
یتیم الطرفین
تکفین
تجہیز وتکفین
حرمین شریفین
اشراقین
مثلث
متساوی الساقین
مشرقین
بعد المشرقین
تلقین
متعلقین

تہ نشین
سجادہ نشین
پردہ نشین
شہ نشین
گوشہ نشین
خانہ نشین
ویرانہ نشین
حاشیہ نشین
گدی نشین
کرسی نشین
نوشین
بادۂ نوشین
پیشین
حصین
خراطین
اساطین
سلاطین
شیاطین
افواج شیاطین
اخوان الشیاطین
سبطین
فلسطین
فطین
عین
تابعین
تبع تابعین
اربعین
عین بعین
تعین
متعین

نفس بازپسین
(۱) حسین
(۲) حسین
تحسین
مسین
دریائے سین
(۱) شین
(۲) شین
آتشین
آب آتشین
بادۂ آتشین
نقشین
مشین
نشین
جانشین
صحرانشین
بالانشین
تخت نشین
خلوت نشین
مسند نشین
صدرنشین
راس نشین
خاک نشین
دل نشین
پیل نشین
فیل نشین
ہم نشین
ذہن نشین
پہلو نشین
شاہ نشین

ڈاڑھین
کھین
ہرکھین
آنکھین
چارآنکھین
یہاں کھین
گلابی
آنکھین
کھین کھین
یھین کھین
بلھین
پھل ھین
مھین
تمھین
نھین
(۱) انھین
(۲) انھین
جنھین
ونھین
وھین
توھین
یھین
آئین
بائین
کمبائین
دائین
بائین
پائین
ٹائین ٹائین
چائین

ٹریڈ یونین
سوویت
سوشلسٹ
ریپبلکون کی یونین
برمی یونین
آھنین
ڈومینین
جوین
نان جوین
پانچوین
دم الاخوین
تدوین
پروین
قزوین
تکوین
بھانوین
تنوین
(۱) ھین
(۲) ھین
براھین
شاھین
ناھین
بھین بھین
پھین
سمندرپھین
ٹھین ٹھین
ادھین
پرادھین
دھین
رھین

رائفل مین
عین مین
مین مین
تو تو مین مین
(۱) ھمین
(۲) ھمین
کیمرہ مین
یمین
سیمین
عارض سیمین
پردۂ سیمین
نین
خوانین
قوانین
مجموعۂ قوانین
جنین
چنین
چنان چنین
ذوالقرنین
نازنین
سنین
کنین
کنول نین
مومنین
امہات المومنین
امیرالمومنین
خونین
(۱) کونین
(۲) کونین
یونین

حرمین
حاجی الحرمین
فائرمین
چیرمین
وائس چیرمین
زمین
سطح زمین
سرزمین
چورزمین
محورزمین
شورزمین
زیرزمین
کشش زمین
پیمائش زمین
محکمۂ
پیمائش زمین
ناف زمین
حاصل زمین
اھل زمین
کرۂ زمین
بےزمین
یاسمین
ڈرافس مین
بزنس مین
پریس مین
پولیس مین
پشمین
متخاصمین
تضمین
کمین

افضل المرسلین
ختم المرسلین
نفطلین
نعلین
اسفل السافلین
ثقلین
ملین
ملّین
اولین
اساطیرالاولین
سولین
(۱) مین
(۲) مین
(۳) مین
امین
آمین
صدرامین
فرامین
مضامین
فہرست مضامین
قرق امین
الامین
روح الامین
اللہ آمین
ھشتمین
پوسٹ مین
ثمین
ارحم الراحمین
تخمین
متقدمین

الاؤ
(۱) بلاؤ
(۲) بلاؤ
اود بلاؤ
بن بلاؤ
پلاؤ
آش پلاؤ
یخنی پلاؤ
تلاؤ
(۱) چلاؤ
(۲) چلاؤ
(۳) چلاؤ
چل چلاؤ
کام چلاؤ
ڈلاؤ
پھسلاؤ
گلاؤ
ملاؤ
کھولاؤ
ہلاؤ
بہلاؤ
پگھلاؤ
پھیلاؤ
جماؤ
کماؤ
پیساکماؤ
گھماؤ
ناؤ
منڈاناؤ
جزیرۂ

ہنساؤ
پھنساؤ
لاؤساؤ
پھساؤ
دھساؤ
گھساؤ
کاو
بکاؤ
پکاؤ
ٹپکاؤ
(۱) ٹکاؤ
(۲) ٹکاؤ
اٹکاؤ
رکاؤ
چھڑکاؤ
انکاؤ
کاوکاو
جھکاؤ
گاؤ
آگاؤ
سراگاؤ
اونٹ گاؤ
شترگاؤ
نرگاؤ
لگاؤ
آگ لگاؤ
ہلگاؤ
بےلگاؤ
نیل گاؤ
لاؤ

لچاؤ
کھنچاؤ
کھچاؤ
داؤ
لداؤ
راؤ
چتراؤ
چراؤ
ڈراؤ
سراؤ
گراؤ
بھراؤ
پھراؤ
پتھراؤ
ستھراؤ
گہراؤ
گھراؤ
ٹھہراؤ
پیراؤ
اڑاؤ
کھاؤ اڑاؤ
پڑاؤ
جڑاؤ
لڑاؤ
چوڑاؤ
چھوڑاؤ
پساؤ
برساؤ
کساؤ
اکساؤ

و
او
باؤ
دباؤ
ڈباؤ
اگن باؤ
پاؤ
اپاؤ
نان پاؤ
چھپاؤ
(۱) تاؤ
(۲) تاؤ
جتاؤ
برتاؤ
(۱) بٹاؤ
(۲) بٹاؤ
پٹاؤ
سٹاؤ
کٹاؤ
لٹاؤ
پلٹاؤ
چھنٹاؤ
گھٹاؤ
اپجاؤ
لجاؤ
چاؤ
بچاؤ
بیج بچاؤ
بجلی بچاؤ
پچاؤ

چائین چاتین
دائین
شرائین
سائین
گسائین
سائین سائین
گوسائین
قائین قائین
پورٹ وائین
ہائین
بھائین
ٹھائین ٹھائین
پرچھائین
دھائین
تئین
تزئین
مطمئین
روئین
تعیین
علیین
اعلیٰ علیین

****

لیجسلیٹو
کنسرویٹو
(۱) جو
(۲) جو
(۳) جو
جوّ
جفاجو
کاجو
ماجو
دوھاجو
بجو
آبجو
آب جو
عیب جو
جستجو
اندرجو
آش جو
پرخاش جو
حق جو
جنگ جو
نام جو
جوجو
ھجو
بہانہ جو
فتنہ جو
چو
بچو
اٹکل پچو
میخچو
بیچو

اختو بختو
پرتو
ستو
پشتو
پالتو
فالتو
جنتو
توتو
مہتو
چاٹو
کاٹو
ھاٹو
بجربٹو
پٹو
پٹّو
ٹٹو
مریل ٹٹو
سفارشی ٹٹو
چٹو
مینی فسٹو
چپڑغٹو
اگزکٹو
ایگزیکٹو
لٹو
[illegible]وٹو
لوکوموٹو
نکھٹو
پیٹو
بڑپیٹو
کیٹو

کولمبو
نمبو
بھمبو
تتوتھمبو
تنبو
بوبو
خوبو
رنگ و بو
نیبو
پو
باپو
ٹاپو
تگاپو
چپو
ڈپو
ڈپّو
بک ڈپو
کمپو
بھانپو
جھانپو
بھونپو
تگ و پو
ھپو
ڈھپو
(۱) تو
(۲) تو
اتو
آتو
کلابتو
للوپتو

دکھاؤ
رکھ رکھاؤ
پھاڑکھاؤ
گھاؤ
ھاؤ ھاؤ
جی پی او
مچیاو
نیاؤ
ھیاؤ
لٹھیاؤ
پچھیاؤ
بو
ابو
بابو
تاربابو
قابو
بے قابو
یابو
بدبو
ڈبو
نازبو
سبو
شبو
گل شبو
خوشبو
مشک بو
بمبو
تمبو
جمبو
لمبو

منڈاناؤ
بناؤ
تناؤ
چناؤ
بناؤ چناؤ
واو
ھاؤ
بہاؤ
بھاؤ
ست بھاؤ
بھید بھاؤ
پربھاؤ
آدربھاؤ
سبھاؤ
سہج سبھاؤ
لبھاؤ
نبھاؤ
تاؤ بھاؤ
ھاؤ بھاؤ
سوبھاؤ
بے بھاؤ
پھاؤ
جھاؤ
الجھاؤ
سلجھاؤ
بڑھاؤ
گھٹاؤ بڑھاؤ
چڑھاؤ
اتارچڑھاؤ
کھاؤ

گل رو
ڈمرو
گرم رو
نرم رو
قمرو
کمرو
قلم رو
جورو
ڈورو
گورو
ڈانورو
کھورو
راہ رو
ماہ رو
سیاہ رو
پھرو
آھستہ رو
شگفتہ رو
آزادہ رو
کشادہ رو
خندہ رو
کشیدہ رو
گوکھرو
قبلہ رو
شعلہ رو
آئینہ رو
بیرو
(۱) پیرو
(۲) پیرو
چیرو

تلخ رو
درو
آزاد رو
(۱) بد رو
(۲) بد رو
زرد رو
خود رو
پیداوار خود رو
ڈرو
بدررو
تیزرو
ریزرو
گولڈ ریزرو
سرو
پس رو
خسرو
ترش رو
خوش رو
پیش رو
شمع رو
فرو
ففرو
سبک رو
چیچک رو
اسکرو
(۱) گرو
(۲) گرو
جگت گرو
کنگرو
گھنگرو

اتارو
کیلیمانجارو
چارو
دارو
دوادارو
نوش دارو
دیدارو
مارو
گنوارو
ھارو
بھارو
ابرو
آبرو
با آبرو
چارابرو
تیغ ابرو
طاق ابرو
کمان ابرو
کشادہ ابرو
بے آبرو
گبرو
خوب رو
روبرو
سخت رو
زشت رو
سلامت رو
ٹرو
ٹوٹرو
کج رو
سرخ رو

لدو
بھوندو
ھندو
تیندو
نیندو
کودو
تگ و دو
لاڈو
اڈو اڈو
چڈو
لڈو
آنڈو
پانڈو
چانڈو
گانڈو
چنڈو
کٹھمنڈو
شیخ ڈونڈو
لینڈو
تلینڈو
جھڈو
ڈھڈو
ھوکائڈو
جزیرۂ ھوکائڈو
تارپیڈو
نو
(۱) رو
(۲) رو
بارو
تارو

پیچو
محو
نحو
علم نحو
صرف و نحو
خو
زشت خو
بدخو
تندخو
ٹرخو
آتش خو
نیک خو
آتشین خو
فرشتہ خو
شعلہ خو
سفلہ خو
بیگانہ خو
دو
(۱) جادو
(۲) جادو
لادو
بدو
دوبدو
پدو
اردو
انجمن ترقیٔ اردو
کرانی اردو
شیخ سدو
عدو
کدو

راست گو	پھساکو	شست و شو	ترازو	خیرو
زشت گو	ہلاکو	نوشو	جزو	گل خیرو
گفتگو	تماکو	مردہ شو	آرزو	چڈاگلخیرو
پوچ گو	کوبکو	موگادیشو	پرآرزو	پری رو
مدح گو	ماسکو	ضو	سو (۱)	کسیرو
تلخ گو	سان فرانسسکو	رضو	سو (۲)	برقی رو
تاریخ گو	بھسکو	عضو	سو (۳)	گیرو
بد گو	مکو	وضو	سو بسو	نیرو
پند گو	چمکو	باوضو	پسو	ریو ڈی جنیرو
زود گو	نکو	ارسطو	تسو	ہیرو
بسیار گو	نکّو	مدعو	اتسو	پکھیرو
پرگو	روکو	عوعو	چارسو	آڑو
تعبیر گو	کوکو (۱)	لغو	چاکسو	اجاڑو
گلاسگو	کوکو (۲)	رفو	یک سو	اوجاڑو
خوش گو	پورٹو ریکو	عفو	ایک سو	موہن جو داڑو
غلط گو	جزیرۂ پورٹو ریکو	کفو	آنسو	بگاڑو
سجع گو	میکسیکو	ہم کفو	پانسو	بھاڑو
دروغ گو	نیکو	قو	ہون سو	جھاڑو
صاف گو	گو (۱)	چاقو	جزیرۂ ہون سو	لبڑو
لاف گو	گو (۲)	کو (۱)	پیٹ پوسو	اکڑو (۱)
لگو	ساگو	کو (۲)	سوسو	اکڑو (۲)
فال گو	دعاگو	باکو	ٹیسو	بانگڑو
غزل گو	شکاگو	تمباکو	گیسو	رہڑو
ہزل گو	لاگو	تنباکو	مارگیسو	پیڑو
فضول گو	بھاگو	چاکو	شو (۱)	بازو
نظم گو	لے بھاگو	ڈاکو	شو (۲)	قوت بازو
کم گو	سینٹ یاگو	مراکو	شو (۳)	بزور بازو
گومگو	عیب گو	گڑاکو	پشو	آزوبازو
داستان گو	نصیحت گو	لڑاکو	حشو	شکستہ بازو
کانگو	سخت گو	بھساکو	نشو	قوی بازو

سرنو
از سرنو
شنو
ناشنو
سخن ناشنو
بشنو
وشنو
ویشنو
جگنو
سال نو
منو
منّو
پونو
سلونو
ماہ نو
باند ھنو
لکھنؤ
مینو
نینو
وو
سٹوو
ایلیکٹرک
سٹوو
(۱) ھو
(۲) ھو
آھو
باھو
چاھو
شاخ آھو
راھو

موبمو
نمد مو
سرمو
عمو
قلم مو
نمو
بستہ مو
آشفتہ مو
ژولیدہ مو
لیمو
نو
آنو
بانو
کد بانو
شہربانو
گل بانو
پانو
پانوپانو
جانو
دانو
زانو
چارزانو
ہم زانو
دوزانو
کاسۂ زانو
گانو
مانو
پیانو
بنو
نوبنو

خوش گلو
جانگلو
للو
مملو
(۱) اولو
(۲) اولو
لولو
ہونولولو
ہولو
پہلو
ہشت پہلو
ہفت پہلو
شش پہلو
ہم پہلو
چوپہلو
پہلو بہ پہلو
اٹھلو
چھلو
کھلو
(۱) پیلو
(۲) پیلو
چیلو
گھریلو
کلاس فیلو
ویلو
ہارٹ ویلو
ہیلو
(۱) مو
(۲) مو
غریبامؤ

کچالو
خالو
زرد آلو
پنڈالو
جھگڑالو
سالو
والو
شاہ آلو
بھالو
شرد ھالو
ڈھالو
دیالو
(۱) پلو
(۲) پلو
آنچل پلو
سٹلو
جلو
چلو
خلو
پرلو
فرلو
سلو
اوسلو
علو
غلو
کلو
(۱) کلّو
(۲) کلّو
(۱) گلو
(۲) گلو

دریائے کانگو
لم ٹنگو
سخن گو
قانون گو
ٹوگو
ہجوگو
بھگو
زیادہ گو
بیہودہ گو
ہرزہ گو
قصہ گو
لطیفہ گو
گھگو
کلمہ گو
افسانہ گو
یاوہ گو
تلیگو
(۱) لو
(۲) لو
الو
آلو
بالو
چوربالو
پالو
پیٹ پالو
تالو
رتالو
شفتالو
لجالو
چالو

تراہ
طاب ثراہ
زادراہ
بدراہ
سدراہ
سرراہ
خضرراہ
ازراہ
(۱) کراہ
(۲) کراہ
اکراہ
استکراہ
سنگ راہ
مشعل راہ
گم راہ
ہم راہ
رسم و راہ
شاہ راہ
گم کردہ راہ
بے راہ
کڑاہ
ساہ
بساہ
شاہ
بادشاہ
پادشاہ
نوکرشاہ
کرمانشاہ
شاہنشاہ
شہنشاہ

ہ
آہ
باہ
تباہ
اشتباہ
انتباہ
قوت باہ
ضعف باہ
نباہ
روباہ
مقویٔ باہ
پاہ
سپاہ
شتاہ
کوتاہ
قصہ کوتاہ
جاہ
والاجاہ
ارباب جاہ
آسمان جاہ
ذی جاہ
عالی جاہ
چاہ
اخاہ
ڈاہ
راہ
براہ
سربراہ
چشم براہ
روبراہ

خدیو
کام دیو
سٹوڈیو
اسٹوڈیو
فلم اسٹوڈیو
ریڈیو
مونٹیویڈیو
سیو
پسیو
ٹوکیو
لیو
پرمیو
(۱) نیو
(۲) نیو
جنیو
انٹرویو
ریویو
ہیو
بہیو

******

مدھو
بندھو
سندھو
مودھو
ڈھو
ڈھوڈھو
ساڑھو
سہو
کھو
(۱) لہو
(۲) لہو
کچلہو
کولھو
اوھو
ہاؤھو
روھو
ہاہاھوھو
ھو بہ ھو
پیہو
تیہو
گئو
بڑھئو
وایو
کواپریٹیو
جیو
نرجیو
دیو
کالادیو
مہادیو
ہرہرمہادیو

ساھو
کاھو
یاھو
بہو
پوت بہو
پربھو
کبھو
اسمبھو
انبھو
پھو
پھواپھو
تھو
آخ تھو
تھوتھو
لیتھو
ماٹھو
پٹھو
مٹھو
میاں مٹھو
جھو
آنجھو
چھو
اچھو
چھواچھو
بچھو
اڑنچھو
چھوچھو
دھو
سادھو
بدھو

ماہ بماہ
نورماہ
زوال ماہ
پناہ
دست پناہ
پشت پناہ
شہر پناہ
عالم پناہ
جہان پناہ
دین پناہ
بے پناہ
جائے پناہ
گناہ
اعتراف گناہ
ناکردہ گناہ
بے گناہ
واہ
خواہ
ہواخواہ
اجازت
خواہ
دادخواہ
بدخواہ
عذرخواہ
خاطرخواہ
خیرخواہ
بازخواہ
قرض خواہ
نیک خواہ
دل خواہ

جنگاہ
بدنگاہ
مدنگاہ
تیزنگاہ
خوش نگاہ
برق نگاہ
خرمن گاہ
آھونگاہ
نکتۂ نگاہ
نقطۂ نگاہ
کمین گاہ
پناہ گاہ
توبہ گاہ
بچھگاہ
سجدہ گاہ
وعدہ گاہ
طیارہ گاہ
بوسہ گاہ
معرکہ گاہ
قبلہ گاہ
خیمہ گاہ
جلوہ گاہ
بازی گاہ
پائے گاہ
شوریٰ گاہ
لاہ
کلاہ
کج کلاہ
ماہ
شب ماہ

نشرگاہ
نظرگاہ
لشکرگاہ
لنگرگاہ
ہرگاہ
سیرگاہ
درسگاہ
پرستش گاہ
ورزش گاہ
آموزش گاہ
دانش گاہ
نمائش گاہ
پیش گاہ
عیش گاہ
رقص گاہ
قتل گاہ
بسمل گاہ
آرام گاہ
شام گاہ
قیام گاہ
دمگاہ
شرم گاہ
بزم گاہ
رزمگاہ
تعلیم گاہ
نگاہ
قربان گاہ
چوگان گاہ
والانگاہ
جولان گاہ

وحشت گاہ
اقامت گاہ
خلوت گاہ
نزہت گاہ
آماج گاہ
گج گاہ
صبحگاہ
تفریح گاہ
نبرد گاہ
رصد گاہ
قواعد گاہ
فرود گاہ
صید گاہ
عید گاہ
امید گاہ
شہید گاہ
بارگاہ
مقرب بارگاہ
فلک بارگاہ
کارگاہ
شکارگاہ
تیمارگاہ
خرگاہ
درگاہ
خادم درگاہ
بندرگاہ
راندۂ درگاہ
بندۂ درگاہ
گذرگاہ
گزرگاہ

رفاہ
خانقاہ
قاہ قاہ
کاہ
پرکاہ
جان کاہ
آہ جانکاہ
صدمۂ جانکاہ
گاہ
آگاہ
ناآگاہ
کارآگاہ
چراگاہ
تماشاگاہ
ناگاہ
بگاہ
خواب گاہ
حرب گاہ
طرب گاہ
گاہ بگاہ
پگاہ
نوبت گاہ
صحت گاہ
تخت گاہ
عبادت گاہ
تجارت گاہ
زیارت گاہ
عشرت گاہ
دست گاہ
نشست گاہ

قبلہ و کعبہ
قبہ
مراقبہ
رقبہ
مترقبہ
غیرمترقبہ
نعمت
غیرمترقبہ
کوکبہ
مطالبہ
زرمطالبہ
طلبہ
غلبہ
قلبہ
کلبہ
مفعول بہ
آرمبھ
کمبھ
انبہ
گڑانبہ
پنبہ
تنبہ
متنبہ
جنبہ
اچنبہ
دنبہ
شنبہ
پنج شنبہ
چارشنبہ
چہارشنبہ

قحبہ
دبہ
دبدبہ
معتدبہ
جاذبہ
قوت جاذبہ
جذبہ
محاربہ
تجربہ
چربہ
حربہ
مطربہ
فربہ
گربہ
گربھ
سبھ
محاسبہ
بے محاسبہ
اربعہ متناسبہ
اجزائے متناسبہ
(۱) شبہ
(۲) شبہ
بلاشبہ
عشبہ
مشبہ
بے شک و شبہ
قصبہ
خطبہ
شعبہ
کعبہ

نوشابہ
قصابہ
قصّابہ
مقابہ
گابھ
لابھ
لابہ
قلابہ
گرمابہ
خوننابہ
خونابہ
دوآبہ
تبہ
رتبہ
بلند رتبہ
مرتبہ
بمرتبہ
بلند مرتبہ
کم رتبہ
ہم مرتبہ
ہم رتبہ
ذی رتبہ
عالی رتبہ
مشتبہ
کتبہ
مکتبہ
جبہ
حبہ
صاحبہ
بیگم صاحبہ

روغن سیاہ
سفید و سیاہ
روسیاہ
تختۂ سیاہ
زیرۂ سیاہ
نامہ سیاہ
سینہ سیاہ
گیاہ
(۱) بہ
(۲) بہ
(۳) بہ
سبابہ
تابہ
پاتابہ
آب تابہ
آفتابہ
کتابہ
پائے تابہ
صحابہ
اردابہ
سردآبہ
ڈابھ
ارابہ
خرابہ
عرابہ
قرابہ
شورابہ
تشابہ
متشابہ
مشابہ

حسب دلخواہ
خواہ مخواہ
نان خواہ
تنخواہ
بلاتنخواہ
رخصت بلاتنخواہ
اوسط تنخواہ
تعین تنخواہ
خواہ نخواہ
آزادی خواہ
ترقی خواہ
بہی خواہ
پرواہ
لاپرواہ
افواہ
گواہ
سلطانی گواہ
عینی گواہ
وواہ
واہ واہ
تھاہ
اتھاہ
بے تھاہ
بیاہ
گندھرب بیاہ
شادی بیاہ
سیاہ
بخت سیاہ
ابرسیاہ
روزسیاہ

هوا بستہ
آب بستہ
لب بستہ
دست بستہ
یخ بستہ
پربستہ
د ربستہ
سربستہ
راز سربستہ
کوچۂ
سربستہ
کمربستہ
صف بستہ
د لبستہ
پستہ
چستہ
خجستہ
برجستہ
ـستہ
جستہ
خستہ
خراب
خستہ
د ستہ
سوارد ستہ
موٹرد ستہ
گل د ستہ
اڑن د ستہ
ہاون
د ستہ

بیختہ
کوفتہ و بیختہ
کوفتہ بیختہ
ریختہ
پرریختہ
برانگیختہ
آمیختہ
آویختہ
رتھ
ارتھ
پدارتھ
برتھ
کرتہ
انرتھ
منورتھ
تیرتھ
خاستہ
نوخاستہ
راستہ
آراستہ
براستہ
چارراستہ
چورراستہ
، پیراستہ
نشاستہ
خواستہ
نخواستہ
خدانخواستہ
بستہ
وابستہ

رنگ باختہ
ساختہ پرداختہ
گداختہ
انداختہ
ساختہ
خود ساختہ
بے ساختہ
فاختہ
اڑفاختہ
نواختہ
نبختہ
پختہ
وفاپختہ
ناپختہ
غیرپختہ
نیم پختہ
تختہ
اندوختہ
فروختہ
افروختہ
برافروختہ
آتش افروختہ
سوختہ
واسوختہ
پدرسوختہ
جگرسوختہ
دل سوختہ
جان سوختہ
سینہ سوختہ
آموختہ

طیبہ
پہ
چھاپہ
چپہ
ھڑپہ
سپہ
دواسپہ
تائپہ
تہ
ساتھ
ساتھ ساتھ
کلاتھ
ناتھ
اناتھ
جگناتھ
ہاتھ
خالی ہاتھ
البتہ
تہ پتہ
پتہ
پتھ
لاپتہ
عدم پتہ
ہومیوپتھ
لتھ پتھ
تتھ
آختہ
باختہ
حواس باختہ
ہوش باختہ

یک شنبہ
دوشنبہ
سہ شنبہ
کنبہ
محبوبہ
انبوبہ
توبہ
ہائے توبہ
عجوبہ
اعجوبہ
بے چوبہ
مکسوبہ
جائداد مکسوبہ
منسوبہ
صوبہ
منصوبہ
مخطوبہ
کوبہ
لوبھ
مطلوبہ
ھبہ
مشبہ بہ
دستاویزھبہ
شائبہ
مطایبہ
ربیبہ
چیبھ
عجیبہ
دریبہ
نصیبہ

گپڑچوتھ	مروارید ناسفتہ	یافتہ	قلم برداشتہ	دودستہ
کوتہ	درناسفتہ	سزایافتہ	گذاشتہ	(۱) رستہ
گوتھ	آشفتہ	تہذیب یافتہ	واگذاشتہ	(۲) رستہ
لوتھ	گفتہ	صحبت یافتہ	گزاشتہ	نارستہ
تھوتھ	ناگفتہ	تربیت یافتہ	واگزاشتہ	وارستہ
سمجھوتہ	شگفتہ	ناتربیت یافتہ	کاشتہ	نورستہ
ھتھ	غنچۂ ناشگفتہ	غیرتربیت یافتہ	گماشتہ	گسستہ
ریتہ	الفتہ	سند یافتہ	ناشتہ	عنان گسستہ
فیتہ	سوفتہ	جماعت سند یافتہ	پشتہ	شستہ
پلیتہ	کوفتہ	انعام یافتہ	یک پشتہ	نشستہ
شلیتہ	ھفتہ	کم یافتہ	گذشتہ	شکستہ
فلیتہ	نہفتہ	تعلیم یافتہ	رشتہ	پاشکستہ
آٹھ	رازنہفتہ	ترقی یافتہ	برشتہ	پرشکستہ
پاٹھ	ماہ دوھفتہ	تفتہ	سررشتہ	خط شکستہ
گیتاپاٹھ	فریفتہ	جفتہ	سرشتہ	رنگ شکستہ
ساٹھ پاٹھ	شیفتہ	خفتہ	فرشتہ	دل شکستہ
جاٹھ	سکتہ	بخت خفتہ	گزشتہ	ماہ شکستہ
ساٹھ	کلکتہ	رفتہ	آغشتہ	دانستہ
کاٹھ	نکتہ	وارفتہ	(۱) کشتہ	نادانستہ
لاٹھ	گتہ	خودرفتہ	(۲) کشتہ	دیدہ و دانستہ
لوھالاٹھ	لتہ	ازخودرفتہ	ستم کشتہ	دیدہ دانستہ
ٹھاٹھ	لتھ	ازکاررفتہ	نیم کشتہ	پیوستہ
(۱) پٹھ	دام دولتہ	ازخویش رفتہ	گشتہ	سال پیوستہ
(۲) پٹھ	کامن ویلتھ	گرفتہ	برگشتہ	ابروئے پیوستہ
پٹہ	نتھ	اجل گرفتہ	سرگشتہ	آہستہ
عمرپٹہ	پانتھ	زمین گرفتہ	گم گشتہ	شائستہ
جنم پٹہ	پنتھ	خوگرفتہ	نوشتہ	ناشائستہ
دوپٹہ	گرنتھ	رفتہ رفتہ	آئین غیرنوشتہ	کایستھ
جٹھ	بوتہ	سفتہ	بافتہ	داشتہ
میرٹھ	چوتھ	ناسفتہ	تافتہ	برداشتہ

قابل توجہ
ناقابل
توجہ
متوجہ
بے توجہ
خوجہ
مروجہ
زوجہ
سوجھ
اسوجھ
موجہ
موجّہ
وجہ موجہ
بےوجہ
لہجہ
لب و لہجہ
نتیجہ
بے نتیجہ
ریجھ
کلیجہ
(۱) چہ
(۲) چہ
(۳) چہ
چھ
باچھ
دیباچہ
پاچھ
پاچہ
کوتاہ پاچہ
راچھ

زاویۂ منفرجہ
ہرجہ
امزجہ
لجہ
معالجہ
علاج معالجہ
مجھ
سمجھ
ناسمجھ
بے سمجھ
تجھ مجھ
بانجھ
سانجھ
مانجھ
جھانجھ
پنجہ
چھکا پنجہ
طنجہ
شکنجہ
منجھ
جھونجھ
وجہ
اوجھ
بلاوجہ
بوجہ
بوجھ
انبوجھ
سمجھ بوجھ
سوجھ بوجھ
توجہ

مباحثہ
بحث مباحثہ
حادثہ
وارثہ
ورثہ
حق ورثہ
ثالثہ
مال موروثہ
راجہ
خواجہ
تجھ
ذی الحجہ
بارجہ
خارجہ
وزارت خارجہ
امور خارجہ
وزارت امور خارجہ
وزیر امور خارجہ
وزیر خارجہ
محکمۂ خارجہ
زاویۂ خارجہ
درجہ
انتہادرجہ
بدرجہ
درجہ بدرجہ
حد درجہ
اقل درجہ
کم درجہ
مندرجہ
منفرجہ

جھوٹھ
چھٹھ
مڑھٹہ
کوئٹہ
(۱) پیٹھ
(۲) پیٹھ
گھس پیٹھ
جیٹھ
مجیٹھ
(۱) سیٹھ
(۲) سیٹھ
دھناسیٹھ
جگت سیٹھ
السیٹھ
انگلیٹھ
ٹھیٹھ
ڈھیٹھ
اثاثہ
استغاثہ
شہادت استغاثہ
ثلاثہ
اتحاد ثلاثہ
ابعاد ثلاثہ
موالید ثلاثہ
اقانیم ثلاثہ
ازمنۂ ثلاثہ
اتحادیٔ ثلاثہ
جثہ
ضعیف الجثہ
قوی الجثہ

باسٹھ
چھیاسٹھ
ترسٹھ
سرسٹھ
اڑسٹھ
اکسٹھ
انسٹھ
چونسٹھ
پینسٹھ
چوسٹھ
کٹھ
گٹھ
لٹھ
(۱) مٹھ
(۲) مٹھ
ڈانٹھ
سانٹھ
گانٹھ
سانٹھ گانٹھ
کنٹھ
نیل کنٹھ
اونٹھ
سونٹھ
ہونٹھ
ٹھونٹھ
ٹھنٹھ
گھنٹہ
اینٹھ
پینٹھ
موٹھ

سرخہ
مؤرخہ
نسخہ
قلمی نسخہ
لخلخہ
زنخہ
(۱) دہ
(۲) دہ
ادھ
آدھ
بادھ
بادہ
لبادہ
نوبادہ
اپادھ
استادہ
آب استادہ
فصل
استادہ
فرستادہ
ایستادہ
افتادہ
پاافتادہ
پیش
پاافتادہ
دورافتادہ
اراضیٔ
افتادہ
جادہ
سجادہ

سبحہ
فاتحہ
فتحہ
قرحہ
رشحہ
مصافحہ
صفحہ
نفحہ
صالحہ
اسلحہ
تخفیف اسلحہ
ترک اسلحہ
مسامحہ
لمحہ
لمحہ لمحہ
سانحہ
ممدوحہ
منکوحہ
غیرمنکوحہ
زن منکوحہ
نوحہ
رائحہ
لائحہ
ذبیحہ
صبیحہ
صیحہ
شاخہ
پنج شاخہ
دوشاخہ
چرخہ

تپنچہ
طپنچہ
غنچہ
تمنچہ
طمنچہ
پونچھ
مونچھ
قانونچہ
جھاڑپھونچھ
پائینچہ
سبوچہ
پوچھ
کوچہ
کوچہ بکوچہ
گلی کوچہ
آلوچہ
موچھ
زائچہ
پیچھ
عشق پیچہ
ریچھ
دریچہ
بازیچہ
باغیچہ
بغیچہ
غالیچہ
قالیچہ
کلیچہ
ملیچھ
نیچہ

بقچہ
ادقچہ
صندوقچہ
کچھ
کچّھ
بکچہ
سب کچھ
خلیج کچھ
جوکچھ
کچھ کچھ
پوچھ گچھ
دیگچہ
نہالچہ
وصلچہ
کلچہ
بیلچہ
مچھ
نامچہ
روزنامچہ
چمچہ
ہردیگی چمچہ
قدمچہ
مگرمچھ
نیمچہ
تپانچہ
تمانچہ
طمانچہ
کمانچہ
چنانچہ
خوانچہ

سراچہ
کاچھ
تماچہ
چھاچھ
بچہ
(۱) بچھ
(۲) بچھ
مرد بچہ
شیربچہ
مغ بچہ
چوبچہ
لونڈی بچہ
حرامی بچہ
شاخچہ
پرخچہ
سیخچہ
بارچہ
پارچہ
برچھ
پرچہ
خرچہ
اگرچہ
مورچہ
ہرچہ
زچہ
کلاغچہ
بغچہ
دیغچہ
کفچہ
طاقچہ

سنگ گردہ	سراپردہ	ابدھ	آخون زادہ	حادہ
دل گردہ	درپردہ	جواب دہ	شاہ زادہ	زاویۂ حادہ
مردہ	سپردہ	عربدہ	بادشاہزادہ	دادہ
ابرمردہ	بے پردہ	نربدھ	پادشاہزادہ	تاب دادہ
پژمردہ	خردہ	زبدہ	بندہ زادہ	دل دادہ
شمردہ	زردہ	شعبدہ	شہزادہ	رادھ
شمع مردہ	آزردہ	بال بدھ	سادھ	ارادھ
نیم مردہ	خاطرآزردہ	پرالبدھ	سادہ	ارادہ
آوردہ	دل آزردہ	سدھ بدھ	سیدھا سادہ	بارادہ
خوردہ	سردہ	جدہ	کشادہ	بالارادہ
فریب	فسردہ	ماجدہ	کشادہ کشادہ	مستقل ارادہ
خوردہ	افسردہ	والدۂ ماجدہ	اعادہ	مصمم ارادہ
شکست	آتش افسردہ	سجدہ	افادہ	برادہ
خوردہ	فشردہ	رنج دہ	استفادہ	سرادھ
بازخوردہ	افشردہ	ملاحدہ	ایک آدھ	شرادھ
پس خوردہ	کردہ	متحدہ	مادہ	زادہ
بادۂ	ناکردہ	ممالک متحدہ	مادّہ	آزادہ
پس خوردہ	وفاناکردہ	اقوام متحدہ	آمادہ	زنازادہ
دیمک	ایجاد کردہ	انجمن	نرمادہ	صاحبزادہ
خوردہ	نامزدکردہ	اقوام متحدہ	سمادھ	سید زادہ
سال	خودکردہ	سہ حدہ	آدھون آدھ	برادرزادہ
خوردہ	تائید کردہ	علیحدہ	خانوادہ	پسرزادہ
زخم خوردہ	کارکردہ	ردہ	آدھوآدھ	پیرزادہ
رم خوردہ	سرکردہ	اردھ	نہادہ	امیرزادہ
کرم خوردہ	منظورکردہ	منطقۂ باردہ	پیادہ	شریف زادہ
نم خوردہ	گم کردہ	چاردہ	پاپیادہ	ملک زادہ
نیم خوردہ	(۱) گردہ	آزاردہ	گل پیادہ	بزرگ زادہ
پروردہ	(۲) گردہ	چہاردہ	زیادہ	گرگ زادہ
ناز پروردہ	(۳) گردہ	بردہ	کم زیادہ	حرام زادہ
نمک پروردہ	دردگردہ	پردہ	بدھ	عم زادہ

آمدہ
آرام دہ
برآمدہ
عمدہ
نمدہ
باندھ
چاندہ
راندہ
راندھ
چراندہ
خساندہ
جوشاندہ
نقصان دہ
ماندہ
تھکاماندہ
واماندہ
درماندہ
فرمان دہ
پس ماندہ
فروماندہ
باقی ماندہ
خواندہ
ناخواندہ
لوح
ناخواندہ
پسرخواندہ
لواندہ
بندہ
بندھ
تابندہ

خلاف قاعدہ
بے قاعدہ
قعدہ
معدہ
فساد معدہ
ضعف معدہ
ضعیف المعدہ
فم معدہ
مقویٔ معدہ
وعدہ
ایفائے وعدہ
تکلیف دہ
عقدہ
کدہ
بت کدہ
عشرت کدہ
وحشت کدہ
نعمت کدہ
آتش کدہ
ماتم کدہ
خم کدہ
غم کدہ
صنم کدہ
مے کدہ
گدھ
مگدھ (۱)
مگدھ (۲)
والدہ
بلدہ
مدھ

درآمد شدہ
گرفتارشدہ
تیارشدہ
منظور شدہ
امرتجویزشدہ
تفویض شدہ
ضبط شدہ
جمع شدہ
شائع شدہ
تصدیق شدہ
ہلاک شدہ
اسمگل شدہ
تعمیل شدہ
تمام شدہ
گم شدہ
قائم شدہ
تقسیم شدہ
تسلیم شدہ
ترمیم شدہ
اوشدھ
شدہ شدہ
شادی شدہ
جاری شدہ
رجسٹری شدہ
طے شدہ
ملتوی شدہ
نتھی شدہ
قاعدہ
باقاعدہ
حسب قاعدہ

سیل زدہ
ماتم زدہ
ستم زدہ
غم زدہ
سیم زدہ
پانزدہ
خزان زدہ
شانزدہ
طوفان زدہ
حرمان زدہ
سایہ زدہ
سیزدہ
مژدہ
سدہ
سدھ
سدّھ
اسدھ
فاسدہ
مادۂ فاسدہ
مفسدہ
بے سدھ
شدہ
شدھ
اشدھ
اداشدہ
پیداشدہ
فروخت شدہ
خارج شدہ
درج شدہ
مسخ شدہ

بغل پروردہ
سایہ پروردہ
زدہ
بلازدہ
دوازدہ
یازدہ
شراب زدہ
سیلاب زدہ
مغرب زدہ
آسیب زدہ
غربت زدہ
مصیبت زدہ
ہیبت زدہ
حسرت زدہ
نفرت زدہ
حیرت زدہ
وحشت زدہ
دہشت زدہ
آفت زدہ
فلاکت زدہ
شامت زدہ
سرزدہ
آتش زدہ
گردش زدہ
قحط زدہ
خوف زدہ
فراق زدہ
برق زدہ
فلک زدہ
ہول زدہ

بے ھودہ
کوشش
بیہودہ
مجاھدہ
مشاھدہ
بالمشاھدہ
گواہ
مشاھدہ
معاھدہ
انحراف
معاھدہ
تعمیل
معاھدہ
پناہ دہ
عہدہ
فائدہ
بے فائدہ
ید ھ
خوابیدہ
نیم خوابیدہ
کبیدہ
تپیدہ
سپیدہ
چسپیدہ
طپیدہ
رنجیدہ
سنجیدہ
ناسنجیدہ
چیدہ
پیچیدہ

سود ھ
آسودہ
فرسودہ
مسودہ
آلودہ
خواب آلودہ
غضب آلودہ
حسرت آلودہ
وحشت آلودہ
گرد آلودہ
دود آلودہ
غبارآلودہ
نگارآلودہ
خمارآلودہ
ابرآلودہ
زہرآلودہ
غرض آلودہ
فالودہ
عرق آلودہ
زنگ آلودہ
خون آلودہ
سرمہ آلودہ
محمودہ
فرمودہ
آزمودہ
نا آزمودہ
کارآزمودہ
جنگ آزمودہ
(۱) ھودہ
(۲) ھودہ

روندہ
آیندہ روندہ
دھندہ
نجات دھندہ
درخواست
دھندہ
خبردھندہ
قرض دھندہ
رائے دھندہ
آئندہ
پائندہ
نمائندہ
جوئندہ
گوئندہ
آیندہ
سال آیندہ
سیند ھ
جویندہ
اود ھ
بود ھ
بوّد ھ
تودہ
ستودہ
موجودہ
چودہ
دود ھ
ممدودہ
کرود ھ
بڑودہ
سودہ

رخشندہ
درخشندہ
فروشندہ
نیوشندہ
رقصندہ
بافندہ
(۱) کندہ
(۲) کندہ
پوست کندہ
گندہ
گند ھ
پراگندہ
سوناسگند ھ
افگندہ
سرافگندہ
نگندہ
سوگند ھ
شرمندہ
چنندہ
(۱) کنندہ
(۲) کنندہ
درخواست کنندہ
درآمد کنندہ
شمارکنندہ
پیمائش کنندہ
عرض کنندہ
جمع کنندہ
انتقال کنندہ
آفرینندہ
اوند ھ

یابندہ
جویندہ یابندہ
پربند ھ
مکرم بندہ
سمبند ھ
شکم بندہ
لالچی بندہ
فریبندہ
زیبندہ
حکمی بندہ
چندہ
خندہ
فرخندہ
زہرخندہ
لبڑخندہ
رندہ
بارندہ
کارندہ
پرندہ
چرندہ
درندہ
خورندہ
زندہ
سازندہ
سند ھ
پسندہ
نویسندہ
دریائے سند ھ
باشندہ
بخشندہ

چارہ
بے چارہ
حارہ
نطفۂ حارہ
استخارہ
ادارہ
گدارہ
حرارہ
مقیاس
الحرارہ
شرارہ
طرارہ
غرارہ
گزارہ
ہزارہ
گل ہزارہ
خسارہ
رخسارہ
اشارہ
ضمیراشارہ
اسم اشارہ
حاسبی
اشارہ
عصارہ
نظارہ
استعارہ
بغارہ
کفارہ
نقارہ
اداکارہ

گڈھ
مڈھ
برانڈہ
غنڈہ
ڈھڈھ
اساتذہ
مواخذہ
قابل مواخذہ
تلامذہ
رہ
ارہ
بارہ
تبارہ
دربارہ
غبارہ
پوبارہ
دوبارہ
پارہ
شکرپارہ
سپارہ
آتش پارہ
دوپارہ
ماہ پارہ
مہ پارہ
سیپارہ
ستارہ
سلمہ ستارہ
پشتارہ
اجارہ
وام واجارہ

قصیدہ
سفیدہ
عقیدہ
بدعقیدہ
خوش عقیدہ
راسخ العقیدہ
بے عقیدہ
چکیدہ
گیدھ
بالیدہ
مالیدہ
ملیدہ
ژولیدہ
میدہ
حمیدہ
اوصاف حمیدہ
اخلاق حمیدہ
خمیدہ
قدخمیدہ
دمیدہ
رمیدہ
صید رمیدہ
فہمیدہ
شنیدہ
گرویدہ
زائیدہ
گائیدہ
ہزارگائیدہ
اڈہ
ہوائی اڈہ

آفریدہ
شوریدہ
گزیدہ (۱)
گزیدہ (۲)
مارگزیدہ
برگزیدہ
روزی دہ
سیدھ
رسیدہ
خدارسیدہ
نارسیدہ
آفت رسیدہ
محنت رسیدہ
عمر رسیدہ
اجل رسیدہ
ستم رسیدہ
غم رسیدہ
ظلم رسیدہ
نم رسیدہ
خزان رسیدہ
سن رسیدہ
بوسیدہ
تراشیدہ
ناتراشیدہ
چشیدہ
گرم سرد چشیدہ
گرموسرد چشیدہ
کشیدہ
پوشیدہ
جوشیدہ

چیدہ چیدہ
دیدہ
نادیدہ
آب دیدہ
شوخ دیدہ
کاردیدہ
کوردیدہ
نوردیدہ
دزدیدہ
صاف دیدہ
جنگ دیدہ
سنگ دیدہ
ستم دیدہ
غم دیدہ
نم دیدہ
ندیدہ
باران دیدہ
گرگ باران دیدہ
خزان دیدہ
جہان دیدہ
پسندیدہ
ناپسندیدہ
آہودیدہ
ہوائی دیدہ
بریدہ
گیسوبریدہ
بینی بریدہ
جریدہ
دریدہ
دھن دریدہ

نصف کرہ
نکرہ
اسم نکرہ
گرہ
اگرہ
سالگرہ
کنگرہ
ستیہ گرہ
عامرہ
خزانۂ عامرہ
ثمرہ
زمرہ
روزمرہ
خرچ روزمرہ
عمرہ
مستعمرہ
کمرہ
کیمرہ
فوٹوکیمرہ
نرہ
محاورہ
ترجمہ
بامحاورہ
تنبورہ
زنبورہ
طنبورہ
پورہ
تریپورہ
تورہ
شرع تورہ

بصرہ
تبصرہ
حالات حاضرہ
طرہ
خطرہ
فطرہ
قطرہ
قطرہ قطرہ
ناظرہ
زاویۂ متناظرہ
مناظرہ
شاعرہ
مشاعرہ
میرمشاعرہ
نعرہ
غرہ (۱)
غرہ (۲)
غرغرہ
سفرہ
فقرہ
نقرہ
انقرہ
آب نقرہ
کرہ
باکرہ
مذاکرہ
تذکرہ
متذکرہ
شکرہ
قطع کرہ

درہ
درّہ
چادرہ
نادرہ
سدرہ
پندرہ
شاہ درہ
سہ درہ
ذرہ
ذرہ ذرہ
محررہ
مقررہ
مدت مقررہ
تاریخ مقررہ
میعاد مقررہ
مقدار مقررہ
زرہ
اکاسرہ
خسرہ
امرمستفسرہ
کسرہ
میسرہ
معاشرہ
بشرہ
عشرۂ مبشرہ
عشرہ
صرہ
باصرہ
قوت باصرہ
محاصرہ

شپرہ
ترہ
سترہ
استرہ
رنگترہ
سنگترہ
سنترہ
چبوترہ
چوترہ
شاہترہ
فاجرہ
ہاجرہ
حجرہ
شجرہ
شاخ شجرہ
انجرہ
پنجرہ
حنجرہ
ہجرہ
ساحرہ
فاخرہ
لباس فاخرہ
من اولہ الی آخرہ
بخرہ
ابخرہ
حصہ بخرہ
مسخرہ
نخرہ
نازنخرہ
نازونخرہ

ناکارہ
ہرکارہ
آشکارہ
مکارہ
نکارہ
اگارہ
امارہ
نفس امارہ
کنارہ
منارہ
آوارہ
برگ آوارہ
بٹوارہ
ٹھاکردوارہ
گردوارہ
گورودوارہ
گوشوارہ
فوارہ
گہوارہ
اٹھارہ
سیارہ
گھسیارہ
طیارہ
آب طیارہ
گیارہ
برہ
برّہ
مقبرہ
توبرہ
پرہ

آوازہ توازہ
دروازہ
صدر دروازہ
چور دروازہ
دوپیازہ
خمیازہ
خربزہ
سبزہ
خرپزہ
معجزہ
قوت آخزہ
درزہ
پرزہ
چلتا پرزہ
لرزہ
تپ لرزہ
ھرزہ
اعزہ
مزہ
بامزہ
بدمزہ
غمزہ
شتر غمزہ
ھمزہ
بے مزہ
منزہ
بوزہ
خربوزہ
نڈ خربوزہ
عجوزہ

چڑھ
گڑھ
فتح گڑھ
چتوڑگڑھ
کانگڑہ
چنڈی گڑھ
علی گڑھ
کلڑھ
کوڑھ
مہاکوڑھ
موڑھ
ٹیڑھ
ڈیڑھ
ریڑھ
ڈھیڑھ
زہ
تازہ
موٹا تازہ
تازہ بتازہ
حیات تازہ
تروتازہ
اندازہ
باندازہ
کم اندازہ
بے اندازہ
شیرازہ
بزازہ
غازہ
جنازہ
آوازہ

محافظ ذخیرہ
حریرہ
ھریرہ
ابوھریرہ
زیرہ
کالازیرہ
جزیرہ
شیرہ
ھمشیرہ
حظیرہ
متغیرہ
مقدار متغیرہ
صغیرہ
گناہ صغیرہ
وغیرہ
فقیرہ
نم گیرہ
خمیرہ
باڑھ
باڑہ
امام باڑہ
غل غپاڑہ
داڑھ
ڈاڑھ
اساڑھ
گاڑھ
رجواڑہ
پسواڑہ
اکھاڑہ
انپڑھ

رکابی چہرہ
پری چہرہ
زہرہ (۱)
زہرہ (۲)
شہرہ
مہرہ
باد مہرہ
مارمہرہ
خرمہرہ
زہرمہرہ
چہرہ مہرہ
دائرہ
قطر دائرہ
مرکز حائط دائرہ
قطع دائرہ
نصف دائرہ
نائرہ
کبیرہ
گناہ کبیرہ
نبیرہ
تیرہ (۱)
تیرہ (۲)
بخت تیرہ
تین تیرہ
وتیرہ
زنجیرہ
چیرہ
بحیرہ
خیرہ
ذخیرہ

اجورہ
خورہ
آب خورہ
شیرخورہ
دورہ
دوردورہ
قارورہ
مکسورہ
شورہ
عاشورہ
آب شورہ
مشورہ
اعانت بمشورہ
صلاح مشورہ
قلمی شورہ
مقصورہ
مذکورہ
سکورہ
کنگورہ
معمورہ
مشاھرہ
مظاھرہ
قاھرہ
افواج قاھرہ
بہرہ
بے بہرہ
چورپہرہ
چہرہ
گل چہرہ
گلچہرہ

زراعت پیشہ
طاعت پیشہ
ملازمت
پیشہ
نبرد پیشہ
شاگرد پیشہ
روزگار پیشہ
نازپیشہ
ہوس پیشہ
عشق پیشہ
ستم پیشہ
ظلم پیشہ
ہم پیشہ
نوکری پیشہ
تیشہ
اندیشہ
پیش
اندیشہ
بے اندیشہ
ریشہ
رگ و ریشہ
بے ریشہ
شیشہ
حلبی
شیشہ
ہمیشہ
خاصہ
خاصّہ
آب خاصہ
رقاصہ

پشہ
دوآتشہ
شراب دوآتشہ
فاحشہ
خرخشہ
خدشہ
عرشہ
رعشہ
بنفشہ
مناقشہ
نقشہ
نشہ
شہنشہ
توشہ
خوشہ
شوشہ
گوشہ
ہشت گوشہ
پنج گوشہ
چارگوشہ
چہارگوشہ
جگرگوشہ
شش گوشہ
چوگوشہ
سہ گوشہ
نوشہ
بیشہ
پیشہ
جفاپیشہ
وفاپیشہ

شمسہ
کانسہ
بجنسہ
بوسہ
سنبوسہ
محروسہ
ممالک محروسہ
بھروسہ
وسوسہ
کبیسہ
سال کبیسہ
نبیسہ
اودیسہ
ہریسہ
اڑیسہ
کیسہ
کلیسہ
ہلیسہ
کنیسہ
رئیسہ
اعضائے رئیسہ
شہ
باشہ
تاشہ
بتاشہ
تراشہ
لاشہ
ماشہ
تولاماشہ
حبشہ

دانیزہ
آویزہ
مژہ
سہ
چلپاسہ
بتاسہ
حاسہ
اعصاب حاسہ
طاسہ
کاسہ
ہم کاسہ
بارہ ماسہ
نواسہ
لھاسہ
نبسہ
محدب عدسہ
ہندسہ
علم ہندسہ
پرسہ
مدرسہ
شاخ مدرسہ
ہم مدرسہ
فالسہ
جلسہ
روداد جلسہ
امن جلسہ
لامسہ
قوت لامسہ
خمسہ
حواس خمسہ

مجوزہ
چوزہ
روزہ
گندہ بروزہ
پنج روزہ
چند روزہ
بندوبست
چند روزہ
صلح چند روزہ
یک روزہ
امروزہ
دوروزہ
فیروزہ
الغوزہ
چلغوزہ
کوزہ
الگوزہ
موزہ
دریوزہ
جائزہ
ستیزہ
ریزہ
سنگ ریزہ
ریزہ ریزہ
دوشیزہ
پاکیزہ
مشکیزہ
ممیزہ
قوت ممیزہ
نیزہ

مطبوعہ
مزروعہ
غیرمزروعہ زمین
غیرمزروعہ زمین
مزروعہ
موضوعہ اصول
موضوعہ
وقوعہ
مجموعہ
مصنوعہ
ممنوعہ
شئے مبیعہ
تصدیعہ
ذریعہ
بذریعہ
شیعہ
طلیعہ
شنیعہ
ناغہ
بلاناغہ
دغدغہ
نرغہ
مضغہ
بالغہ
مبالغہ
تمغہ
چوغہ

شئے متنازعہ
اشعہ
مرضعہ
مقاطعہ
قطعہ
دافعہ
قوت دافعہ
مرافعہ
دفعہ
زیردفعہ
شفعہ
حق شفعہ
واقعہ
بقعہ
رقعہ
موقعہ
حسب موقعہ
مطالعہ
قلعہ
ہوائی قلعہ
جامعہ
مدرسۂ جامعہ
سامعہ
قوت سامعہ
بمعہ
جمعہ
لمعہ
مفعول معہ
صومعہ
مقنعہ

واسطہ
خداواسطہ
بلاواسطہ
بواسطہ
بالواسطہ
ضغطہ
نقطہ
مغالطہ
غلطہ
غوطہ
فوطہ
منقوطہ
حیطہ
خریطہ
ملاحظہ
لحظہ
لحظہ بہ لحظہ
حافظہ
قوت حافظہ
اربعہ
حدود اربعہ
اخلاط اربعہ
متعہ
فاجعہ
جرعہ
مصرعہ
قرعہ
تنازعہ
متنازعہ
جائداد متنازعہ

روضہ
معروضہ
مفروضہ
مفوضہ
ممالک مفوضہ
حائضہ
بیضہ
عریضہ
فریضہ
مریضہ
ہیضہ
بند ہیضہ
حاطہ
احاطہ
مشاطہ
رابطہ
ضابطہ
باضابطہ
حسب ضابطہ
اعتراض ضابطہ
خلاف ضابطہ
بے ضابطہ
محاسبی ضابطہ
غبطہ
خطہ
قطب جنوبی کا خطہ
قطب شمالی کا خطہ
ورطہ

خلاصہ
حصہ
مالک حصہ
عرصہ
غصہ
قصہ
القصہ
خالصہ
مخمصہ
منصہ
مرصوصہ
مقراضہ
افاضہ
استفاضہ
قبضہ
استحقاق قبضہ
عارضہ
معارضہ
جملۂ معترضہ
قرضہ
تمسک قرضہ
معاوضہ
زرمعاوضہ
عوض معاوضہ
مقبوضہ
غیرمقبوضہ جائداد
غیرمقبوضہ
مملوکہ و مقبوضہ
حوضہ

آذوقہ
مسروقہ
مال مسروقہ
مقروقہ
جائداد
مقروقہ
مال مقروقہ
آزوقہ
معشوقہ
ذائقہ
قوت ذائقہ
بد ذائقہ
خوش ذائقہ
مضایقہ
وثیقہ
حدیقہ
طریقہ
طورطریقہ
افریقہ
جنوب
مغربی
افریقہ
رفیقہ
دقیقہ
شقیقہ
عقیقہ
سلیقہ
باسلیقہ
صاحب
سلیقہ

آذقہ
محرقہ
تپ محرقہ
خرقہ
بدرقہ
سرقہ
فرقہ
تفرقہ
ورقہ
رازقہ
فاسقہ
شقہ
قشقہ
ناطقہ
قوت ناطقہ
نفس ناطقہ
منطقہ
صاعقہ
فقہ
علم فقہ
نفقہ
نان ونفقہ
ابلقہ
حلقہ
مطلقہ
تعلقہ
متعلقہ
محرر متعلقہ
لقلقہ
معانقہ

فنون لطیفہ
وظیفہ
ضعیفہ
خفیفہ
عدالت خفیفہ
جرائم خفیفہ
عفیفہ
خلیفہ
نیفہ
شاقہ
محنت شاقہ
فاقہ
افاقہ
فقروفاقہ
علاقہ
غیرعلاقہ
ناقہ
سابقہ
طبقہ
کسان طبقہ
ثقہ
حقہ
لاحقہ
کماحقہ
ملحقہ
فرشی حقہ
رویائے صادقہ
صدقہ
مصدقہ
زندقہ

طرفہ
یک طرفہ
دوطرفہ
سہ طرفہ
عرفہ
معرفہ
اسم معرفہ
غرفہ
مرفہ
فلاسفہ
فلسفہ
ماہرفلسفہ
حشفہ
ملاطفہ
نطفہ
وقفہ
سلفہ
مؤلفہ
مصنفہ (۱)
مصنفہ (۲)
معطوفہ
ماضی معطوفہ
شگوفہ
علوفہ
طائفہ
گنجیفہ
صحیفہ
شریفہ
سیفہ
لطیفہ

داروغہ
جیفہ
صیفہ
بصیفہ
حرافہ
زرافہ
صرافہ
شافہ
صافہ
اضافہ
لفافہ
کافہ
دارالخلافہ
نافہ
مشک نافہ
قیافہ
اہل قیافہ
علم قیافہ
گنجفہ
تحفہ
متعارفہ
اصول متعارفہ
علوم متعارفہ
حرفہ
اہل حرفہ
نشان حرفہ
خرفہ
سرفہ
صرفہ
بے صرفہ

ناگہ
گھاگھ
جگہ
جگہ جگہ
جرگہ
کرگہ
نگہ
ٹانگہ
جانگھ
(۱) سنگھ
(۲) سنگھ
اونگھ
سونگھ
میگھ
الہ
آلہ
قبالہ
دنبالہ
قتالہ
استحالہ
لامحالہ
خالہ
تپخالہ
رذالہ
کیرالہ
ازالہ
ژالہ
سالہ
پنج سالہ
پانچ سالہ

کوکھ
اچھوتی کوکھ
گوکہ
مملوکہ
بھوکھ
ملائکہ
نائکہ
یکہ
ایکھ
باوجود یکہ
ریکھ
باریکہ
امریکہ
ریاستہائے متحدۂ امریکہ
جنوبی امریکہ
شمالی امریکہ
لاطینی امریکہ
سیکھ
بسیکھ
غرضیکہ
بشرطیکہ
(۱) لیکھ
(۲) لیکھ
درانحالیکہ
میکھ
بھیکھ
گہ
باگھ
ماگھ

تہلکہ
مہلکہ
مکہ
مکھ
ھنس مکھ
سنمکھ
چومکھ
آنکھ
باآنکہ
ٹانکھ
مکررآنکہ
ھرآنکہ
کانکھ
حال آنکہ
گلابی آنکھ
پنکھ
سنکھ
چونکہ
کیونکہ
بااینکہ
نظربااینکہ
اوکھ
توکھ
جوکھ
اضحوکہ
روکھ
متروکہ
جائداد متروکہ
مال متروکہ
سمندرسوکھ

دولت مشترکہ
جائداد مشترکہ
استحقاق ترکہ
تقسیم ترکہ
مدرکہ
قوت مدرکہ
سرکہ
معرکہ
مورکھ
سکہ
(۱) سکھ
(۲) سکھ
ماسکہ
قوت ماسکہ
بسکہ
تلبیس سکہ
مسکہ
نین سکھ
دکھ سکھ
مذھبی سکھ
خشکہ
لکہ
لکھ
الکھ
بلکہ
مچلکہ
منسلکہ
(۱) ملکہ
(۲) ملکہ
دام ملکہ

بد سلیقہ
خوش سلیقہ
بے سلیقہ
تعلیقہ
کہ
آکھ
باکھ
پاکھ
تاکہ
خاکہ
داکھ
راکھ
ساکہ
ساکھ
بیساکھ
لاکھ
فواکہ
ڈھاکہ
شبکہ
پکھ
چپکھ
تکہ
مضحکہ
دکھ
ھرچند کہ
رکھ
(۱) پرکھ
(۲) پرکھ
ترکہ
مشترکہ

متصله
منفصله
سه فصله
وصله
حوصله
فراخ حوصله
بلند حوصله
تنگ حوصله
کم حوصله
بے حوصله
عالی حوصله
فیصله
ملکات
فاضله
عضله
فضله
دام ظله
شعله
زبان شعله
عمله فعله
(۱) غله
(۲) غله
غائب غله
مشغله
غلغله
قافله
سالار قافله
میر قافله
نافله
سفله

مبادله
شرح مبادله
مجادله
بدله
منطقهٔ معتدله
بذله
زله
نازله
بزله
معتزله
زلزله
نزله
منزله
بمنزله
ست منزله
پانچ منزله
یک منزله
چومنزله
دومنزله
سه منزله
مراسله
گشتی مراسله
مرسله
سلسله
بسلسله
بے سلسله
شله
صله
فاصله
مفاصله

هم پله
مقاتله
قتله
کوټله
مقادیر متماثله
مقادیر غیرمتماثله
(۱) مثله
(۲) مثله
امثله
ممثله
حجله
دجله
دریائے دجله
مجله
چله
حله
راحله
مرحله
محله
پچ محله
میرمحله
داخله
وزارت داخله
وزیر داخله
فیس داخله
نخله
بادله
تبادله
متبادله
زاویهٔ متبادله

امور حواله
حیله حواله
نواله
ترنواله
هم نواله
هم پیاله
وهم نواله
پیاله نواله
دیواله
هاله
پیاله
هم پیاله
پټیاله
سیاله
بله
ابله
آبله
قابله
مقابله
بمقابله
بالمقابله
جبرو مقابله
زاویهٔ مقابله
کابله
مزبله
طبله
قبله
اهل قبله
سنبله
پله

صد ساله
رساله
چارساله
هرساله
تغیرات هرساله
غساله
کساله
دهرم ساله
پنساله
پوساله
دوساله
گوساله
سه ساله
دهرم شاله
دوشاله
گئوشاله
بزغاله
سفاله
مقاله
پرکاله
لاله
حلاله
دلاله
حماله
ناله
پرناله
واله
جواله
شعلهٔ جواله
حواله

جمیلہ	گولہ	حملہ	بارک اللہ	قلہ
کمیلہ	زنگولہ	ہوائی حملہ	تعال اللہ	باقلہ
طویلہ	ہتھ گولہ	(۱) شملہ	اہل اللہ	بقلہ
(۱) مہ	غلولہ	(۲) شملہ	فی سبیل اللہ	کلہ
(۲) مہ	ولولہ	عملہ	خلیل اللہ	کلّہ
جامہ	قیلولہ	تکملہ	ادام اللہ	گلہ
پاجامہ	محمولہ	انملہ	کلام اللہ	گلّہ
چارجامہ	مال محمولہ	مہملہ	بسم اللہ	بنگلہ
زیرجامہ	مشمولہ	حروف مہملہ	کلیم اللہ	ڈاک بنگلہ
موم جامہ	مقادیر مجہولہ	تولہ	سبحان اللہ	للہ
پائجامہ	ہائلہ	محولہ	فی امان اللہ	اللہ
پیجامہ	مسئلہ	مدخولہ	واللہ	الاماشااللہ
خامہ	کوئلہ	زن مدخولہ	اللہ اللہ	انشااللہ
ڈرامہ	قبیلہ	معدولہ	فنافی اللہ	باللہ
شامہ	پیلہ	مشیرالدولہ	ولی اللہ	عیاذاًباللہ
قوت شامہ	کرم پیلہ	چرخ ہنڈولہ	العظمت للہ	حزب اللہ
قطامہ	پتیلہ	سولہ	المنت للہ	من جانب اللہ
عامہ	فتیلہ	شولہ	مفعول لہ	واللہ باللہ
استصواب	حیلہ	ضمیر موصولہ	آملہ	بیت اللہ
عامہ	متخیلہ	مرغولہ	حاملہ	روح اللہ
تعمیرات	قوت متخیلہ	جائداد مکفولہ	معاملہ	ذبیح اللہ
عامہ	مخیلہ	مقولہ	بد معاملہ	یاد اللہ
اطلاعات	وسیلہ	منقولہ	اہل معاملہ	اسد اللہ
عامہ	عقیلہ	جائداد منقولہ	کاملہ	عند اللہ
محکمۂ	شکیلہ	غیرمنقولہ	عشرۂ کاملہ	ید اللہ
تعلقات	لیلۃ	جائدادغیرمنقولہ	جملہ	معاذ اللہ
عامہ	لیلہ	املاک غیرمنقولہ	بالجملہ	استغفراللہ
رائےعامہ	بلیلہ	مال غیرمنقولہ	فی الجملہ	حاشاللہ
دارالاقامہ	الف لیلہ	املاک منقولہ	ازان جملہ	حق اللہ
ہنگامہ	ہلیلہ	مال منقولہ	من جملہ	جزاک اللہ

نرمہ
قورمہ
لازمہ
زمزمہ
بسمہ
تسمہ
بپتسمہ
مجسمہ
وسمہ
شمہ
چشمہ
عزار چشمہ
سرچشمہ
کرشمہ
ضمہ
ہاضمہ
قوت ہاضمہ
فاطمہ
لطمہ
مناظمہ
معظمہ
طعمہ
معمہ
تغمہ
نغمہ
یغمہ
لقمہ
قمقمہ
محاکمہ
تکمہ

تصفیہ نامہ
فوتی نامہ
کرسی نامہ
راضی نامہ
صافی نامہ
معافی نامہ
گروی نامہ
لوامہ
نفس لوامہ
خاتمہ
تتمہ
ترجمہ
ناقابل ترجمہ
معجمہ
حروف معجمہ
علیہ الرحمۃ
تخمہ
دخمہ
زخمہ
دمہ
خادمہ
صدمہ
مقدمہ
روداد مقدمہ
دمدمہ
ذمہ
بری الذمہ
رمہ
سرمہ
سنگ سرمہ

وقف نامہ
حلف نامہ
عاق نامہ
طلاق نامہ
قرق نامہ
تصدیق نامہ
تفریق نامہ
تملیک نامہ
سالنامہ
فالنامہ
انتقال نامہ
اعمال نامہ
سوال نامہ
دخل نامہ
فیصل نامہ
عمل نامہ
قول نامہ
حکم نامہ
اجرائے حکمنامہ
تقسیم نامہ
اعلان نامہ
رہن نامہ
کابین نامہ
آئین نامہ
راہ نامہ
ماہ نامہ
ہبہ نامہ
تہ نامہ
اجارہ نامہ
کرایہ نامہ

صلح نامہ
نرخ نامہ
سپرد نامہ
عقد نامہ
عہد نامہ
مختارنامہ
اعتذارنامہ
اقرارنامہ
کارنامہ
اظہارنامہ
خبرنامہ
شجرنامہ
گذرنامہ
گزرنامہ
سرنامہ
محضرنامہ
سفرنامہ
ظفرنامہ
مہرنامہ
امتیازنامہ
روزنامہ
سپاس نامہ
بخش نامہ
سفارش نامہ
نوازش نامہ
شرط نامہ
غلط نامہ
اطلاع نامہ
بیع نامہ
الطاف نامہ

علامہ
دمامہ
شمامہ
عمامہ
نامہ
عطانامہ
نسب نامہ
طلب نامہ
وراثت نامہ
صحت نامہ
شہادت نامہ
اجازت نامہ
صداقت نامہ
شراکت نامہ
شرکت نامہ
کفالت نامہ
وکالت نامہ
امانت نامہ
ضمانت نامہ
دعوت نامہ
پنچایت نامہ
ہدایت نامہ
عنایت نامہ
تعزیت نامہ
وصیت نامہ
ثبوت وصیت نامہ
تولیت نامہ
ثالث نامہ
نکاح نامہ
فتح نامہ

نعمت خانہ
امانت خانہ
خلوت خانہ
محتاج خانہ
سلاح خانہ
تسبیح خانہ
سرد خانہ
رصد خانہ
بارود خانہ
قید خانہ
بارخانہ
انبارخانہ
چارخانہ
آب دار
خانہ
ہزارخانہ
نقارخانہ
کارخانہ
نگارخانہ
قمارخانہ
بیمارخانہ
لہارخانہ
لوھارخانہ
بھٹیارخانہ
شترخانہ
کبوترخانہ
موٹرخانہ
مسافرخانہ
لنگرخانہ
آھنگرخانہ

شفاخانہ
بالاخانہ
جواخانہ
دواخانہ
چڑیاخانہ
آب خانہ
شراب خانہ
پیشاب خانہ
کتب خانہ
محافظ کتب خانہ
مکتب خانہ
صاحب خانہ
ضرب خانہ
عجائب خانہ
تادیب خانہ
غریب خانہ
توپ خانہ
داروغۂ توپ خانہ
خیرات خانہ
بت خانہ
نوبت خانہ
رخت خانہ
عبادت خانہ
پنڈت خانہ
وزارت خانہ
سفارت خانہ
طہارت خانہ
عشرت خانہ
دولت خانہ
اقامت خانہ

شبانہ
طلبانہ
محبوبانہ
غائبانہ
غریبانہ
عورتانہ
استانہ
داستانہ
دستانہ
خیال پرستانہ
مادہ پرستانہ
مستانہ
دوستانہ
انگشتانہ
رخصتانہ
محنتانہ
راجپوتانہ
مثانہ
ضعف مثانہ
سنگ مثانہ
ہرجانہ
چانہ
ہرزہ چانہ
فاتحانہ
جارحانہ
خانہ
پاخانہ
گستاخانہ
بچاخانہ
عزاخانہ

مجلس قائمہ
زاویۂ قائمہ
بیمہ
خیمہ
پیش خیمہ
قدیمہ
آثارقدیمہ
جریمہ
کریمہ
سراسیمہ
قیمہ
رقیمہ
ولیمہ
دعوت ولیمہ
ذمیمہ
اخلاق ذمیمہ
شمیمہ
ضمیمہ
نیمہ
(۱) نہ
(۲) نہ
آنہ
انھ
بانھ
بےتابانہ
بےحجابانہ
صاحبانہ
محبانہ
مضطربانہ
زبانہ

محکمہ
میرمحکمہ
سالمہ
مکالمہ
دلمہ
سلمہ
مسلمہ
معلمہ
کلمہ
مرمہ
مغتنمہ
جرثومہ
مرحومہ
مخدومہ
منظومہ
قومہ
مرقومہ
مقادیرمعلومہ
مذمومہ
کدومہ
ہمہ
باھمہ
براھمہ
واھمہ
ملہمہ
نفس ملہمہ
ہمہمہ
بااین ہمہ
آئمہ
قائمہ

پیشہ ورانہ
طائرانہ
پیرانہ
شیرانہ
فقیرانہ
دلیرانہ
امیرانہ
ویرانہ
عاجزانہ
خزانہ
افسرخزانہ
وزیرخزانہ
فرزانہ
روزانہ
عزیزانہ
شاخسانہ
فسانہ
افسانہ
شانہ
اوباشانہ
کاشانہ
نشانہ
درویشانہ
مخلصانہ
غرضانہ
بےغرضانہ
عوضانہ
بطانہ
سلطانہ
بیعانہ

پنبہ دانہ
بےدانہ
اناربےدانہ
الاچی دانہ
الائچی دانہ
گرمی دانہ
بہی دانہ
زمین دارانہ
سرمایہ دارانہ
رضاکارانہ
فرقہ وارانہ
یارانہ
متکبرانہ
ترانہ
ڈکٹیٹرانہ
تاجرانہ
ساحرانہ
برادرانہ
مادرانہ
بہادرانہ
پدرانہ
نذرانہ
معاصرانہ
عصرانہ
شاعرانہ
مسافرانہ
کافرانہ
کرانہ
حملہ آورانہ
کورانہ

منشی خانہ
مویشی خانہ
مرغی خانہ
مےخانہ
کرانی خانہ
ھاتھی خانہ
قصائی خانہ
نائی خانہ
دانہ
آزادانہ
کالادانہ
باردانہ
اناردانہ
ہم دردانہ
مردانہ
مفسدانہ
سنگ دانہ
بلدانہ
دندانہ
رندانہ
انتہاپسندانہ
ترقی پسندانہ
صحت مندانہ
دانشمندانہ
آب و دانہ
سابودانہ
بےآب و دانہ
کدودانہ
ساگودانہ
بہدانہ

گرم خانہ
چشم خانہ
صنم خانہ
ھم خانہ
یتیم خانہ
مہمان خانہ
دیوان خانہ
نہان خانہ
گاؤخانہ
چنڈوخانہ
جلوخانہ
تہ خانہ
ناشتہ خانہ
زچہ خانہ
اسلحہ خانہ
بوزہ خانہ
توشہ خانہ
فوطہ خانہ
آئینہ خانہ
قہوہ خانہ
کسبی خانہ
پیخانہ
چھاپےخانہ
کتےخانہ
باورچی خانہ
بندی خانہ
مودی خانہ
رنڈی خانہ
گاڑی خانہ
بخشی خانہ

چورخانہ
جواھرخانہ
تصویرخانہ
بوچڑخانہ
بھنگڑخانہ
جنس خانہ
فراش خانہ
آتش خانہ
ورزش خانہ
رقص خانہ
بساط خانہ
محافظ خانہ
ڈاک خانہ
خاص ڈاکخانہ
توشک خانہ
بیٹھک خانہ
کلال خانہ
مال خانہ
غسل خانہ
پاگل خانہ
اھل خانہ
جیل خانہ
کالا جیل خانہ
داروغۂ
جیل خانہ
فیل خانہ
جذام خانہ
طعام خانہ
جم خانہ
خم خانہ

ستّہ
سنھ
قرض حسنہ
اتفاق
حسنہ
گرسنہ
السنہ
ماھرالسنہ
پاشنہ
تشنہ
طعنہ تشنہ
د شنہ
محصنہ
اطنہ
طنطنہ
ملاعنہ
طعنہ
غنہ
افاغنہ
سرغنہ
حقنہ
کنہ
کٹکنہ
سکنہ
گنہ
پرگنہ
منہ
منھ
کالامنھ
نھارمنھ

منشیانہ
باغیانہ
فلسفیانہ
صوفیانہ
سوقیانہ
سوگیانہ
سالیانہ
میانہ
شامیانہ
عامیانہ
د رمیانہ
جنگ جویانہ
سپاھیانہ
ماھیانہ
لد ھیانہ
سمد ھیانہ
پنوم پنھ
تنہ
ختنہ
فتنہ
پٹنہ
شحنہ
ناخنہ
رخنہ
وگرنہ
ورنہ
موازنہ
آتش زنہ
بوزنہ
سنہ

زنانہ
ھندوانہ
روانہ
پروانہ
خسروانہ
مراحم خسروانہ
اسطوانہ
د یوانہ
شاھانہ
باد شاھانہ
نوکرشاھانہ
ماھانہ
بہانہ
تھانہ
د ھانہ
شہانہ
تال مکھانہ
والہانہ
گد ایانہ
آشنایانہ
آبیانہ
شرح آبیانہ
مربیانہ
شاد یانہ
کریانہ
ھریانہ
تازیانہ
غازیانہ
آشیانہ
وحشیانہ

سالانہ
قاتلانہ
عاجلانہ
عاد لانہ
فلانہ
طفلانہ
عاقلانہ
ملانہ
بے رحمانہ
جرمانہ
مجرمانہ
اعانت مجرمانہ
تخویف مجرمانہ
مشورۂ مجرمانہ
محرمانہ
زمانہ
یاد گارزمانہ
گرد ش زمانہ
ھم زمانہ
نیرنگئ زمانہ
یکتائے زمانہ
حاکمانہ
تحکمانہ
ظالمانہ
عالمانہ
پیمانہ
باٹ پیمانہ
گرد ش پیمانہ
کریمانہ
حکیمانہ

زربیعانہ
عارفانہ
متأسفانہ
منصفانہ
غیرمنصفانہ
قبضۂ مخالفانہ
ظریفانہ
مشتاقانہ
عاشقانہ
مشفقانہ
محققانہ
احمقانہ
معشوقانہ
تحقیقانہ
بچکانہ
ترکانہ
سڑکانہ
مالکانہ
استحقاق مالکانہ
حق مالکانہ
ملوکانہ
گانہ
جد اگانہ
بگانہ
پنج گانہ
د گانہ
د وگانہ
یگانہ
بیگانہ
وفابیگانہ

جلوہ
حلوہ
موہ
بچھوہ
قہوہ
کھوہ
بیوہ
شیوہ
میوہ
فصلی میوہ
ہرواھہ
سیاھہ
جبہہ
شبہہ
بذاتہہ
مواجہہ
بدھہ
عقل ڈاڑھہ
مشافہہ
بالمشافہہ
قہقہہ
دیوار
قہقہہ
بدیہہ
شیہہ
سیئہ
یۂ
پایہ
بلند پایہ
چارپایہ

انبوہ
(۱) پوہ
(۲) پوہ
پتوہ
ٹوہ
وجوہ
ندوہ
اندوہ
مکروہ
گروہ
سرگروہ
پوروہ
غزوہ
اسوہ
پسوہ
عشوہ
نشوہ
صعوہ
افوہ
لقوہ
کوہ
(۱) شکوہ
(۲) شکوہ
تیغ کوہ
سلسلۂ کوہ
(۱) گوہ
(۲) گوہ
(۱) لوہ
(۲) لوہ
بلوہ

دفینہ
سفینہ
کینہ
شترکینہ
خاگینہ
آبگینہ
نگینہ
مہینہ
تخمینہ
افسر تخمینہ
چرمینہ
پشمینہ
کمینہ
آئینہ
آب آئینہ
چار آئینہ
سنگار آئینہ
ہر آئینہ
(۱) وہ
(۲) وہ
اوہ
آوہ
کجاوہ
ارداوہ
پزاوہ
سقاوہ
علاوہ
کلاوہ
مکلاوہ
یاوہ

کابینہ
شبینہ
بادۂ شبینہ
مدرسۂ شبینہ
گنجینہ
آدینہ
مدینہ
پودینہ
پارینہ
تقویم پارینہ
زرینہ
قرینہ
باقرینہ
مرینہ
نرینہ
فرزند نرینہ
دیرینہ
زینہ
خزینہ
روزینہ
لوزینہ
سینہ
حسینہ
مسینہ
سینہ بہ سینہ
دوشینہ
قرنطینہ
بعینہ
معینہ
چرغینہ

ازمنہ
اندھیرے منھ
باسی منھ
میمنہ
اونھ
باہونہ
پونہ
رونہ
کونہ
گونہ
چگونہ
اک گونہ
یک گونہ
گل گونہ
دوگونہ
مونہ
مونھ
نمونہ
مرھونہ
جائداد مرھونہ
زمین مرھونہ
شئے مرھونہ
برھنہ
مادرزاد برھنہ
شمشیر برھنہ
کہنہ
بادۂ کہنہ
الہنہ
نفس مطمئنہ
معاینہ

ـطیه
ـشرطیه
ـۂ
شرطیه
عطیه
داعیه
ادعیه
مدعیه
حدود
شرعیه
دفعیه
اعصاب
دماغیه
اشرافیه
جغرافیه
علم
جغرافیه
ماهرعلم
جغرافیه
اضافیه
قافیه
زٹل قافیه
نافیه
خفیه
سفیه
فرهنگ
آصفیه
تصفیه
منازع فیه
مفعول فیه

گریه
آب گریه
ذات الریه
جمهوریه
صدرجمهوریه
البانیه کی
عوامی جمهوریه
دهریه
اعصاب ظهریه
اعزازیه
جزیه
تجزیه
تعزیه
رمزیه
تنزیه
طنزیه
کرغیزیه
سیه
نسیه
حاشیه
گواه حاشیه
غاشیه
ویشیه
ناصیه
خصیه
موصیه
راضیه
ماضیه
مرضیه
قضیه

عندیه
هدیه
تهدیه
ڈیه
اغذیه
تغذیه
قل اعوذیه
ریه
آریه
مجاریه
آچاریه
اداریه
اشاریه
اعشاریه
کسراعشاریه
کسور اعشاریه
مکسور اعشاریه
بلغاریه
چاتریه
بحریه
فخریه
بادریه
سکندریه
اسکندریه
نشریه
نظریه
اشعریه
قریه
کریه
شکریه

طربیه
شبیه
تشبیه
حرف تشبیه
صبیه
تنبیه
رپیه
روپیه
تیه
بهارتیه
ستیه
بالشتیه
صفتیه
مرثیه
وجیه
پوجیه
توجیه
افتتاحیه
مزاحیه
ناحیه
بخیه
دیه
بادیه
فی البدیه
ملکات ردیه
خردیه
تعدیه
فدیه
بلدیه
احمدیه

پیل پایه
فیل پایه
کم پایه
هم پایه
گران پایه
چوپایه
دوپایه
سه پایه
خایه
بےخایه
دایه
کرایه
پیرایه
سایه
زیرسایه
هم سایه
گران سایه
صفایه
کفایه
فرض کفایه
طلایه
مایه
سرمایه
بینک سرمایه
کم مایه
گران مایه
فرومایه
بےمایه
کنایه
استعجابیه

ی
بی
آبی
بابی
حبابی
ہربابی
کبابی
سرتابی
شتابی
آفتابی
غسل آفتابی
کتابی
ماہ تابی
مہتابی
بے تابی
حجابی
بے حجابی
پنجابی
چابی
صحابی
انتخابی
شادابی
ڈابی
ترابی
محرابی
خرابی
خانہ
خرابی
شرابی
اعرابی

منفرج الزاویہ
مثلث
منفرج الزاویہ
حاد الزاویہ
مثلث حاد الزاویہ
قائم الزاویہ
مثلث قائم الزاویہ
یوگوسلاویہ
ہاویہ
ادویہ
افعال الادویہ
مخزن الادویہ
رویہ
شمال رویہ
دورویہ
تسویہ
پاشویہ
کویہ
پہیہ
چوپہیہ
تہیہ
جانگھیہ
ندائیہ
جملۂ ندائیہ
عشائیہ
انشائیہ
دعائیہ
******

اسمعیلیہ
انتظامیہ
اسلامیہ
اعلامیہ
امامیہ
نامیہ
قوت نامیہ
استفہامیہ
رزمیہ
تسمیہ
وجۂ تسمیہ
قسمیہ
یومیہ
البانیہ
ثانیہ
طبیعت ثانیہ
زانیہ
میزانیہ
اشارات میزانیہ
برطانیہ
علانیہ
اعلانیہ
ترکمانیہ
رومانیہ
تثنیہ
مغنیہ
ارمنیہ
نمونیہ
مولد اویہ
زاویہ

اطالیہ
عالیہ
ادب عالیہ
عدالت عالیہ
غالیہ
مضاف الیہ
موقوف الیہ
جلالیہ
مرسل الیہ
ہمالیہ
کوہ ہمالیہ
سوالیہ
اوشد ہالیہ
ودیالیہ
حلیہ
خلیہ
داخلیہ
تخلیہ
علیہ
مدعا علیہ
بحق مدعا علیہ
گواہ مدعا علیہ
مالہ وما علیہ
معتمدعلیہ
معطوف علیہ
مقسوم علیہ
قلیہ
کلیہ
اہلیہ
اسماعیلیہ

مقدار منفیہ
صوفیہ
متنازعہ فیہ
مذاقیہ
طاقیہ
اتفاقیہ
بقیہ
تقیہ
برقیہ
فقیہ
نقیہ
تنقیہ
شوقیہ
تکیہ
ہواتکیہ
سخن تکیہ
گاؤ تکیہ
بغلی تکیہ
تزکیہ
ایکیہ
چیکوسلاویکیہ
بھاگیہ
جانگیہ
استقبالیہ
مکتوب الیہ
حالیہ
اسم حالیہ
مسند الیہ
چترالیہ
ٹکسالیہ

بد اسلوبی
خوش
اسلوبی
جنوبی
قطب
جنوبی
بحیرۂ
چین
جنوبی
دھوبی
چھبی
مذہبی
اصلاح
مذہبی
وہبی
بی بی
طبیبی
میاں بی بی
ترتیبی
بے ترتیبی
ٹی بی
دیبی
تخریبی
غریبی
فریبی
خود فریبی
قریبی
اورنگ زیبی
آسیبی
نصیبی

قلبی
محبت قلبی
عداوت قلبی
قساوت قلبی
تشنہ لبی
ایل ایل بی
لمبی
کھمبی
نبی
آنبی
بانبی
اصحاب نبی
اجنبی
عنبی
بادۂ عنبی
کنبی
تونبی
اوبی
محبوبی
چوبی
کارچوبی
خوبی
بخوبی
نیروبی
شہرآشوبی
زرکوبی
سرکوبی
سینہ کوبی
پائے کوبی
صحرائے گوبی

علوم مغربی
مربی
پوربی
محاسبی
کسبی
نسبی
صبی
نظام عصبی
منصبی
فرض منصبی
فرائض منصبی
غضبی
طبی
رخصت طبی
قطبی
ستارۂ قطبی
دائرۂ قطبی
کعبی
غبی
لبی
لبلبی
حلبی
صلبی
وارث صلبی
پسرصلبی
طلبی
مجراطلبی
عیش طلبی
مطلبی
آرام طلبی

وہابی
یابی
نایابی
فتح یابی
باریابی
بازیابی
فیض یابی
اطلاع یابی
دخل یابی
کامیابی
ناکامیابی
کم یابی
ببی
کرتبی
واجبی
صاحبی
ادبی
بے ادبی
ڈبی
پن ڈبی
ڈبی ڈبی
چربی
حربی
یک ضربی
عربی
صمغ عربی
غربی
مغربی
جنوب مغربی
شمال مغربی

سیرابی
حسابی
اوسط حسابی
سال حسابی
زاغ آبی
مرغابی
نقابی
رکابی
گرگابی
انقلابی
گلابی
پھول گلابی
سیلابی
آدم آبی
سیمابی
عنابی
ثوابی
جوابی
حاضرجوابی
خوابی
شب خوابی
بدخوابی
دیرخوابی
کم خوابی
ہم خوابی
نیم خوابی
بے خوابی
نوابی
بھابی
شہابی

پتی
(۱) پتّی
(۲) پتّی
تاپتی
دریائے
تاپتی
ٹاپتی
پرجاپتی
کالاپتی
سیناپتی
سبھاپتی
ارب پتی
راشٹرپتی
نرپتی
کروڑپتی
بناسپتی
گپتی
پھول پتی
دھرم پتی
سمپتی
لکھ پتی
میگھ پتی
پونجی پتی
گھٹتی
حاجتی
حجتی
چتی
بچتی
ماتحتی
مصالحتی

کائناتی
تعیناتی
بھاتی
آپ بھاتی
چھاتی
ددھاتی
گھاتی
سنگھاتی
دیہاتی
صوتیاتی
نوآبادیاتی
نظریاتی
نفسیاتی
جمالیاتی
نامیاتی
جرثومیاتی
ادویاتی
وبائیاتی
بتی
قرابتی
صحبتی
پاربتی
شربتی
نسبتی
برادرنسبتی
موم بتی
نوبتی
پھبتی
غیبتی
بجلی بتی

استری جاتی
ذاتی
مساوات ذاتی
بدذاتی
جوہرذاتی
محافظ ذاتی
استحقاق ذاتی
کم ذاتی
براتی
گجراتی
حاضراتی
خیراتی
فلزاتی
برساتی
بڑساتی
سوغاتی
بے التفاتی
صفاتی
ملاقاتی
طبقاتی
تحقیقاتی
کاتی
علاتی
برادرعلاتی
کراماتی
طلسماتی
ظلماتی
ناتی
جناتی
چپڑقناتی

کپکپی
گپی
چمپی
رانپی
ٹوپی
کنول روپی
گوپی
چھپاچھپی
چیپی
سیپی
مسی سیپی
دریائے
مسی سیپی
ٹھیپی
چھیپی
باتی
خراباتی
بے ثباتی
تجرباتی
قصباتی
نباتی
جسم نباتی
پاتی
چپاتی
دال چپاتی
قلیہ چپاتی
ناشپاتی
نباتاتی
جاتی
بیرون جاتی

بدنصیبی
خوش نصیبی
کم نصیبی
بے نصیبی
عیبی
غیبی
ترکیبی
اجزائے ترکیبی
جلیبی
پی
آپی
باپی
پاپی
مہاپاپی
راپی
کاپی
کاربن کاغذ کاپی
کاربن کاپی
تھاپی
آپادھاپی
تپی
(۱) چپی
(۲) چپی
(۳) چپی
یورپی
کھرپی
اسپی
دلچسپی
غپی
کپی

گرھستی
صفحۂ
ہستی
نیستی
آشتی
پشتی
شورہ پشتی
چشتی
خشتی
دشتی
موش
دشتی
خارشتی
درشتی
زشتی
(۱) کشتی
(۲) کشتی
گشتی
روندگشتی
حکم گشتی
مشتی
دھینگا
مشتی
بھشتی
رخصتی
عدم فرصتی
کم فرصتی
ریاضتی
حفاظتی
زراعتی

ہوس پرستی
آتش پرستی
موقع پرستی
خیال پرستی
قوم پرستی
حسن پرستی
وطن پرستی
شاہ پرستی
بادہ پرستی
مادہ پرستی
ضابطہ پرستی
فرقہ پرستی
مے پرستی
درستی
نادرستی
تندرستی
سرستی
سستی
مستی
بدمستی
خرمستی
سرمستی
ایام مستی
عالم مستی
فاقہ مستی
پوستی
دوستی
وفادوستی
وطن دوستی
ہستی

چوبدستی
فراخ دستی
زبردستی
درازدستی
تیزدستی
پیش دستی
چابک دستی
سبک دستی
یک دستی
تنگ دستی
کوتاہ دستی
چیرہ دستی
وفاپرستی
آفتاب پرستی
مطلب پرستی
ذات پرستی
بت پرستی
صورت پرستی
رجعت پرستی
شہوت پرستی
ملوکیت پرستی
شہنشاہیت
پرستی
پھوٹ پرستی
مفاد پرستی
امرد پرستی
خود پرستی
زرپرستی
سرپرستی
نفس پرستی

فطرتی
(۱) کرتی
(۲) کرتی
لال کرتی
جاگرتی
امرتی
سمرتی
چکرورتی
خوب صورتی
بدصورتی
مورتی
بھرتی
محکمۂ بھرتی
(۱) پھرتی
(۲) پھرتی
دھرتی
رتی رتی
حیرتی
بے غیرتی
پڑتی
بے عزتی
ستی
سیتاستی
راستی
ناراستی
بستی
پستی
چستی
دستی
چرب دستی

فضیحتی
تکافضیحتی
تھکافضیحتی
بختی
بدبختی
کوربختی
نیک بختی
کم بختی
سیاہ بختی
تختی
سختی
سوختی
ریختی
زیادتی
رتی
آرتی
تجارتی
شرارتی
وزارتی
غارتی
سفارتی
عمارتی
زیارتی
پرتی
کثرتی
اجرتی
قدرتی
سرتی
کسرتی
معاشرتی

گٹھوتی
سمجھوتی
من
سمجھوتی
اچھوتی
دھوتی
بڑھوتی
شہوتی
سیوتی
بھتی
تھتی
یک جہتی
پرچھتی
اڑھتی
بڑھتی
کمتی
بڑھتی
کھتی
دوھتی
پنچایتی
رعایتی
رخصت
رعایتی
کفایتی
شکایتی
ولایتی
حمایتی
آپ بیتی
جگ بیتی
تی تی

دریائے ایراوتی
لیلاوتی
پوتی
بپوتی
ست پوتی
سپوتی
توتی
کٹوتی
ہٹوتی
جوتی
دوتی
بے مروتی
بھروتی
کپڑوتی
چھڑوتی
سوتی
سرسوتی
دریائے سرسوتی
دوسوتی
فوتی
یاقوتی
ملکوتی
گوتی
بھگوتی
موتی
مومی موتی
کنوتی
منوتی
ہنوتی
کٹھوتی

کم قیمتی
انتی
تانتی
دانتی
بیدانتی
ویدانتی
درانتی
کرانتی
شانتی
امانتی
ضمانتی
بددیانتی
بنتی
جنتی
جنّتی
محنتی
چوھے دنتی
بسنتی
لعنتی
گنتی
منتی
روپ ونتی
لاجونتی
کلونتی
جیجیونتی
گینتی
پائینتی
آئینتی پائینتی
عداوتی
ایراوتی

مالتی
دِلتی
علتی
غفلتی
اولتی
دولتی
(۱) متی
(۲) متی
امتی
کوتاہ قامتی
سلامتی
ملامتی
خدمتی
بے حرمتی
درمتی
باسمتی
بدقسمتی
خوش قسمتی
کمتی
حکمتی
بھانمتی
لاحکومتی
گومتی
دریائے گومتی
ہمتی
تہمتی
پست ہمتی
بلند ہمتی
کم ہمتی
قیمتی

اشاعتی
جماعتی
بدعتی
صنعتی
ثقافتی
مستفتی
جفتی
چفتی
دفتی
حرفتی
مفتی
مصروفتی
ناطاقتی
بے طاقتی
وقتی
خوش وقتی
کتی
چکتی
شکتی
نکتی
دھن کتی
اگتی
جگتی
پنگتی
سنگتی
منگتی
لتی
پالتی
آلتی پالتی
عدالتی

چوٹی
چوّٹی
روٹی
دال روٹی
ڈبل روٹی
پاؤروٹی
ہروٹی
مسی روٹی
بیسنی
روٹی
کپڑوٹی
کسوٹی
گوٹی
سنگوٹی
سنگ
سنگوٹی
لنگوٹی
اٹھارہ
گوٹی
کجلوٹی
کالی کلوٹی
موٹی
چموٹی
چنوٹی
بیر بہوٹی
پھوٹی
ہتھوٹی
ڈیوٹی
کیوٹی
ہٹی

مٹی
چمٹی
گمٹی
ملتانی مٹی
موئی مٹی
انٹی
کانٹی
ہاتھاچھانٹی
گھانٹی
گارنٹی
ٹونٹی
پھونٹی
کھونٹی
چیونٹی
گھنٹی
پھینٹی
راؤٹی
جماوٹی
بناوٹی
سہاوٹی
دکھاوٹی
(۱) بوٹی
(۲) بوٹی
فرید بوٹی
پھیربوٹی
جڑی بوٹی
چپوٹی
ٹھڈاٹوٹی
پون ٹوٹی
سجوٹی

ٹی پارٹی
اتھارٹی
لبرٹی
سٹی
(۱) سٹّی
(۲) سٹّی
ہزمجسٹی
یونی ورسٹی
کمیونسٹی
میکسیکو سٹی
سیفٹی
کٹی
کٹّی
راکٹی
چکٹی
نک کٹی
لکٹی
پن کٹی
ہتھ کٹی
جلی کٹی
گٹی
لٹی
الٹی
بالٹی
کوالٹی
بلٹی
پلٹی
میونسپلٹی
گلٹی
پھلٹی

گھاٹی
بٹی
پٹی
پٹّی
پٹاپٹی
چٹاپٹی
کھٹاپٹی
جھانساپٹی
اٹ پٹی
چٹ پٹی
چھٹپٹی
چپٹی
ڈپٹی
پیزارپٹی
لاش پٹی
کپٹی
مانگ پٹی
لگی لپٹی
کن پٹی
چھیناجھپٹی
چھپٹی
ٹٹی
جٹی
جٹّی
چٹی
مغزچٹی
پارٹی
لیبر پارٹی
ایوننگ پارٹی
گارڈن پارٹی

پچیتی
ریتی
عاریتی
کبریتی
ڈکیتی
پھکیتی
گیتی
(۱) نیتی
(۲) نیتی
راج نیتی
بدنیتی
خوش نیتی
نیک نیتی
چاہیتی
چہیتی
کھیتی
ہائیتی
اٹی
باٹی
پاٹی
لپاٹی
سیتل پاٹی
چاٹی
چوماچاٹی
ماٹی
آٹاماٹی
کھٹواٹی
اٹواٹی کھٹواٹی
اٹھواٹی کھٹواٹی
ڈھاٹی

کھوجی
شاہ جی
تہجی
ترتیت
تہجی
حروف
تہجی
دھجی
لالہ جی
بیجی
بھتیجی
جیتے جی
جیجی
کلیجی
اٹاچی
چاچی
کراچی
الاچی
نوچاناچی
سرناچی
بچی
(۱) پچی
(۲) پچی
سلپچی
اوپچی
توپچی
کھپچی
تیپچی
چچی
غبارچی

بھانجی
میاں جی
پنجی
نارنجی
برنجی
شکررنجی
شطرنجی
گوھرسنجی
سخن سنجی
بادہ سنجی
نغمہ سنجی
کنجی
تالاکنجی
پونجی
لاگت پونجی
چرونجی
لونجی
کلونجی
پکھاوجی
سوجی
فوجی
گائنیکالوجی
ٹکنالوجی
جیالوجی
آرکیالوجی
فلولوجی
بایولوجی
موجی
من موجی
بھوجی

نازک مزاجی
مستقل مزاجی
گرم مزاجی
قائم مزاجی
تلون مزاجی
پختہ مزاجی
سادہ مزاجی
آوارہ مزاجی
کاجی
لاعلاجی
سماجی
ناجی
رواجی
آئین رواجی
ھاجی
بھاجی
ساگ بھاجی
جپ جی
ملتجی
شیخ جی
خارجی
مرکزخارجی
برجی
خرجی
سجی
کجی
گجی
نجی
کانجی
ھاں جی

بنیٹی
ھیٹی
میراثی
بحثا بحثی
کج بحثی
وارثی
لاوارثی
ثالثی
اقرارنامۂ ثالثی
مثلثی
منشور مثلثی
موروثی
جائداد موروثی
غیرموروثی
اسامیٔ
غیرموروثی
اسامیٔ موروثی
جی
اجی
آجی
باجی
پاجی
محتاجی
احتجاجی
حاجی
سامراجی
نراجی
سوراجی
مزاجی
بدمزاجی

بھٹی
دیدہ پھٹی
چھٹی
چھٹّی
رھٹی
مرھٹی
نٹ کھٹی
کھٹکھٹی
گھٹی
گھٹّی
ملہٹی
سوسائٹی
ریڈ کراس
سوسائٹی
بیٹی
بیٹابیٹی
بہوبیٹی
سوتیلی بیٹی
پیٹی
اندازپیٹی
کارتوس پیٹی
خصم پیٹی
نخرے پیٹی
سیٹی
تلیٹی
کمیٹی
سب کمیٹی
ھڑتال کمیٹی
مل کمیٹی
امن کمیٹی

انفرادی
مرادی
نامرادی
خرادی
مرادی
زادی
آزادی
جنگ
آزادی
صاحبزادی
مالزادی
حرام زادی
شاہ زادی
بادشاہ
زادی
شہزادی
فسادی
شادی
اقتصادی
فصادی
عادی
مجرم عادی
میعادی
ہنڈی
میعادی
اعتقادی
بد اعتقادی
لادی
جلادی
فولادی

منسوخی
شوخی
تیخی
تاریخی
شیخی
میخی
ہزارمیخی
بادی
آبادی
نیم آبادی
نوآبادی
افسر نوآبادی
محکمۂ آبادی
خانہ آبادی
اراضیٔ آبادی
بربادی
خانہ بربادی
مبارک بادی
مبادی
استادی
اتحادی
دادی
استبدادی
پردادی
انسدادی
اعدادی
امدادی
ارادی
قوت ارادی
خرادی

ملاحی
نواحی
سیاحی
سطحی
وحی
مذبوحی
صبوحی
سبک روحی
نزول وحی
سادہ لوحی
ریحی
تشریحی
تفریحی
مسیحی
فصیحی
گستاخی
فراخی
سوراخی
شاخی
چخاچخی
چرخی
سرخی
اک رخی
یک رخی
ایک رخی
نرخی
دوزخی
سخی
بطخی
تلخی

افیمچی
انچی
رانچی
کرانچی
خزانچی
نشانچی
کھانچی
صحنچی
گھڑونچی
کونچی
پھنچی
قینچی
اینچا کھینچی
قابوچی
چوچی
کوچی
بلوچی
موچی
نوچی
الائچی
قیچی
لیچی
حی
افتتاحی
جراحی
عمل جراحی
صراحی
نکاحی
اصلاحی
اصطلاحی

نقارچی
طیارچی
پرچی
خرچی
فضول خرچی
کم خرچی
باورچی
تِنبورچی
زنبورچی
ڈھنڈورچی
نفیرچی
بقچی
بند وقچی
صند وقچی
ہچکچی
ٹینکچی
گھنگچی
دیگچی
لچی
ڈفالچی
لالچی
طبلچی
مشعلچی
ڈولچی
ایلچی
چمچی
دمچی
قمچی
چلمچی
ملمچی

ادابندی
گھیرابندی
ناکابندی
ٹھیکابندی
تالابندی
حنابندی
ہوابندی
شراب
بندی
صورت
بندی
بیت بندی
گھاٹ
بندی
گٹ بندی
اینٹ بندی
شرح بندی
نرخ بندی
حد بندی
جلد بندی
مدبندی
ازاربندی
چھپربندی
ٹھاٹربندی
دربندی
سطربندی
نظربندی
کمربندی
کھربندی
پکڑبندی

مستعدی
متعدی
مصدرمتعدی
مرض متعدی
فعل متعدی
جبروتعدی
نقدی
خسارۂ نقدی
معاوضۂ نقدی
(۱) گدی
(۲) گدی
راج گدی
گدگدی
لگدی
ساہوکاری گدی
(۱) جلدی
(۲) جلدی
ہلدی
خوشامدی
محمدی
ندی
باندی
بوندا باندی
چاندی
سوناچاندی
پھاندی
مہاندی
(۱) بندی
(۲) بندی
پابندی

کوچہ گردی
غنڈہ گردی
آوارہ گردی
ہرزہ گردی
مردی
پامردی
نامردی
شیرمردی
جواں مردی
مٹھ مردی
وردی
باوردی
لاجوردی
صحرانوردی
دشت نوردی
راہ نوردی
دزدی
یزدی
ایزدی
مشیت ایزدی
سدی
سبھاسدی
رسدی
حصہ رسدی
تقسیم
بحصۂ رسدی
صدی
متصدی
ضدی
تعدی

مقتدی
مہتدی
جدی
جدّی
خط جدی
یک جدی
راس الجدی
حدی
احدی
تحدی
سرحدی
عددی
صفت عددی
مددی
ردی
اردی
مجردی
خردی
ہمدردی
اظہارہمدردی
بےدردی
زردی
سردی
فردی
گردی
شاگردی
شب گردی
دشت گردی
نادرگردی
اندھیرگردی

مادی
اعتمادی
نااعتمادی
بےاعتمادی
علت مادی
جمادی
جسم جمادی
(۱) منادی
(۲) منادی
وادی
مایاوادی
ست وادی
مارکس وادی
گاندھی وادی
ہادی
اجتہادی
کھادی
بدنہادی
نام نہادی
فریادی
صیادی
بنیادی
مرکزبنیادی
بدی
ابدی
بدابدی
لابدی
لبدی
نیکی بدی
مبتدی

احسان
مندی
آرزومندی
تنومندی
بہرہ مندی
تیزی مندی
نندی
آنندی
خاوندی
خداوندی
(۱) بوندی
(۲) بوندی
بوندا
بوندی
چکاچوندی
گوندی
پھپھوندی
پیوندی
ہندی
پھرپھندی
نادھندی
تمرھندی
سنبل
ہندی
مہندی
گل مہندی
رچنی
مہندی
پیندی
بے پیندی

سمرقندی
تواضع سمرقندی
کندی
گندی
بلندی
سربلندی
مندی
رضامندی
نارضامندی
حاجت مندی
صحت مندی
ارادت مندی
سعادت مندی
دولت مندی
فتح مندی
خرد مندی
درد مندی
سود مندی
یارمندی
فکرمندی
ہنرمندی
نیازمندی
فیروزمندی
دانش مندی
ہوش مندی
اخلاص مندی
غرض مندی
اقبال مندی
کسل مندی
عقل مندی

خندی
لبڑخندی
رندی
فرزندی
انتہاپسندی
تنہاپسندی
مصالحت پسندی
مصلحت پسندی
لذت پسندی
امارت پسندی
رجعت پسندی
حقیقت پسندی
قدامت پسندی
انفرادیت پسندی
اذیت پسندی
حریت پسندی
شہنشاہیت
پسندی
استبداد پسندی
خود پسندی
عیش پسندی
اعتدال پسندی
حسن پسندی
امن پسندی
شاہ پسندی
فرقہ پسندی
ترقی پسندی
خورسندی
فندی
آفندی

راستہ بندی
پشتہ بندی
ڈیٹھ بندی
درجہ بندی
مورچہ بندی
کوچہ بندی
نیچہ بندی
دہ بندی
تودہ بندی
فقرہ بندی
شیرازہ بندی
نشہ بندی
قلعہ بندی
علاقہ بندی
طبقہ بندی
فرقہ بندی
ناکہ بندی
معاملہ بندی
دانہ بندی
رخنہ بندی
آئینہ بندی
گروہ بندی
جتھہ بندی
قافیہ بندی
دھڑے بندی
لڑائی بندی
بھائی بندی
تندی
چندی
نوچندی

جزبندی
نقش بندی
پیش بندی
قسط بندی
ضلع بندی
جمع بندی
فردجمعبندی
صف بندی
تک بندی
پھاٹک بندی
چک بندی
سلک بندی
تھوک بندی
جنگ بندی
خیال بندی
پل بندی
نخل بندی
نعل بندی
مل بندی
جدول بندی
ہل بندی
پیل بندی
لام بندی
خاتم بندی
زبان بندی
چمن بندی
چوبندی
داروبندی
منصوبہ بندی
تختہ بندی

کینڈی
لینڈی
تلینڈی
مینڈی
لہینڈی
دراوڑی
ٹوڑی
ھڈی
ٹھڈی
ڈھڈی
کھڈی
چبنی ھڈی
لیڈی
کامیڈی
ذی
کاغذی
مذی
موذی
ری
اری
آری
باری
گولا باری
اعتباری
بے اعتباری
اخباری
برد باری
کارباری
درباری
گھرباری

(۲) منڈی
گھمنڈی
سبزی منڈی
بونڈی
تونڈی
ٹونڈی
ڈونڈی
بورونڈی
سونڈی
کونڈی
لونڈی
مونڈی
پچھونڈی
(۱) ھنڈی
(۲) ھنڈی
بھنڈی
ٹھنڈی
(۱) جھنڈی
(۲) جھنڈی
پاکھنڈی
گھنڈی
پلھنڈی
نرخ نامۂ ھنڈی
میعادی ھنڈی
درشنی ھنڈی
چٹھی ھنڈی
بینڈی
اینڈی بینڈی
پینڈی
رینڈی

کناڈی
کیناڈی
بڈی
کبڈی
ٹڈی
برڈی
پھسڈی
(۱) گڈی
(۲) گڈی
ایل ایل ڈی
انڈی
بانڈی
دانڈی
ڈانڈی
برانڈی
مانڈی
ھانڈی
بنڈی
پنڈی
راولپنڈی
ٹنڈی
ڈنڈی
پگ ڈنڈی
رنڈی
ارنڈی
(۱) کنڈی
(۲) کنڈی
گنڈی
لنڈی
(۱) منڈی

سپیدی
دیدی
تردیدی
ثبوت تردیدی
تجریدی
آفریدی
مریدی
شیدی
صیدی
عیدی
سفیدی
روسفیدی
قیدی
تاکیدی
گیدی
پلیدی
کلیدی
امیدی
ناامیدی
نومیدی
ترویدی
چترویدی
بھیدی
شہیدی
تمہیدی
تائیدی
شہادت تائیدی
ثبوت تائیدی
اڈی
لاڈا لاڈی

چیندی
ریندی
داؤدی
گل داؤدی
گاؤدی
کبودی
بہبودی
خودی
اسرارخودی
بےخودی
سرودی
زودی
سودی
گودی
لودی
مودی
عمودی
مرکزعمودی
نمودی
خشنودی
خوشنودی
شہودی
یہودی
ھدی
زاھدی
بدعھدی
مہدی
منہدی
تربیدی
انتربیدی

مداری
نام داری
ماتم داری
دکان داری
دوکان داری
مہمان داری
ایمان داری
جہانداری
دین داری
زمین داری
روداری
راہداری
داروغۂ راہداری
پروانۂ راہداری
چٹھی راہداری
نگاہ داری
صوبہ داری
رشتہ داری
پردہ داری
بارہ داری
اجارہ داری
حصہ داری
مال حصہ داری

عذرداری
سرداری
خاطرداری
بدکرداری
ظاہرداری
شہرداری
گھرداری
جاگیرداری
رازداری
عزیزداری
پاسداری
آپسداری
گوش داری
قرض داری
تابعداری
وضع داری
ضلعداری
جمعداری
غداری
طرفداری
ناطرفداری
تعلقداری
مالداری
عیالداری
دل داری
عمل داری
چھولداری
جیل داری
تحصیل داری
تحویل داری

غیرجانبداری
قرابتداری
صحبت داری
امانت داری
دیانت داری
فوجداری
عدالت فوجداری
حاکم فوجداری
قانون فوجداری
آئین فوجداری
ضابطۂ فوجداری
طرح داری
خود داری
بارداری
دربارداری
بیمارداری
تیمارداری
برداری
دست برداری
خبرداری
باربرداری
کاربرداری
نازبرداری
کفش برداری
لمبرداری
نمبرداری
فرمانبرداری
نافرمانبرداری
خایہ برداری
سپرداری

مہتاری
اٹاری
پٹاری
کٹاری
نثاری
جان نثاری
جاری
آراجاری
آب جاری
حساب جاری
پچاری
تجاری
نجاری
بنجاری
لاچاری
ناچاری
کرم چاری
دھرم چاری
برہم چاری
بخاری
داری
عزاداری
وفاداری
حلف وفاداری
ناداری
رواداری
ہواداری
دنیاداری
آب داری
جانب داری

گوہرباری
زیرباری
برف باری
اشکباری
سنگ باری
بمباری
انباری
گران باری
خون باری
کاروباری
ژالہ باری
گولہ باری
باری باری
پاری
سپاری
سوپاری
بیوپاری
بیپاری
تاری
تاتاری
چتاری
مختاری
خود مختاری
ستاری
پرستاری
گرفتاری
وارنٹ گرفتاری
پروانۂ گرفتاری
گرم رفتاری
راست گفتاری

فداکاری
افتراکاری
چوراکاری
جفاکاری
تلاکاری
زناکاری
میناکاری
ریاکاری
آبکاری
تابکاری
محال
آبکاری
محصول
آبکاری
داروغۂ
آبکاری
محکمۂ
آبکاری
چوب کاری
روبکاری
فریب کاری
منبت کاری
دستکاری
کاشتکاری
کشتکاری
تھتکاری
ٹٹکاری
چٹکاری
چکاری
(۱) پچکاری

انکساری
غم گساری
سنگ ساری
بادہ گساری
مے گساری
شرم ساری
پنساری
سنساری
ملن ساری
جاری و ساری
یساری
سرشاری
انصاری
طاری
عطاری
افطاری
عاری
نثر عاری
شعاری
وفا شعاری
کفایت شعاری
تغافل شعاری
ستم شعاری
نظم عاری
تغاری
قاری
قلقاری
نقاری
کاری
اداکاری

حاصل بازاری
گرم بازاری
تہ بازاری
دل آزاری
مردم آزاری
ہزاری ہزاری
گزاری
اطاعت گزاری
وقت گزاری
کارگزاری
سند کارگزاری
سپاس گزاری
گوش گزاری
مال گزاری
تحصیل مالگزاری
قانون مالگزاری
اراضیٔ مالگزاری
ادائے مالگزاری
فرمان گزاری
شکوہ گزاری
نزاری
آہ و زاری
نالہ و زاری
گریہ و زاری
ہزاری
ہفت ہزاری
پیزاری
پیزارا پیزاری
ساری
خاک ساری

شکرگذاری
ناشکرگذاری
مال گذاری
برآری
مطلب برآری
حاجت برآری
کاربرآری
طراری
اضطراری
فراری
مجرم فراری
فوتی فراری
اقراری
بے قراری
گراری
مراری
استمراری
بند و بست
استمراری
جائداد استمراری
ماضی استمراری
معافیٔ استمراری
زاری
آزاری
بازاری
کالا بازاری
کساد بازاری
سرد بازاری
چوربازاری
سگ بازاری

فوطہ داری
تعلقہ داری
رسالہ داری
قبیلہ داری
ذمہ داری
خانہ داری
اسباب
خانہ داری
سرمایہ داری
تعزیہ داری
پائداری
ناپائداری
بیداری
شب بیداری
صوبے داری
خریداری
مزیداری
چوکیداری
پلے داری
ذمے داری
غیرذمے داری
تھانیداری
پائیداری
ناپائیداری
ڈاری
کنڈاری
پھنڈاری
اعتذاری
گذاری
خدمتگذاری

سناری
کناری
جزائرکناری
گلناری
مہیناری
واری
پیداواری
تواری
استواری
پٹواری
جواری
کال جواری
حواری
خواری
غم خواری
خونخواری
بادہ
خواری
امیدواری
سواری
بسواری
گھڑسواری
چابک
سواری
دشواری
کواری
گواری
ناگواری
خوشگواری
ناخوشگواری

بیگاری
لاری
سالاری
دلاری
راج دلاری
موٹرلاری
پھل پھلاری
ماری
بٹ ماری
چماری
خماری
چاند ماری
چند ماری
شماری
اخترشماری
مردم شماری
گاؤشماری
خانہ شماری
عماری
استعماری
معماری
قماری
کماری
راج کماری
راس کماری
الماری
راہ ماری
بیماری
اڑن بیماری
ناری

بے کاری
جوتے کاری
پچی کاری
گاری
طلب گاری
خواست گاری
رستگاری
خدمتگاری
یادگاری
سازگاری
ناسازگاری
روزگاری
بے روزگاری
ریزگاری
پرہیزگاری
ناپرہیزگاری
کام گاری
ستم گاری
نگاری
انگاری
سہل انگاری
حقیقت نگاری
ٹنگاری
چنگاری
زرنگاری
زنگاری
وقائع نگاری
مضمون نگاری
نقشہ نگاری
گناہ گاری

کلکاری
گلکاری
پھول کاری
پھلکاری
دخیل کاری
مکاری
حرام کاری
زخم کاری
قلم کاری
جانکاری
زیان کاری
ھنکاری
نکوکاری
ساھوکاری
سیاہ کاری
بھکاری
تجربہ کاری
ناتجربہ کاری
کوبہ کاری
پختہ کاری
ادھکاری
سادہ کاری
کندہ کاری
آزمودہ کاری
ناآزمودہ کاری
کشیدہ کاری
تازہ کاری
غازہ کاری
ہرزہ کاری
سرمایہ کاری

(۲) پچکاری
چچکاری
گچ کاری
آبادکاری
نوآبادکاری
محکمۂ آبادکاری
بدکاری
مختارکاری
پرکاری
سادگی و پرکاری
ترکاری
چترکاری
استرکاری
سرکاری
منصب سرکاری
غیرسرکاری
ھرکاری
(۱) سسکاری
(۲) سسکاری
ہوس کاری
شکاری
چورشکاری
ششکاری
کفش کاری
سگ شکاری
غلط کاری
مرصع کاری
طمع کاری
ملمع کاری
واقف کاری

کھوپری
خانہ پری
تری
خچرپاتری
جاتری
چاتری
شوراتری
ابتری
(۱) پتری
(۲) پتری
جنم پتری
تتری
چتری
برتری
(۱) ستری
(۲) ستری
استری
شاستری
ہم بستری
خاکستری
گستری
ثناگستری
عدالت
گستری
دادگستری
عدل گستری
مستری
بے ستری
شتری
تشتری

بربری
زبری
سالسبری
بے صبری
عبری
اکبری
دلبری
پیغام بری
پیام بری
پیغمبری
لمبری
ممبری
نمبری
چنبری
چرخ چنبری
گوبری
راہبری
ڈھبری
رھبری
لہبری
تری بری
(۱) پری
(۲) پری
تپری
سبزپری
رشک پری
لال پری
جل پری
نیلم پری
اوپری

بے اختیاری
بھٹیاری
شہریاری
بسیاری
ہوشیاری
ہشیاری
طیاری
عیاری
کیاری
آگیاری
بے ہتھیاری
اندھیاری
بری
برّی
ابری
اسٹابری
برابری
نابرابری
ببری
معتبری
جبری
افواج بری
الجبری
خبری
صورت خبری
خوش خبری
مخبری
بے خبری
مدبری
ڈبری

روپ دھاری
چکردھاری
راسدھاری
تلک دھاری
کھاری
بکھاری
اوکھاری
گھوراگھاری
بلہاری
کمہاری
نہاری
بنہاری
پسنہاری
منہاری
لوہاری
تیوہاری
یاری
آبیاری
پیاری
تیاری
اختیاری
خود اختیاری
حفاظت
خود اختیاری
استحقاق
حفاظت
خود اختیاری
حق
خود اختیاری
غیراختیاری

سوگواری
پلواری
تلواری
پھلواری
ہمواری
ناہمواری
کنواری
گنواری
راہواری
ماہواری
ہفتہ واری
چاردیواری
ہاری
صحرائے کالاہاری
(۱) بہاری
(۲) بہاری
بھاری
آبھاری
باد بہاری
اشتہاری
مجرم اشتہاری
جھاری
بوچھاری
دھاری
آدھاری
جٹادھاری
لٹادھاری
ماس آدھاری
مانس آدھاری
لیلادھاری

پردہ دری
ڈری
لانڈری
گدری
محرری
مقرری
زری
پٹکازری
گزری
سری
اوقات
بسری
دردسری
خودسری
(۱) سرسری
(۲) سرسری
اختیار
سرسری
نرسری
سسری
سبک سری
مولسری
ہم سری
بانسری
ڈسپنسری
اوسری
پیرانہ سری
کیسری
باگیسری
شری

پادری
برادری
جات برادری
ذات برادری
بھائی برادری
جغادری
جگادری
مادری
نادری
بہادری
دربدری
پدری
ترکۂ پدری
عصمت دری
صدری
مصدری
صورت مصدری
ہوائی صدری
قدری
بے قدری
کبک دری
اندری
پانچ اندری
سندری
سکندری
اسکندری
اقبال سکندری
آئینۂ سکندری
مندری
سمندری

گجری
(۱) پنجری
(۲) پنجری
خنجری
کنجری
منجری
کھنجری
گوجری
ھجری
تاریخ ھجری
سال ھجری
سنہ ھجری
چری
چچری
کچری
کپورکچری
موچری
پانڈیچری
نیچری
ساحری
بحری
عدالت بحری
افواج بحری
فوج بحری
بیمۂ بحری
سحری
شمع سحری
چراغ سحری
آخری
دری

چٹری
لیبارٹری
سکرٹری
سیکرٹری
انڈرسیکرٹری
رجسٹری
انڈسٹری
پامسٹری
منسٹری
ھسٹری
ڈاکٹری
ڈائرکٹری
کلکٹری
فیکٹری
ملٹری
انفنٹری
پارلیمنٹری
سینٹری
ھٹری
ٹھٹری
بیٹری
جیومیٹری
اوبزرویٹری
کنسرویٹری
(۱) جری
(۲) جری
مستاجری
بجری
سرجری
کجری

طشتری
اڑن طِشتری
انگشتری
مشتری
دفتری
مفتری
بکتری
لتری
جنتری
باجنتری
بجنتری
سنتری
منتری
مہامنتری
جاوتری
کبوتری
جوتری
گنگوتری
سالوتری
سلوتری
بڑھوتری
بہتری
چھتری
بال چھتری
تیتری
بھیتری
لاٹری
پٹری
ٹٹری
ٹٹّری

سپاہ گری
نوحہ گری
چارہ گری
بوزہ گری
شیشہ گری
گھگری
عشوہ گری
جلوہ گری
دایہ گری
بخیہ گری
میاں جی
گری
کاریگری
بازی گری
بخشی گری
منشی گری
قلعی گری
ڈسٹلری
گیلری
مری
صورت امری
سامری
ترمری
سوانح عمری
کم عمری
قضائے عمری
(۱) قمری
(۲) قمری
سال قمری
ماہ قمری

صنعت گری
اینٹ گری
جگری
راج گری
بے جگری
ڈگری
اجرائے ڈگری
ایفائے ڈگری
زرگری
جنگ زرگری
نقش گری
رامش گری
گگری
مگری
سامگری
ستم گری
آدم گری
نگری
لانگری
توانگری
کنگری
لنگری
تونگری
ڈونگری
ھنگری
آھنگری
جادوگری
رفوگری
موگری
نوگری

چکری
دکری
کرکری
عسکری
شکری
ناشکری
لشکری
تل شکری
فکری
بے فکری
مکری
سانکری
کنکری
ٹوکری
ڈوکری
نوکری
چھوکری
ٹھکری
ٹیکری
ٹھیکری
گری
گرّی
گداگری
سوداگری
ناگری
دیوناگری
آیاگری
کیمیاگری
غارتگری
صورت گری

وسیع النظری
شکل نظری
کم نظری
پریشان نظری
کوتاہ نظری
بے نظری
شاعری
شعری
انابیب شعری
ساغری
لاغری
اصغری
فری
مسافری
کافری
افراتفری
سفری
جعفری
گل جعفری
نفری
قہقری
رجعت قہقری
چاکری
(۱) بکری
(۲) بکری
شیربکری
روکڑبکری
بھیڑبکری
گٹکری
پھٹکری

شرّی
بشری
حشری
عشری
اثناعشری
نشری
مصری
ثعلب مصری
دندان مصری
عنصری
قفس عنصری
حاضری
غیرحاضری
اطلاع حاضری
عدم حاضری
نقشۂ حاضری
سطری
فطری
غیرفطری
خلاف وضع فطری
جرم
خلاف وضع فطری
جرائم
خلاف وضع فطری
منتظری
نظری
بدنظری
خوش نظری
بالغ نظری
تنگ نظری

شرما
حضوری
شہادت
حضوری
منظوری
نامنظوری
قابل
منظوری
ناقابل
منظوری
شعوری
لاشعوری
غیرشعوری
تحت
الشعوری
بےشعوری
طالع وری
غوری
فوری
کافوری
کوری
شب کوری
چکوری
(۱) گوری
(۲) گوری
انگوری
شراب
انگوری
لنگوری
(۱) لوری

غریب پروری
ملت پروری
روح پروری
مسافرپروری
قوم پروری
مہمان پروری
تن پروری
سخن پروری
کنبہ پروری
بندہ پروری
قبیلہ پروری
کینہ پروری
سروری
ضروری
غیرضروری
مغروری
فروری
ہروری
زورا زوری
سرزوری
کم زوری
شہ زوری
منھ زوری
سینہ زوری
باگیشوری
صوری
علت صوری
مصوری
فن مصوری
حضوری

منھ چوری
چوری چوری
محوری
ہوا خوری
شراب خوری
گوشت خوری
مفت خوری
بیاج خوری
سودخوری
بسیارخوری
پرخوری
چغل خوری
حرام خوری
غم خوری
کم خوری
بادہ خوری
ہمہ خوری
مےخوری
(۱) دوری
(۲) دوری
مزدوری
محنت مزدوری
تندوری
کندوری
ڈوری
لین ڈوری
معذوری
پروری
غربا پروری
اقربا پروری

نام آوری
زبان آوری
شناوری
حملہ آوری
یاوری
بوری
مجبوری
صبوری
ناصبوری
(۱) پوری
(۲) پوری
(۳) پوری
کپوری
(۱) توری
(۲) توری
دستوری
کستوری
مستوری
فتوری
ہمت وری
ٹوری
کٹوری
لٹوری
تاجوری
باراجوری
رنجوری
مہجوری
چوری
کچوری
کام چوری

کمری
بھوکمری
ٹھمری
گھمری
نری
چنری
آرڈنری
گورنری
ڈکشنری
مشنری
سٹیشنری
چونری
بھونری
مشینری
اوری
بجاآوری
پیداآوری
بخت آوری
مجاوری
داوری
یادآوری
گردآوری
گوداوری
دریائےگوداوری
زورآوری
اساوری
بساوری
دساوری
تشریف آوری
دل آوری

ثبوت
تحریری
آئین
تحریری
شریری
تقریری
آنریری
پھریری
تعزیری
ضابطۂ
تعزیری
وزیری
کالی زیری
سیری
اسیری
پنسیری
پوسیری
دوسیری
(۱) شیری
(۲) شیری
نصیری
فطیری
نفیری
فقیری
پیری و
فقیری
میری و
فقیری
پاتاکیری
ملاگیری

جھربیری
جھڑبیری
زبیری
عبیری
بھمبیری
نبیری
بھنبیری
(۱) پیری
(۲) پیری
پھپیری
عصائے پیری
ٹٹیری
پنجیری
چیری
اخیری
تقدیری
ڈیری
بنڈیری
گنڈیری
منڈیری
پذیری
اثرپذیری
دل پذیری
چارہ پذیری
تناریری
لائبریری
لٹریری
حریری
تحریری
شہادت تحریری

کچھری
کفرکچھری
(۱) دھری
(۲) دھری
چودھری
پھرھری
سہری
مسہری
شہری
ہم شہری
ظہری
تحریرظہری
حکم ظہری
کھری
بکھری
تکھری
گھگھری
لہری
گلہری
(۱) مہری
(۲) مہری
(۳) مہری
سرد مہری
نہری
جوھری
شوھری
اختیار شوھری
ڈائری
(۱) بیری
(۲) بیری

تیوری
جیوری
ڈلیوری
تھیوری
ھری
باھری
طاھری
ظاھری
حس ظاھری
بہری
بھری
گود بھری
بس بھری
رس بھری
بھاگ بھری
سہاگ بھری
مانگ بھری
پھری
پھرپھری
دوپھری
تہری
پتھری
تھرتھری
گٹھری
کوٹھری
جھری
جھرّی
جھرجھری
جھنجھری
چھری

(۲) لوری
بلوری
گلوری
ھلوری
پھلوری
چھلوری
موری
نام وری
معموری
کموری
نوری
بھانوری
جنوری
سخن وری
ھوری
لاھوری
پٹھوری
ننگا جھوری
چھوری
چھورا چھوری
دھوری
دیدہ وری
مشہوری
ظھوری
لکھوری
جمہوری
ریاست جمہوری
حکومت جمہوری
غیرجمہوری
کینہ وری

پٹڑی
کتڑی
جڑی
(۱) چڑی
(۲) چڑی
چچڑی
کھچڑی
بال کھچڑی
گھی
کھچڑی
چیچڑی
پدڑی
گدڑی
گیان گدڑی
گودڑی
پیدڑی
زڑی
سڑی
کڑی
انگاکڑی
تکڑی
ٹکڑی
چکڑی
(۱) ککڑی
(۲) ککڑی
جل ککڑی
لکڑی
مکڑی
آنکڑی
بنکڑی

پچھاڑی
اگاڑی پچھاڑی
دھاڑی
ڈھاڑی
کھاڑی
کلہاڑی
بڑی
رابڑی
چھابڑی
ربڑی
گڑبڑی
ھڑبڑی
کبڑی
آڈمبڑی
چھبڑی
تڑی بڑی
پڑی
پپڑی
(۱) چپڑی
(۲) چپڑی
تڑپڑی
(۱) لپڑی
(۲) لپڑی
جھونپڑی
کھوپڑی
تھپڑی
پھیپڑی
تڑی
انتڑی
تانتڑی

گاڑی
اگاڑی
بچاگاڑی
گھوڑاگاڑی
ہواگاڑی
توپ گاڑی
سیج گاڑی
موٹرگاڑی
مسافرگاڑی
پیرگاڑ
ڈاک گاڑی
مال گاڑی
بیل گاڑی
جیل گاڑی
ریل گاڑی
ٹرام گاڑی
ہاتھ گاڑی
کھلاڑی
ماڑی
ناڑی
اناڑی
واڑی
بانس واڑی
بنسواڑی
پھلواڑی
پنواڑی
ہاڑی
پہاڑی
چیراپھاڑی
جھاڑی

تعمیری
گھمیری
(۱) پنیری
(۲) پنیری
کاویری
دریائے کاویری
بھنبھیری
پھیری
پٹاپھیری
ایراپھیری
ہیراپھیری
پھیراپھیری
چک پھیری
ہتھ پھیری
بچھیری
اندھیری
ڈھیری
بیراکھیری
اڑی
آڑی
باڑی
گلاب باڑی
کباڑی
لباڑی
کھیتی باڑی
تاڑی
ٹاڑی
راڑی
ساڑی
کاڑی

بنیاگیری
سخت گیری
دست گیری
چھت گیری
راج گیری
خودگیری
دیوارگیری
خبرگیری
پرگیری
حرف گیری
ملک گیری
دل گیری
جہان گیری
چنگیری
بابوگیری
خردہ گیری
گوشہ گیری
ہنگامہ گیری
ہمہ گیری
قلی گیری
ماہی گیری
لیری
لارالیری
دلیری
میری
امیری
اجمیری
خمیری
کشمیری
ضمیری

شراب بازی
لعبت بازی
راست بازی
جگت بازی
پھپٹ بازی
گٹ بازی
شطرنج
بازی
مرد بازی
جلدَ بازی
دید بازی
قماربازی
یاربازی
چلتربازی
کبوتربازی
سحربازی
سربازی
نظربازی
شمشیربازی
اکڑبازی
پھڑبازی
آتش بازی
نفع بازی
موقع بازی
مرغ بازی
ورق بازی
عشق بازی
پاکبازی
خاک بازی
چابک بازی

ریت گھڑی
نیک گھڑی
الارم گھڑی
ہاتھ گھڑی
گھڑی گھڑی
چوھڑی
ایڑی
(۱) بیڑی
(۲) بیڑی
(۱) پیڑی
(۲) پیڑی
ٹیڑی
گنجیڑی
کیڑی
گیڑی
ھیڑی
بھیڑی
کھیڑی
بازی
بٹابازی
پٹابازی
نخرابازی
اکھاڑابازی
دغابازی
مکابازی
قلابازی
کلابازی
گولابازی
ہوابازی
آب بازی

جیوڑی
ریوڑی
تڑابھڑی
پھڑی
پھڑاپھڑی
پھیپھڑی
تھڑی
گٹھڑی
مٹھڑی
کوٹھڑی
کال کوٹھڑی
جھڑی
پھلجھڑی
اوجھڑی
چھڑی
بچھڑی
پونچھڑی
دھڑی
دھوکادھڑی
کھڑی
باکھڑی
تکھڑی
نرکھڑی
سیل کھڑی
انکھڑی
پنکھڑی
لوکھڑی
گھڑی
جیب گھڑی
دھوپ گھڑی

پانڑی
ساوڑی
پھاوُڑی
توڑی
ٹوڑی
(۱) جوڑی
(۲) جوڑی
ہاتھا جوڑی
چوڑی
دوڑادوڑی
پاؤں دوڑی
روڑی
مروڑی
توڑا مروڑی
(۱) کوڑی
(۲) کوڑی
(۳) کوڑی
پکوڑی
کوڑی کوڑی
گوڑی
اگوڑی
کنگوڑی
ہوڑی
ہوڑا ہوڑی
تھوڑی
ہتھوڑی
ٹھوڑی
ادھوڑی
گھوڑی
پیوڑی

چوکڑی
دھما چوکڑی
چنڈال چوکڑی
روکڑی
پھکڑی
ہتھکڑی
چھکڑی
پیکڑی
ھیکڑی
تاگڑی
بگڑی
پگڑی
تگڑی
رگڑی
گڑگڑی
کانگڑی
پلنگڑی
لڑی
لالڑی
تلڑی
ست لڑی
پچ لڑی
تیلڑی
چمڑی
دمڑی
تومڑی
گومڑی
لومڑی
گھمڑی
نڑی

سکہ سازی	نغمہ طرازی	دست اندازی	بٹے بازی	پتنگ بازی
زمانہ سازی	افسانہ طرازی	اختیار	پٹے بازی	جنگ بازی
بہانہ	فرازی	دست اندازی	پارٹی بازی	نیرنگ بازی
سازی	افرازی	قابل	سٹے بازی	ٹھگ بازی
گھڑی	شیرازی	دست اندازی	رنڈی بازی	چال بازی
سازی	تواضع شیرازی	ناقابل	لونڈے بازی	چہل بازی
مے سازی	بزازی	دست اندازی	پینترے بازی	غلیل بازی
غازی	اعزازی	جرم قابل	چھتری بازی	جان بازی
بنغازی	سازی	دست اندازی	نخرے بازی	چوگان بازی
غمازی	تلاسازی	کلوخ اندازی	اکھاڑے بازی	روباہ بازی
نمازی	ناسازی	سپراندازی	مکے بازی	لٹھ بازی
بے نمازی	میناسازی	دراندازی	دھوکے بازی	درجہ بازی
نازی	کیمیاسازی	نظراندازی	کھلی بازی	بچہ بازی
طنازی	شراب سازی	تیراندازی	نشانے بازی	شعبدہ بازی
متوازی	قلب سازی	پس اندازی	ٹھٹھے بازی	اشارہ بازی
خط متوازی	دھات سازی	برق اندازی	تازی	نظارہ بازی
پروازی	جلد سازی	دخل اندازی	اسپ تازی	طیارہ بازی
بلند	کارسازی	گول اندازی	سگ تازی	فقرہ بازی
پروازی	جہازسازی	قرعہ اندازی	مجازی	اکھاڑہ بازی
بورژوازی	ملمع سازی	تفرقہ اندازی	عشق مجازی	نیزہ بازی
موازی	ورق سازی	گولہ اندازی	منتقم مجازی	کاسہ بازی
نوازی	نیرنگ سازی	نشانہ اندازی	پردازی	بوسہ بازی
غریب نوازی	جعل سازی	رخنہ اندازی	افتراپردازی	نشہ بازی
رعیت نوازی	فلم سازی	درازی	انشاپردازی	شیشہ بازی
مسافرنوازی	سخن سازی	دست درازی	کارپردازی	قرعہ بازی
چنگ نوازی	فسون سازی	زبان درازی	سخن پردازی	حقہ بازی
دل نوازی	افسون سازی	طرازی	مفسدہ پردازی	تفرقہ بازی
اسلام نوازی	بادہ سازی	جدت طرازی	ہنگامہ پردازی	مقدمہ بازی
مہمان	چارہ سازی	نقش طرازی	نغمہ پردازی	بہانہ بازی
نوازی	نقشہ سازی	سخن طرازی	فتنہ پردازی	کسبی بازی

میکروب	باسی تباسی	اشک ریزی	زردوزی	بندہ نوازی
شناسی	عباسی	انگریزی	کفش دوزی	جہازی
انگشت	گل عباسی	رنگ ریزی	ذخیرہ اندوزی	پیازی
شناسی	بن باسی	تخم ریزی	کینہ اندوزی	امتیازی
کارشناسی	پاسی	فصل تخمریزی	چکن دوزی	بے امتیازی
اختر	ناسپاسی	خون ریزی	روزی	نیازی
شناسی	کپاسی	آبروریزی	تیرہ روزی	بے نیازی
قدرشناسی	ستاسی	دیدہ ریزی	فیروزی	سبزی
گوھر	پچاسی	نغمہ ریزی	سوزی	سرسبزی
شناسی	داسی	ہیبت انگیزی	دل سوزی	عاجزی
مرض	اداسی	وحشت انگیزی	سینہ سوزی	تجزی
شناسی	سنڈاسی	دہشت انگیزی	بد آموزی	درزی
مرغ شناسی	چپراسی	شرانگیزی	نوآموزی	کشاورزی
حرف	تراسی	اشتعال انگیزی	ذمبیزی	آلات کشاورزی
شناسی	چوراسی	تفرقہ انگیزی	دریائے ذمبیزی	خلاف ورزی
حق شناسی	چپڑاسی	فتنہ انگیزی	تیزی	بصورت
ناحق	اساسی	رنگ آمیزی	چیزی	خلاف ورزی
شناسی	دستوراساسی	کم آمیزی	خیزی	ناقابل
مردم	اکاسی	مبالغہ آمیزی	شب خیزی	خلاف ورزی
شناسی	عکاسی	بدتمیزی	زرخیزی	مغزی
سخن	نکاسی	اختیارتمیزی	حسن خیزی	سرمغزی
شناسی	ایکاسی	بے تمیزی	نوخیزی	کورمغزی
روشناسی	ماسی	دل آویزی	مضحکہ خیزی	گندہ مغزی
ستارہ	خماسی	پرھیزی	ہنگامہ خیزی	مرکزی
شناسی	الماسی	بد پرھیزی	ریزی	نظام مرکزی
قیافہ	اناسی	سی	درریزی	گزی
شناسی	ستیاناسی	اسی	شعاع ریزی	قرمزی
معاملہ	شناسی	باسی	غریزی	ہرمزی
شناسی	خداشناسی	تباسی	حرارت غریزی	پوزی
بےحواسی	ناشناسی	اقتباسی	عرق ریزی	کینہ توزی

عروسی
طعام
عروسی
بیلوروسی
پڑوسی
سوسی
جاسوسی
طوسی
قوسی
چاپلوسی
جلوسی
موسی
قاموسی
ناموسی
دقیانوسی
آبنوسی
ہوسی
بھوسی
پھوسی
کاناپھوسی
گھوسی
بوالہوسی
مہوسی
مایوسی
پیوسی
ٹھسی
سائسی
ایسی
بیسی
نبیسی

کھانسی
کالی کھانسی
بنسی
راج بنسی
سورج بنسی
جنسی
غیرجنسی
یک جنسی
ہم جنسی
ایجنسی
ریزیڈنسی
کرنسی
سنسی
ٹیننسی
ہونسی
ہنسی
پھنسی
پھوڑاپھنسی
طاؤسی
جی او سی
بوسی
پابوسی
دست بوسی
قدم بوسی
آستان بوسی
مجوسی
کنجوسی
فردوسی
روسی
پروسی

آلکسی
چوکسی
بےکسی
ٹیکسی
نرگسی
مگسی
لسی
السی
تلسی
کالی تلسی
مجلسی
اطلسی
مفلسی
مسی
مسّی
مسمسی
شمسی
سال شمسی
نظام شمسی
ماہ شمسی
بانسی
وارانسی
سانسی
کانسی
گانسی
بسوانسی
ھانسی
پھانسی
قابل پھانسی
جرم قابل پھانسی

حال پرسی
احوال پرسی
ماتم پرسی
ناترسی
خداترسی
ناخداترسی
(۱) چرسی
(۲) چرسی
درسی
دادرسی
آئین دادرسی
فریادرسی
مدرسی
غوررسی
جزرسی
(۱) کرسی
(۲) کرسی
آرام کرسی
نکتہ رسی
ھتھ رسی
نفسی
نفسانفسی
تفضیل نفسی
نفسی نفسی
کسی
کسّی
خاکسی
مارکسی
عکسی
الکسی

وسواسی
بکواسی
نواسی
اٹھاسی
بیاسی
پیاسی
سیاسی
قیاسی
وارث قیاسی
اکیاسی
سنیاسی
چھیاسی
ڈبسی
پربسی
بیبسی
آپسی
واپسی
ناقابل واپسی
تپسی
لپسی
فینٹسی
بےحسی
قدسی
رسی
آرسی
پارسی
فارسی
برسی
دوبرسی
مزاج پرسی

فن
تصویرکشی
نفس کشی
د لکشی
ستم کشی
ب م کشی
مرد م کشی
ہیزم کشی
قلم کشی
گرد ن کشی
وزن کشی
وطن کشی
افیون کشی
گاؤکشی
باد شاہ
کشی
(۱) بچہ
کشی
(۲) بچہ
کشی
باد ہ کشی
کنارہ کشی
نقشہ کشی
فن
نقشہ کشی
جرعہ کشی
فاقہ کشی
پلہ کشی
کینہ کشی
مے کشی

جان بخشی
خشخشی
ایکاد شی
رشی
خارشی
سفارشی
ترشی
تنگی ترشی
فرشی
قرشی
سازشی
بیع سازشی
ورزشی
غشی
نقشی
خاکشی
جفاکشی
آب کشی
شراب کشی
جریب کشی
پکشی
فوج کشی
خود کشی
اقدام خود کشی
تارکشی
براد رکشی
پد رکشی
سرکشی
لشکرکشی
تصویرکشی

سینہ خراشی
فراشی
معاشی
بد معاشی
خوش معاشی
نیک معاشی
نقاشی
تلاشی
وارنٹ تلاشی
متلاشی
جامہ تلاشی
خانہ تلاشی
پروانۂ تلاشی
قلاشی
پورنماشی
ناشی
حواشی
مواشی
عیاشی
حبشی
آتشی
مرتشی
جوتشی
لذت چشی
نمک چشی
باد ہ چشی
محشی
وحشی
بخشی
میربخشی

قبالہ نویسی
مکالمہ نویسی
خفیہ نویسی
سائیسی
شاباشی
شب باشی
یارباشی
حاضرباشی
سرگ باشی
اوباشی
پاشی
آب پاشی
شرح آبپاشی
گلاب پاشی
اراضی آب پاشی
نمک پاشی
رنگ پاشی
تخم پاشی
اتاشی
فحاشی
راشی
جیب تراشی
بت تراشی
سنگ تراشی
الزام تراشی
خراشی
جگرخراشی
سمع خراشی
دل خراشی
سامعہ خراشی

تیسی
بتیسی
چھتیسی
ایسی تیسی
پچیسی
بیتا ل پچیسی
د یسی
بد یسی
پرد یسی
کا نگریسی
آد ھاسیسی
فرانسیسی
مقناطیسی
جذ ب مقناطیسی
کشش مقناطیسی
کیسی
پالیسی
تپلیسی
سلیسی
کاسہ لیسی
ڈپلومیسی
نویسی
اخبارنویسی
اختصار نویسی
مختصرنویسی
خوش نویسی
وقائع نویسی
اسم نویسی
مضمون نویسی
پرچہ نویسی

اشتمال
اراضی
افسر
حصول
اراضی
محصول
اراضی
ناراضی
رہن اراضی
بحالیٔ
اراضی
محکمۂ
بحالیٔ
اراضی
تراضی
نیم راضی
قاضی
متقاضی
ماضی
ریاضی
علم ریاضی
فیاضی
مقتضی
ارضی
آفات ارضی
حدود
ارضی
مدارارضی
عارضی
مالک ارضی

قریشی
شیشی
مقیشی
وفاکیشی
درویشی
مویشی
عاصی
معاصی
خلاصی
خواصی
غواصی
خصی
شخصی
حکومت شخصی
ضمیرشخصی
تلبیس شخصی
حرصی
مخلصی
وصی
خصوصی
اختیارخصوصی
اجلاس خصوصی
موصی
تخصیصی
نباضی
راضی
اراضی
جائداد اراضی
تحفظ اراضی
انتقال اراضی

وعدہ فراموشی
خموشی
نوشی
شراب نوشی
بادہ نوشی
مےنوشی
ماہ وشی
مدھوشی
مہ وشی
بےھوشی
زیبائشی
پیدائشی
آرائشی
فرمائشی
نمائشی
رہائشی
بیشی
کمی بیشی
پیشی
تفتیشی
سدیشی
عاقبت اندیشی
بداندیشی
دوراندیشی
خیراندیشی
نیک اندیشی
مآل اندیشی
کوتاہ اندیشی
معاملہ اندیشی
سودیشی

خانہ بدوشی
نردوشی
سبک دوشی
ہم دوشی
فروشی
شراب فروشی
عصمت فروشی
یارفروشی
سرفروشی
گوھرفروشی
ضمیرفروشی
تھوک فروشی
ہیزم فروشی
قوم فروشی
گران فروشی
ارزان فروشی
حسن فروشی
وطن فروشی
پارچہ فروشی
بادہ فروشی
بردہ فروشی
خردہ فروشی
مےفروشی
ہم آغوشی
کوشی
وفا کوشی
حلقہ بگوشی
سرگوشی
خاموشی
فراموشی

نالشی
مشی
کشمشی
بےدانشی
منشی
میرمنشی
ڈاک منشی
بزرگ منشی
عیب پوشی
تاج پوشی
سلاح پوشی
نمدپوشی
نظرپوشی
رازپوشی
خوش پوشی
تنگ پوشی
گل پوشی
چشم پوشی
روپوشی
تہ پوشی
پردہ پوشی
جوشی
گرم جوشی
خوشی
ناخوشی
بخوشی
سرخوشی
ھنسی خوشی
خوشی خوشی
راضی خوشی

دماغي	وضعي	زراعي	فارغ خطي	عرضي
بدماغي	بدوضعي	ساعي	مخطي	غرضي
خرد ماغي	خوش وضعي	مساعي	شرطي	خود غرضي
گرم دماغي	ساده وضعي	رضاعي	صورت شرطي	بے غرضي
روشن	بيگانه وضعي	برادر رضاعي	وارث شرطي	فرضي
دماغي	قطعي	شعاعي	واسطي	اسم فرضي
ياغي	جواب قطعي	علاج اشعاعي	وسطي	مرضي
مرغي	ثبوت قطعي	ماهر	اوسطي	خلاف مرضي
نابالغي	نقص قطعي	علاج اشعاعي	مرکزوسطي	رافضي
کلغي	حکم قطعي	دفاعي	مشرق وسطي	منقضي
دروغي	افعي	اطلاعي	مدرسهٔ وسطي	معروضي
حلف	شافعي	اجتماعي	معطي	عوضي
دروغي	واقعي	سماعي	غلطي	فرائضي
تبليغي	قرارواقعي	گواه سماعي	مضبوطي	حيضي
في	قلعي	امتناعي	مخروطي	خراطي
ټاټ بافي	دل جمعي	حکم امتناعي	طوطي	بساطي
پوچ بافي	شمعي	طبعي	لوطي	گرم اختلاطي
زربافي	اصمعي	عمرطبعي	لفاظي	احتياطي
نوربافي	فروعي	خوش طبعي	لفظي	بے احتياطي
پارچه بافي	مجموعي	مرگ طبعي	نزاعِ لفظي	خبطي
ندافي	هيئت مجموعي	مستدعي	ترجمهٔ لفظي	ضبطي
صرافي	مصنوعي	مدعي	ملفوظي	مال ضبطي
اطرافي	تمسک مصنوعي	گواه مدعي	ها ملفوظي	حکم ضبطي
فوټوګرافي	طبيعي	شرعي	هائے ملفوظي	خطي
بايوګرافي	علم طبيعي	پنج عيب شرعي	رباعي	دستخطي
شافي	باغي	حدود شرعي	طباعي	بدخطي
غيرشافي	داغي	مهرشرعي	متاعي	فارخطي
صافي	چراغي	غيرشرعي	داعي	دسخطي
ناانصافي	سراغي	سعي	راعي	تجنيس خطي
غيرانصافي	طاغي	حق السعي	اختراعي	خوش خطي

ترقی
شرقی
مشرقی
جنوب
مشرقی
شمال
مشرقی
علوم مشرقی
بحیرۂ
چین مشرقی
غرقی
قرقی
اشتہار
قرقی
ورقی
مستسقی
شقی
عاشقی
عشقی
مشقی
منطقی
افقی
شفقی
جلقی
حلقی
خلقی
نقی
منقی
بے ذوقی
معشوقی

وصول باقی
بے باقی
تاقی
ناچاقی
براقی
اشراقی
عراقی
مراقی
رزاقی
قزاقی
ساقی
باقی ساقی
مشاقی
طاقی
آفاقی
اتفاقی
نااتفاقی
رخصت اتفاقی
مرگ اتفاقی
بے اتفاقی
اخلاقی
بد اخلاقی
غیراخلاقی
خوش اخلاقی
ملاقی
تقی
متقی
برقی
تاربرقی
تختۂ برقی

منطفی
مستعفی
الفی
حق تلفی
حلفی
اظہار حلفی
دروغ حلفی
زلفی
قلفی
بے تکلفی
نفی
حنفی
منفی
متوفی
فیلسوفی
صوفی
موقوفی
بے وقوفی
خریفی
ستم ظریفی
تعریفی
تصدیق تعریفی
سیفی
ضعیفی
کیفی
باقی
زرباقی
طباقی
واصل باقی
فاضل باقی

مکتفی
خفی
شرک خفی
مخفی
ایطائے خفی
برفی
حرفی
سہ حرفی
اشرفی
گل اشرفی
صرفی
برطرفی
تنگ ظرفی
کم ظرفی
عرفی
حیثیت عرفی
ازالۂ
حیثیت عرفی
شنگرفی
فلاسفی
فلسفی
تشفی
کشفی
صفی
مصفی
نصفی
نصفا نصفی
منصفی
لطفی
بے لطفی

بے انصافی
بادۂ صافی
اضافی
معافی
جائداد معافی
سند معافی
قابل معافی
ناقابل معافی
شفافی
کافی
ناکافی
وجۂ کافی
موشگافی
تلافی
اختلافی
ناقابل تلافی
خلافی
وعدہ خلافی
غلافی
نافی
منافی
وافی
قوافی
کافی و وافی
اخیافی
برادراخیافی
پسراخیافی
مختفی
ہا مختفی
ہائے مختفی

چسکی	مدکی	(۱) لپکی	خوراکی	لائقی
سسکی	بندکی	(۲) لپکی	پیراکی	نالائقی
تمسکی	بوندکی	تھپکی	تیراکی	تصدیقی
وسکی	پھدکی	جھپکی	ناگاساکی	افریقی
(۱) پھسکی	لپاڑکی	چھپکی	شاکی	موسیقی
(۲) پھسکی	مینڈکی	چکی پکی	کاکی	علم موسیقی
ٹھسکی	ذکی	تکی	چالاکی	فن موسیقی
شکی	مبارکی	نرتکی	ہاتھ چالاکی	حقیقی
خشکی	انارکی	دستکی	افلاکی	مسبب حقیقی
افواج	برکی	ٹکی	ہلاکی	تحقیقی
خشکی	ترکی	ناٹکی	ناکی	واحد حقیقی
مشکی	ادرکی	پٹکی	ہیبت ناکی	برادر حقیقی
ماضی شکی	سرکی	(۱) چٹکی	ہوس ناکی	حافظ حقیقی
مصطکی	مرکی	(۲) چٹکی	اندیش ناکی	محافظ حقیقی
پالکی	نرکی	ٹکٹکی	خوفناکی	عشق حقیقی
مالکی	پھرکی	مٹکی	ہولناکی	مالک حقیقی
نالکی	گھرکی	(۱) پھٹکی	غمناکی	فاعل حقیقی
پلکی	زیرکی	(۲) پھٹکی	ہاکی	منعم حقیقی
دلکی	سڑکی	جھجکی	(۱) بکی	منتقم حقیقی
لاسلکی	لڑکی	(۱) چکی	(۲) بکی	اتالیقی
فلکی	پھڑکی	(۲) چکی	(۳) بکی	کی
اجرام فلکی	جھڑکی	اچکی	چابکی	بے باکی
کرۂ فلکی	کھڑکی	آٹاچکی	دبکی	پاکی
(۱) ملکی	چورکھڑکی	ہواچکی	ڈبکی	ناپاکی
(۲) ملکی	گھڑکی	چکچکی	سبکی	ٹوکاٹاکی
(۳) ملکی	بندرگھڑکی	پن چکی	بھبکی	سینہ چاکی
معاملات	زکی	کوچکی	گیدڑبھبکی	خاکی
ملکی	نازکی	ہچکی	ٹپکی	کالبد خاکی
مصلحت	مزکی	ہتھ چکی	ٹپکاٹپکی	آدم خاکی
ملکی	اسکی	دکی	چپکی	اشتراکی

شراب
زدگی
سیلاب
زدگی
ہیبت
زدگی
وحشت
زدگی
آتش زدگی
بیمہ
آتشزدگی
گردش
زدگی
برق زدگی
نام زدگی
ستم زدگی
حرمزدگی
قلم زدگی
گم شدگی
باقاعدگی
بے قاعدگی
دگدگی
عمدگی
ماندگی
واماندگی
درماندگی
پس ماندگی
فروماندگی
خواندگی
ناخواندگی

شیفتگی
محتاجگی
چگی
بچگی
زچگی
غنچگی
استادگی
ایستادگی
فتادگی
افتادگی
آزادگی
حرام زادگی
سادگی
کشادگی
آمادگی
علحدگی
علیحدگی
پردگی
سپردگی
وارنٹ سپردگی
بے پردگی
آزردگی
فسردگی
افسردگی
کارکردگی
سرکردگی
پژمردگی
فریب خوردگی
زدگی
ہوازدگی

ناپختگی
غیرپختگی
کرختگی
فروختگی
سوختگی
برخاستگی
آراستگی
بستگی
آبستگی
وابستگی
دلبستگی
خستگی
وارستگی
گسستگی
شستگی
شکستگی
دانستگی
نادانستگی
پیوستگی
آہستگی
شائستگی
ناشائستگی
برگشتگی
سرگشتگی
بافتگی
وارفتگی
خود رفتگی
گرفتگی
آشفتگی
شگفتگی

بدسلوکی
طوائف الملوکی
پھوکی
گاھکی
بھبھکی
جھکی
دھکادھکی
ایکاایکی
نزدیکی
باریکی
تاریکی
امریکی
کلاسیکی
نیکی
ٹھیکی
جاگی
راگی
بیراگی
ویراگی
بھاگی
ابھاگی
سبھاگی
تیاگی
بگی
(۱) تگی
(۲) تگی
ساختگی
بے ساختگی
پختگی
وفاپختگی

امورملکی
غیرملکی
ڈھولکی
پھلکی
جھلکی
(۱) مکی
(۲) مکی
سونامکی
چمکی
ٹھمکی
دھمکی
ٹانکی
پھانکی
جھانکی
پنکی
تنکی
چھٹنکی
خنکی
ہیلسنکی
کنکی
کلنکی
پھنکی
دھنکی
ناؤکی
چوکی
طشت چوکی
پولیس چوکی
ڈاک چوکی
روشن چوکی
لوکی

بیگانگی
وفابیگانگی
روانگی
پروانگی
سوانگی
دیوانگی
ھانگی
تھانگی
لوھانگی
تنگی
جنگی
قانون
جنگی
خانہ جنگی
(۱) چنگی
(۲) چنگی
محکمۂ
چنگی
سارنگی
نارنگی
ترنگی
چترنگی
ہفت رنگی
فرنگی
افرنگی
یک رنگی
دورنگی
نیرنگی
زنگی
سنگی

بے ضابطگی
داروغگی
تحفگی
خفگی
طرفگی
علاقگی
بدسلیقگی
خوش سلیقگی
لگی
لگّی
فراخ حوصلگی
کم حوصلگی
دل لگی
بدمعاملگی
جملگی
پھپھوندی لگی
ھمگی
سراسیمگی
بانگی
ٹانگی
اوٹ پٹانگی
خانگی
انتظام خانگی
ھم خانگی
ماہ خانگی
مردانگی
فرزانگی
سانگی
بگانگی
یگانگی

ڈگڈگی
اک بارگی
یک بارگی
ایک بارگی
لاچارگی
نظارگی
مارگی
آوارگی
بزرگی
مرگی
شیرخورگی
تیرگی
خیرگی
تازگی
ھرزگی
بدمزگی
بے مزگی
ریزگی
دوشیزگی
پاکیزگی
پیشگی
وفاپیشگی
زرپیشگی
نازپیشگی
ھوس پیشگی
اقساط پیشگی
ھمیشگی
خاصگی
ناراضگی
ضابطگی

ذخیرۂ فرسودگی
آلودگی
کارآزمودگی
جنگ آزمودگی
غنودگی
بے ھودگی
کبیدگی
چسپیدگی
رنجیدگی
سنجیدگی
پیچیدگی
شوخ دیدگی
کاردیدگی
کوردیدگی
پسندیدگی
ناپسندیدگی
شوریدگی
رسیدگی
بوسیدگی
کشیدگی
پوشیدگی
بالیدگی
ژولیدگی
خمیدگی
دمیدگی
رمیدگی
گرویدگی
روئیدگی
(۱) ڈگی
(۲) ڈگی

پسرخواندگی
بندگی
تابندگی
فریبندگی
زندگی
تازندگی
سازندگی
آب زندگی
ضروریات زندگی
معیارزندگی
بیمۂ زندگی
نظریۂ زندگی
بخشندگی
رخشندگی
درخشندگی
گندگی
پراگندگی
افگندگی
شرمندگی
رائے دھندگی
حق
رائے دھندگی
نمائندگی
ربودگی
موجودگی
غیرموجودگی
عدم موجودگی
افزودگی
آسودگی
فرسودگی

جمالی
اجمالی
جائداد
اجمالی
امداد مالی
شمالی
قطب
شمالی
بحر
منجمد
شمالی
شفق شمالی
گوش مالی
منطقۂ
باردۂ
شمالی
بحیرۂ
شمالی
بداعمالی
استعمالی
سال مالی
رومالی
سومالی
جمہوریۂ
سومالی
نالی
پنالی
زارنالی
پرنالی
دونالی

بدافعالی
معالی
غالی
ڈفالی
سفالی
قالی
نقالی
کالی
اکالی
مہاکالی
اشکالی
گالی
جگالی
بدسگالی
خیرسگالی
بنگالی
کنگالی
کیگالی
لالی
جلالی
اسم جلالی
نمک حلالی
دلالی
گلالی
ہلالی
مالی
پامالی
احتمالی
صورت احتمالی
ماضی احتمالی

جنجالی
بچالی
حالی
بحالی
بدحالی
خوش حالی
تنگ حالی
خستہ حالی
شکستہ حالی
آسودہ حالی
بےحالی
خالی
ابدالی
اعتدالی
بےاعتدالی
کدالی
ڈالی
ٹرالی
ککرالی
سالی
خردسالی
قحطسالی
ٹکسالی
خشک سالی
کہن سالی
پیرانہ سالی
شالی
عالی
جناب عالی
مزاج عالی

یوگی
بیوگی
ٹھگی
گھگی
ہم سایگی
کم مایگی
فرومایگی
بےمایگی
بیگی
عرض بیگی
چمچۂ ہردیگی
تہ دیگی
ادائیگی
عدم ادائیگی
بالی
لاابالی
فراغ بالی
اقبالی
فارغ البالی
پالی
ٹپالی
بھوپالی
ڈھپالی
تالی
ہڑتالی
ٹالی
مثالی
شکل مثالی
جالی
پنجالی

کاکڑاسنگی
پسنگی
گرسنگی
تشنگی
لنگی
بونگی
پونگی
ڈونگی
چگونگی
ہم آہنگی
بہنگی
بھنگی
پھنگی
برہنگی
کھنگی
سینگی
کاکڑاسینگی
کمینگی
اوگی
بوگی
جوگی
سنجوگی
روگی
اروگی
بروگی
جنم روگی
نروگی
سوگی
بھوگی
ابھوگی

یک دلی
نیک دلی
تنگ دلی
سنگ دلی
رحم دلی
ہمدلی
دھاندلی
بندلی (۱)
بندلی (۲)
روشن دلی
صندلی
دشمن دلی
بودلی
سادہ دلی
کشادہ دلی
افسردہ دلی
مردہ دلی
زندہ دلی
بے دلی
ڈلی
پنڈلی
کنڈلی
لگن کنڈلی
منڈلی
چورمنڈلی
مرلی
کھرلی
ازلی

کجلی
شرک جلی
مانگ جلی
منجلی
بختون جلی
کھجلی
کوکھ جلی
ایطائے جلی
چلی
چلاچلی
شیخ چلی
کچلی
کینچلی
سواحلی
داخلی
مرکزداخلی
بے دخلی
دلی
دلّی
دریادلی
بدلی
سخت دلی
فراخ دلی
بد دلی
اردلی
بیداردلی
شتردلی
کوردلی
بزدلی
خوش دلی

پلی
پپلی
رپلی
روپلی
پیپلی
تلی
تلّی
تاب تلی
پتلی
تاپ تلی
کٹ پتلی
کاٹھ پتلی
کٹھ پتلی
تتلی
ستلی
پگ تلی
تلتلی
متلی
کیتلی
اٹلی
چٹلی
زٹلی
پوٹلی
جلی
گنگاجلی
بجلی
تاربجلی
پن بجلی
تجلی
خط جلی

پچھ لی
نہالی
پیالی
اجیالی
خیالی
تصویرخیالی
فانوس خیالی
خوش خیالی
نازک خیالی
خام خیالی
ہم خیالی
ہریالی
گھڑیالی
ککھیالی
بلی
بلّی (۱)
بلّی (۲)
کابلی
دھابلی
مہابلی
جبلی
بجرنگ بلی
کھلبلی
اسمبلی
لیجسلیٹو اسمبلی
چنبلی
حنبلی
جوبلی
گولڈن جوبلی
کٹھ بلی

والی
متوالی
کوتوالی
گھونگٹ والی
حوالی
آس اولاد والی
کالے سروالی
گھروالی
سوالی
قوالی
موالی
خصم والی
حالی موالی
حوالی موالی
ہالی موالی
اہالی موالی
رکھوالی
بچے والی
دیوالی
شرع تورے والی
ہالی
اہالی
دیکھا بھالی
پھالی
ڈپھالی
تھالی
ٹھالی
کٹھالی
چھالی
سہالی

ٹولی
ٹھٹولی
کھٹولی
جولی
ہولاجولی
ہم جولی
چولی
مچولی
آنکھ
مچولی
خالی خولی
جدولی
ڈولی
رولی
قرولی
معزولی
سولی
بسولی
(۱) رسولی
(۲) رسولی
اصولی
غیراصولی
محصولی
وصولی
اطلاع
موصولی
مشغولی
(۱) کولی
(۲) کولی
بکولی

بدعملی
دوعملی
میثاق ملی
کملی
تلملی
جھلملی
فیملی
نلی
ولی
باؤلی
پاؤلی
چپاولی
چھپاولی
اتاولی
تل چاولی
بکاولی
رتناولی
بولی
قبولی
تامبولی
تمبولی
نبولی
تنبولی
تیلی تنبولی
(۱) پولی
(۲) پولی
(۳) پولی
ٹریپولی
مستولی
متولی

چکلی
منھ بندکلی
اقتدارکلی
یاس کلی
الکلی
سنکلی
ڈھینکلی
ھکلی
ڈھیکلی
(۱) گلی
(۲) گلی
(۱) گلّی
(۲) گلّی
بندگلی
چورگلی
انگلی
جنگلی
چھنگلی
ھگلی
تھگلی
دریائے ھگلی
گیگلی
گلی گلی
تللی
ملی
املی
تلاملی
مخملی
عملی
حکمت عملی

دستاویزجعلی
سکۂ جعلی
نادعلی
فعلی
بدفعلی
خوش فعلی
بغلی
گندہ بغلی
چغلی
مغلی
ڈفلی
سفلی
امہات سفلی
عالم سفلی
طفلی
قفلی
قلی
مستقلی
عقلی
کم عقلی
بےعقلی
نقلی
کلی
(۱) کلّی
(۲) کلّی
چمپاکلی
پکلی
چھپکلی
تکلی
ٹکلی

معتزلی
سلی
پسلی
تسلی
ناقابل تسلی
سسلی
جزیرۂ سسلی
مسلی
نسلی
بانسلی
ہنسلی
روسلی
موسلی
اصلی
ہیئت اصلی
بداصلی
محصلی
رجسٹرمحصلی
فصلی
سال فصلی
دوفصلی
مصلی
وصلی
معطلی
علی
فاعلی
حالت فاعلی
علت فاعلی
تعلی
جعلی

ناکامی
نکامی
آگامی
ھنگامی
سلامی
اسلامی
غیراسلامی
غلامی
اغلامی
طوق غلامی
تلخ کلامی
ہم کلامی
مامی
تمامی
سال تمامی
حمامی
نمامی
نامی
انامی
بدنامی
نیک نامی
نکونامی
دوامی
سوامی
عوامی
قوامی
بین الاقوامی
ھامی
الہامی

مدامی
جذامی
بے آرامی
حرامی
نمک حرامی
خرامی
محشرخرامی
خوش خرامی
گرامی
نامی گرامی
سامی
اسامی
آسامی
مستقل اسامی
موٹی اسامی
شامی
خون آشامی
بادہ آشامی
انتظامی
بدانتظامی
خود انتظامی
خوش انتظامی
بے انتظامی
نظامی
عامی
انعامی
پیغاماپیغامی
مقامی
اختیار مقامی
قائم مقامی

تفصیلی
فیلی
طفیلی
کیلی
لیلی
میلی
چمیلی
نیلی
بہنیلی
حویلی
نویلی
بھیلی
پہیلی
تھیلی
ہواتھیلی
ہتھیلی
چھیلی
دھیلی
ادھیلی
ڈھیلی
سہیلی
اٹکھیلی
اسرائیلی
(۱) امی
(۲) امی
حجامی
حامی
خامی
بادامی
پادامی

تاراچھلی
اڑن مچھلی
دھلی
سندھلی
نئی دھلی
کھلی
کھلّی
اکھلی
باکھلی
اوکھلی
بیلی
تلابیلی
البیلی
چمبیلی
چنبیلی
اللہ بیلی
پیلی
(۱) تیلی
(۲) تیلی
پتیلی
پٹیلی
جیلی
تعجیلی
چیلی
بخیلی
تبدیلی
چندیلی
بریلی
(۱) سیلی
(۲) سیلی

گولی
لولی
مولی
گاجرمولی
معمولی
غیرمعمولی
رخصت غیرمعمولی
جھانولی
ھولی
تھولی
مٹھولی
بولی ٹھولی
جھولی
ڈھولی
اھلی
نااھلی
کاھلی
بہلی
پھلی
پھلّی
مروڑ پھلی
مونگ پھلی
تھلی
گٹھلی
(۱) جھلی
(۲) جھلی
چہلی
چھلی
مچھلی

باھمی	ظالمی	موسمی	چھل قدمی	ایامی
مساوات	عالمی	توتاچشمی	ہمدمی	پیامی
باھمی	ظلمی	فراخ چشمی	گندمی	ماتمی
امداد	علمی	شوخ چشمی	اکاڈمی	ہماتمی
باھمی	لاعلمی	کور چشمی	ذمی	حتمی
انجمن	طالب علمی	سیر چشمی	آرمی	ستمی
امداد	مجلس علمی	ہم چشمی	برمی	رستمی
باھمی	معلمی	دو چشمی	چرمی	اشٹمی
فراھمی	فلمی	ھا دو چشمی	خرمی	اشوکااشٹمی
ھماھمی	قلمی	گرسنہ چشمی	شرماشرمی	جنم اشٹمی
پچھمی	کوتاہ قلمی	لکشمی	بے شرمی	ایٹمی
لچھمی	ممی	ریشمی	سال بکرمی	عجمی
اود ھمی	نمی	ابریشمی	سنہ بکرمی	امی جمی
برھمی	شبنمی	ست خصمی	ککرمی	پشچمی
فھمی	جہنمی	دوخصمی	مکرمی	پنچمی
ادافھمی	اناٹومی	بدھضمی	گرمی	بسنت پنچمی
زرد فھمی	نجومی	سوئے ھضمی	گرماگرمی	صلۂ رحمی
کند فھمی	رومی	خطمی	سرگرمی	بے رحمی
شعرفھمی	محرومی	گل خطمی	نرمی	تخمی
تیزفھمی	شومی	نظمی	دھرمی	زخمی
خوش	قومی	غمی	ھٹ دھرمی	دمی
فھمی	رفاہ قومی	بلغمی	لازمی	آدمی
غلط فھمی	مظلومی	کمی	رزمی	خادمی
نیک فھمی	مومی	حاکمی	اولوالعزمی	مرد آدمی
کم فھمی	عمومی	بکمی	جسمی	چارآدمی
سخن فھمی	نومی	حکمی	رسمی	اکادمی
کوتاہ فھمی	مہانومی	عدول حکمی	تکلفات رسمی	میاں آدمی
معاملہ	اکونومی	شکمی	محافل رسمی	مردمی
فھمی	بھومی	شریک شکمی	نیم رسمی	ثابت قدمی
گھماگھمی	جنم بھومی	اسامئ شکمی	طلسمی	پیش قدمی

داؤدخانی
باقرخانی
چھیڑخانی
شیخانی
دانی
آبادانی
تلادانی
نادانی
کیمیادانی
کتاب دانی
غیب دانی
سیاست
دانی
وجدانی
وحدانی
گوند دانی
کاردانی
قدردانی
گردانی
سرگردانی
ورق
گردانی
روگردانی
مردانی
مچھردانی
یزدانی
ہلاس
دانی
ناس دانی
جامدانی

زیادہ ستانی
کوہستانی
ملتانی
بھوٹانی
ثانی
لاثانی
نظرثانی
تجویزثانی
طرف ثانی
یوسف ثانی
فریق ثانی
ربیع الثانی
جمادی الثانی
مفعول ثانی
آدم ثانی
معلم ثانی
مرافعۂ ثانی
جانی
سخت جانی
یارجانی
انجانی
گران جانی
گنجانی
دشمن جانی
آزربیجانی
آنی جانی
سبحانی
خوش الحانی
روحانی
دخانی

چورپانی
چسپانی
جوش پانی
امل پانی
عمل پانی
ان پانی
چوپانی
نشہ پانی
دانہ پانی
بے دانہ پانی
بن دانے پانی
آندھی پانی
چائے پانی
اینچاتانی
کھینچاتانی
تحتانی
مدرسۂ تحتانی
پنڈتانی
استانی
تابستانی
رشوت ستانی
کارستانی
کشورستانی
پاکستانی
ملک ستانی
دل ستانی
زمستانی
جان ستانی
افغانستانی
ہندوستانی

امرت بانی
بادبانی
ربانی
قربانی
مہربانی
نامہربانی
زبانی
چرب زبانی
بدزبانی
شیریں زبانی
منہ زبانی
بے زبانی
میزبانی
پاسبانی
باغبانی
مرغ بانی
پیل بانی
آگم بانی
جہان بانی
خوبانی
نگاہ بانی
نگہ بانی
گلہ بانی
پشتی بانی
غیبانی
پانی
پیٹاپانی
جاپانی
کالاپانی
ہواپانی

وہمی
دائمی
استحقاق دائمی
انتقال دائمی
معافیٔ دائمی
قائمی
یتیمی
جراثیمی
رحیمی
اکادیمی
قدیمی
اکیڈیمی
پریمی
کریمی
سیمی
تقسیمی
افیمی
حکیمی
بایوکیمی
تعلیمی
گواہ تعلیمی
کلیمی
منیمی
ابراہیمی
چھیمی
انی
بانی
تابانی
بیابانی
غول بیابانی

عالم فانی
طوفانی
حقانی
فوقانی
مدرسۂ
فوقانی
دھقانی
کانی
آناکانی
امکانی
فردوس
مکانی
زندگانی
چوگانی
مغلانی
ملانی
جولانی
طولانی
ہیولانی
سیلانی
مانی
امانی
بے سرو
سامانی
بے سامانی
ترجمانی
رحمانی
شادمانی
نافرمانی
تحریک

پرفشانی
گوہرفشانی
آتش فشانی
اشک فشانی
گل فشانی
جان فشانی
خون فشانی
خونابہ فشانی
نشانی
پوشانی
پیشانی
لوح پیشانی
فراخ پیشانی
چین پیشانی
کشادہ پیشانی
خندہ پیشانی
ستارہ پیشانی
ہنستی پیشانی
پریشانی
سلطانی
پنچ سلطانی
اسیرسلطانی
بیع سلطانی
شیطانی
معانی
علم معانی
افغانی
فانی
برفانی
غیرفانی

تن آسانی
ایذا رسانی
مضرت رسانی
رسد رسانی
خبررسانی
ضرررسانی
فیض رسانی
سراغ رسانی
بہم رسانی
نفسانی
حظ نفسانی
یکسانی
لسانی
لسّانی
ثبوت لسانی
انسانی
غیرانسانی
نوع انسانی
عقل انسانی
بد اوسانی
درخشانی
فشانی
افشانی
پرافشانی
درافشانی
نورافشانی
گوہرافشانی
رنگ افشانی
گل افشانی
خون افشانی

درانی
ڈرانی
جہازرانی
مگس رانی
نصرانی
زعفرانی
قرآنی
نص قرآنی
کرانی
ملک رانی
نوکرانی
ٹھکرانی
گرانی
سرِگرانی
نگرانی
کامرانی
حکم رانی
سخن رانی
بورانی
نورانی
دیورانی
قلبہ رانی
ایرانی
حیرانی
ویرانی
زانی
خزانی
ارزانی
سانی
آسانی

کامدانی
ہیچمدانی
زبان دانی
لوبان دانی
خاندانی
صابن دانی
سخن دانی
زندانی
قانون دانی
جاودانی
چودانی
فلسفہ دانی
معاملہ دانی
جامہ دانی
سرمہ دانی
ہمہ دانی
سیدانی
تلے دانی
میدانی
چائے دانی
رانی
بارانی
مہارانی
عبرانی
پرانی
لنترانی
مہترانی
پاٹ رانی
پٹرانی
راج رانی

بنی
تبنی
چبنی
لبنی
مبنی
(۱) پنی
(۲) پنی
پپنی
چپنی
کمپنی
ایسٹ انڈیاکمپنی
سرکارکمپنی
بیمہ کمپنی
ھنپنی
پوپنی
تنی
تنّی
ناتنی
تناتنی
پتنی
دھرم پتنی
سوختنی
بستنی
آبستنی
ھستنی
گزشتنی
کشتنی
نوشتنی
فتنی

آن جھانی
دھانی
راج دھانی
یاد دھانی
شہانی
کہانی
رکھانی
رام کہانی
گھانی
ناگہانی
مصیبت ناگہانی
قضائے ناگہانی
(۱) نہانی
(۲) نہانی
پنہانی
اندام نہانی
اعجازبیانی
خوش بیانی
غلط بیانی
خلاف بیانی
بریانی
سریانی
عریانی
طغیانی
گیانی
اگیانی
میانی
درمیانی
ھمیانی
دھیانی

ارغوانی
آب ارغوانی
شراب ارغوانی
بادۂ ارغوانی
پچ پکوانی
پہلوانی
بھوانی
اچھوانی
شہوانی
حیوانی
عقل حیوانی
جسم حیوانی
دیوانی
عدالت دیوانی
نالش دیوانی
حاکم دیوانی
قانون دیوانی
مجموعۂ قانون دیوانی
آئین دیوانی
ضابطۂ دیوانی
بصیغۂ دیوانی
جوانی دیوانی
کیوانی
متھانی
پٹھانی
جٹھانی
سٹھانی
جیٹھانی
جہانی

سنگ سلیمانی
نانی
پرنانی
زنانی
سنانی
مطلق العنانی
یونانی
طب یونانی
فراوانی
ناتوانی
ٹٹوانی
جوانی
جوش جوانی
نوجوانی
چوانی
بچوانی
نعت خوانی
مدح خوانی
شعرخوانی
رجزخوانی
سوال خوانی
غزل خوانی
افسون خوانی
نوحہ خوانی
قصہ خوانی
پریخوانی
دوانی
ھندوانی
ریشہ دوانی
روانی

سول نافرمانی
غلط زمانی
آسمانی
کتاب آسمانی
آفات آسمانی
صحیفۂ آسمانی
جسمانی
قوت جسمانی
ضرر جسمانی
نقص جسمانی
صدمۂ جسمانی
کمانی
بال کمانی
بے کمانی
گمانی
بدگمانی
بے گمانی
المانی
مسلمانی
ممانی
سنمانی
من مانی
رومانی
مہمانی
یمانی
ایمانی
بے ایمانی
پشیمانی
پارلیمانی
سلیمانی

طعنہ زنی
سینہ زنی
رائے زنی
سنی
آسنی
چاسنی
کاسنی
بسنی
چسنی
صغرسنی
صغیرسنی
کم سنی
سنسنی
چوسنی
سوسنی
ڈھسنی
گھسنی
نک گھسنی
بیسنی
پیسنی
چاشنی
درشنی
ہنڈی
درشنی
روشنی،
علم روشنی
باطنی
بد باطنی
کورباطنی
حس باطنی

مورنی
ہرنی
بھرنی
گھرنی
شیرنی
فقیرنی
ماڑنی
بھیڑنی
ڈاکازنی
نقب زنی
آلۂ نقب زنی
مشت زنی
چرخ زنی
سرزنی
شمشیرزنی
آتش زنی
نیش زنی
شعاع زنی
غزنی
لاف زنی
چشمک زنی
گام زنی
گردن زنی
وزنی
سوزنی
ہم وزنی
بے وزنی
راہ زنی
رہزنی
نعرہ زنی

حکمت مدنی
حقوق مدنی
چاندنی
گل چاندنی
جان کندنی
گوندنی
ہندنی
کھودنی
دیدنی
نادیدنی
کریدنی
میدنی
شنیدنی
سڈنی
سانڈنی
(۱) ارنی
(۲) ارنی
زمین دارنی
لوہارنی
یارنی
برنی
چترنی
کترنی
اٹرنی
چرنی
فرنی
کرنی
مکرنی
جادوگرنی
سورنی

پینجنی
چنی
ناچنی
کھرچنی
کنچنی
گوچنی
منحنی
خط منحنی
پٹخنی
چٹخنی
کم سخنی
یخنی
دنی
بدنی
گل بدنی
کردنی
ناکردنی
گردنی
مردنی
خوردنی
گردن زدنی
شدنی
ناشدنی
معدنی
لدنی
علم لدنی
مدنی
آمدنی
سیاہ آمدنی
سیاھہ آمدنی

یافتنی
زریافتنی
رفتنی
گفتنی
ناگفتنی
التنی
گل تنی
متنی
تنتنی
فروتنی
بھوتنی
بھتنی
بٹنی
پٹنی
چٹنی
کٹنی
کٹّنی
نٹنی
اونٹنی
اوٹنی
لوٹنی
بھٹنی
گھٹنی
پیٹنی
جنی
مہاجنی
سال مہاجنی
سجنی
گوھانجنی
بینجنی

باھمنی
برھمنی
گھمنی
یمنی
بد یمنی
چنی منی
چھننی
اونی
باؤنی
پاؤنی
چتاؤنی
اوٹاؤنی
پھراؤنی
ساونی
شاونی
لاؤنی
سناؤنی
چھاؤنی
(۱) بونی
(۲) بونی
زبونی
پونی
پاد اپونی
چرخۂ پونی
باتونی
کلا بتونی
چتونی
کھتونی
کھیوٹ
کھتونی

(۲) منی
بامنی
جامنی
(۱) دامنی
(۲) دامنی
بدامنی
تردامنی
پاک دامنی
کوتاہ دامنی
ضامنی
حاضرضامنی
تمسک
حاضرضامنی
مال ضامنی
فعل ضامنی
کامنی
متمنی
گنگاجمنی
چمنی
پدمنی
ارمنی
گل ارمنی
جرمنی
دشمنی
وفادشمنی
ضمنی
ثبوت ضمنی
تجویز ضمنی
ڈومنی
گھومنی

ہرگنی
شگنی
صید افگنی
لگنی
الگنی
کنگنی
بلنگنی
منگنی
گھونگنی
گھنگنی
بینگنی
مینگنی
جل جوگنی
ٹھگنی
بیگنی
ارد ابیگنی
چنڈالنی
بلنی
چلنی
بد چلنی
نیک چلنی
مچلکۂ نیک چلنی
کلنی
ملنی
نلنی
چھولنی
ٹھلنی
چھلنی
بیلنی
(۱) منی

چٹکنی
بیخ کنی
. ترکنی
سکنی
شکنی
اعضا شکنی
ہمت شکنی
صلح شکنی
اتحاد شکنی
حد شکنی
عہد شکنی
قانون شکنی
توبہ شکنی
وعدہ شکنی
جان کنی
کان کنی
ڈنکنی
دھونکنی
پھنکنی
پھکنی
نکچھکنی
لڑھکنی
(۱) گنی
(۲) گنی
(۳) گنی
اگنی
راگنی
ناگنی
تگنی
جگنی

وطنی
جلاوطنی
آوارہ وطنی
بے وطنی
ظنی
شہادت ظنی
معنی
کثیرالمعنی
عالم معنی
ہم معنی
دومعنی
ذومعنی
بے معنی
یعنی
لایعنی
غنی
مستغنی
مغنی
مغنّی
روغنی
فنی
متفنی
کفنی
یک فنی
قلماقنی
کنی
کنّی
چوہاکنی
بکنی
پٹکنی

ریوند چینی
ہند چینی
دارچینی
ظروف
چینی
گل چینی
تام چینی
نکتہ چینی
ریزہ چینی
بے چینی
دینی
بے دینی
سنگرینی
شیرینی
فیرینی
سینی
پسینی
حسینی
مشینی
نشینی
جانشینی
صحرا
نشینی
تخت
نشینی
مسند
نشینی
گوشہ
نشینی
گدی نشینی

نارائنی
ثبوت قرائنی
قصائنی
رساینی
(۱) بینی
(۲) بینی
تماشا بینی
آب بینی
مصلحت بینی
چبینی
بد بینی
خود بینی
تربینی
دوربینی
تماش بینی
پیش بینی
حق بینی
نزدیک بینی
باریک بینی
کم بینی
کوتاہ بینی
خردہ بینی
پینی
اسپینی
پشتینی
ٹینی
چینی
کباب چینی
چوب چینی
عیب چینی

تھوتھنی
ہتھنی
تھتھنی
ٹہنی
اٹھنی
جھنجھنی
کٹا چھنی
کچھنی
دھنی
گندہ دھنی
ذہنی
کند ذہنی
انتقال ذہنی
سنگرھنی
گل پیرھنی
اوڑھنی
کہنی
دکھنی
رکھنی
لکھنی
سنکھنی
شنکھنی
لیکھنی
اگھنی
لنگھنی
سونگھنی
بوھنی
دوھنی
سوھنی
موھنی

رہنمونی
قانونی
لاقانونی
ادارات قانونی
وارث قانونی
عذر قانونی
نظائر قانونی
غیر قانونی
اعتراض قانونی
خلاف قانونی
احتمال قانونی
بے قانونی
جنونی
ھونی
پاھونی
تھونی
دھونی
ان ھونی
ھمایونی
جیونی
افیونی
آھنی
بھنی
پھنی
پھنّی
ناگ پھنی
تھنی
استحقاق مرتھنی
ستھنی
نتھنی

زیتونی
پٹونی
چونی
چوّنی
پچونی
پرچونی
خونی
اندرونی
مرکز اندرونی
قوس اندرونی
زاویۂ اندرونی
بیرونی
قوس بیرونی
زاویۂ بیرونی
فزونی
افزونی
موزونی
ناموزونی
سونی
فرعونی
کونی
چارکونی
گونی
گونا گونی
بد شگونی
(۱) لونی
(۲) لونی
کالونی
بلونی
مونی

واهی	وجۂ قوی	پس روی	مساوی	لاطینی
تباهی	کوی	خسروی	بیضاوی	عینی
پاهی	راج کوی	پیش روی	دعاوی	شاهد عینی
سپاهی	اطالوی	کروی	تقاوی	یقینی
کوتاهی	(۱) علوی	سبک روی	بقایا تقاوی	غیریقینی
چاهی	(۲) علوی	گروی	جگرکاوی	تکینی
ڈاهی	عالم علوی	مروی	سماوی	مسکینی
سوت	آبائے علوی	گرم روی	آفات سماوی	نمکینی
ڈاهی	مولوی	بے راه روی	کیمیاوی	گینی
راهی	پهلوی	میانه روی	دنیاوی	غم گینی
سربراهی	دهلوی	پیروی	نبوی	رنگینی
گمراهی	دموی	عدم پیروی	مستوی	سنگینی
همراهی	اسهال دموی	بهیروی	مقلوب مستوی	نیو گینی
کڑاهی	ثانوی	گڑوی	سطح مستوی	جزیرۂ نیو گینی
ساهی	مدرسۂ ثانوی	جزوی	ملتوی	امینی
شاهی	افسانوی	منزوی	غیرملتوی	زمینی
لالاشاهی	برطانوی	موسوی	نحوی	ثقل زمینی
بنیاشاهی	المانوی	عیسوی	بدوی	بنینی
بادشاهی	مثنوی	سال عیسوی	پدوی	بهینی
پادشاهی	معنوی	سنہ عیسوی	فدوی	پهینی
زارشاهی	پرتهوی	رضوی	هندوی	چهینی
نادرشاهی	بیوی	عضوی	هنڈوی	آئینی
نوکرشاهی	میاں بیوی	بیضوی	ذوی	غیرآئینی
مهرشاهی	دیوی	خط بیضوی	روی	حاوی
اورنگ	نندادیوی	منطوی	اروی	سوداوی
شاهی	لیوی	لغوی	رواروی	راوی
رسول	هی	شفوی	سلامت روی	صفراوی
شاهی	تباهی	قوی	آسٹروی	دریائے راوی
سلیم	اشتباهی	جنس قوی	کج روی	تساوی
شاهی	موت وتباهی	مقوی	اخروی	متساوی

ہیٹھی
ٹھی ٹھی
ہاہا
ٹھی ٹھی
ہی ہی
ٹھی ٹھی
ساجھی
ناسمجھی
مانجھی
گھاٹ
مانجھی
عدم
توجہی
کم توجہی
لیجھی
چھی
پاچھی
پوچھا
پاچھی
کاچھی
پچھی
برچھی
پرچھی
کرچھی
مچھی
پنچھی
چھونچھی
پوچھی
چھچھی
(۱) دھی

لاٹھی پاٹھی
روٹھا راٹھی
ساٹھی
کاٹھی
لاٹھی
چٹھی
ہاتھ چٹھی
گشتی چٹھی
سفارشی چٹھی
(۱) سٹھی
(۲) سٹھی
ٹکٹھی
ملٹھی
(۱) مٹھی
(۲) مٹھی
بند ھی مٹھی
کنٹھی
گنٹھی
ہونٹھی
ٹھینٹھی
کوٹھی
انگوٹھی
پلوٹھی
ہٹھی
بھٹھی
اٹھا بیٹھی
پیٹھی
انگیٹھی
ملیٹھی
میٹھی

پھول گوبھی
لوبھی
ہنڈی بہی
پھونپھی
پھوپھی
پھپھی
تہی
ساتھی
ہاتھی
ہاتھاہاتھی
تھاتھی
ہومیوپتھی
ارتھی
ود یارتھی
مشتہی
گتھی
پلتھی
نتھی
پنتھی
کٹر پنتھی
کبیر پنتھی
گرنتھی
منتہی
پوتھی
چوتہی
چوتھی
دوتہی
پہلوتہی
ہتھی
میتھی

خیرخواہی
خواہی نخواہی
چرواہی
افواہی
گواہی
ہلواہی
نواہی
بیاہی
ان بیاہی
بن بیاہی
سیاہی
روسیاہی
(۱) بہی
(۲) بہی
بھی
ابھی
کھاتابہی
سٹابہی
چٹھابہی
لیکھابہی
جبھی
فربہی
روکڑبہی
کبھی
کبھی نہ کبھی
کبھی کبھی
مبہی
اوبھی
گوبھی
بندگوبھی

شاہنشاہی
شہنشاہی
بالوشاہی
چہرہ شاہی
کاہی
اگاہی
آگاہی
ناگاہی
سحرگاہی
ژرف نگاہی
کج کلاہی
پھلاہی
ماہی
جماہی
شش ماہی
ریگ ماہی
سہ ماہی
چھہ ماہی
پشت پناہی
متناہی
نامتناہی
غیرمتناہی
بے گناہی
مناہی
واہی
خواہی
ہواخواہی
دادخواہی
بدخواہی
عذرخواہی

ابلهی	چندرمکهی	مڑهی	تن دهی	(۲) دهی
گلهی	گرمکهی	بوڑهی	سند هی	ادهی
بغض للهی	گهڑمکهی	(۱) کوڑهی	گند هی	اپادهی
چولهی	چومکهی	(۲) کوڑهی	سوندهی	سزادهی
مهی	مدهومکهی	لوڑهی	پرتی ندهی	سمادهی
نهی	کن انکهی	ڈیوڑهی	ریند هی	(۱) بدهی
پنهی	پنکهی	پیڑهی	سیند هی	(۲) بدهی
امرونهی	مور پنکهی	پیڑهی در پیڑهی	میند هی	جواب دهی
بڑمونهی	کنکهی	سیڑهی	کرود هی	سبدهی
کل مونهی	اوکهی	سهی	لود هی	فریب دهی
یون هی	روکهی سوکهی	پسهی	پناه دهی	پدهی
وهی	تیکهی	سروسهی	رائے دهی	ددهی
اوهی	دیکهادیکهی	شهی	حق رائے دهی	دّدهی
بٹوهی	لیکهی	افسرشهی	ڈهی	داددهی
جوهی	کهی کهی	راکهی	بڈهی	یاددهی
چوهی	گهی	دوساکهی	چڈهی	آزاردهی
سروهی	آگهی	بیساکهی	گڈهی	بازدهی
کوهی	باگهی	لاکهی	ڈهڈهی	شدهی
بزکوهی	بگهی	دکهی	ترهی	تکلیف دهی
لوهی	بگّهی	پارکهی	چرهی	گدهی
موهی	کنگهی	پرکهی	ستیۃ گرهی	گدهاگدهی
برموهی	الهی	(۱) سکهی	باڑهی	مگدهی
نرموهی	عتاب الهی	(۲) سکهی	داڑهی	دل دهی
یهی	کتاب الهی	(۳) سکهی	ڈاڑهی	سمدهی
دیهی	غضب الهی	سداسکهی	ساڑهی	آندهی
بدیهی	قهرالهی	لکهی	اساڑهی	نشان دهی
بردیهی	فضل الهی	(۱) مکهی	بڑهی	گاندهی
سیهی	علم الهی	(۲) مکهی	چڑهی	فرمان دهی
لیهی	کارخانۂ الهی	جوالامکهی	کڑهی	کالی آندهی
هی هی	قضائے الهی	سورج مکهی	گڑهی	سمبندهی

ٹھنڈائی
غذائی
ہیئت
کذائی
رائی
آرائی
عبارت
آرائی
خود آرائی
صف آرائی
عالم آرائی
سخن آرائی
حسن آرائی
جشن آرائی
ہارائی
مبالغہ
آرائی
معرکہ
آرائی
ہنگامہ
آرائی
برائی
تبرائی
عہدہ
برآئی
(۱) ترائی
(۲) ترائی
اترائی
چترائی
کترائی

سیچائی
مسیحائی
اعجاز مسیحائی
ژاژ خائی
دائی
ادائی
کج ادائی
بازادائی
ابتدائی
اختیارات
ابتدائی
مدرسۂ ابتدائی
جدائی
خدائی
کتخدائی
ناکتخدائی
کدخدائی
ناکدخدائی
بردائی
سپردائی
سردائی
فدائی
گدائی
کاسۂ گدائی
سودائی
کھودائی
کھدائی
شیدائی
منڈائی
اونڈائی

(۱) کٹائی
(۲) کٹائی
مارکٹائی
لٹائی
مٹائی
بنٹائی
چھنٹائی
موٹائی
چھوٹائی
کھوٹائی
چھٹائی
دھٹائی
(۱) کھٹائی
(۲) کھٹائی
گھٹائی
جائی
راجائی
آواجائی
رجائی
ہرجائی
انجائی
بھوجائی
سچائی
کچائی
نچائی
سنچائی
اونچائی
سینچائی
کھینچائی
کھچائی

لپائی
پچھلپائی
نپائی
چوپائی
دوپائی
چھپائی
باٹ چھپائی
منہ چھپائی
پیادہ پائی
آبلہ پائی
آنہ پائی
تائی
اتائی
جتائی
پنڈتائی
خود ستائی
سستائی
روستائی
سلام روستائی
کتائی
یکتائی
ہمتائی
جوتائی
پربھوتائی
بٹائی
باربٹائی
بوجھ بٹائی
گھسائی ٹٹائی
چٹائی
کھیرچٹائی

ہاہا ہی ہی
ائی
آئی
بائی
آبائی
جائداد آبائی
پھپٹ بائی
چبائی
دل ربائی
کھربائی
کشش کھربائی
زلہ ربائی
لمبائی
نان بائی
وبائی
چوبائی
صوبائی
زیبائی
شکیبائی
ناشکیبائی
پائی
اپائی
آناپائی
ہاتھاپائی
تپائی
چارپائی
ترپائی
بھرپائی
کف پائی
سبک پائی

خرچ بالائی
بلائی
پلائی
چپلائی
سپلائی
واٹرسپلائی
دودھ
پلائی
دائی
پلائی
کھلائی
پلائی
(۱) تلائی
(۲) تلائی
خلائی
دلائی
بدلائی
رلائی
(۱) سلائی
(۲) سلائی
دیاسلائی
پونسلائی
طلائی
مغلائی
کلائی
ملائی
نلائی
تولائی
چولائی
چولائی

عطائی
غائی
علت غائی
داروغائی
غوغائی
صفائی
داروغۂ صفائی
وفائی
وعدہ وفائی
بے وفائی
اکائی
اپکائی
پکائی
سٹکائی
چکائی
چھڑکائی
ھلکائی
نکائی
چھکائی
رائی کائی
تگائی
سگائی
(۱) لگائی
(۲) لگائی
رنگائی
ننگائی
مہنگائی
ٹھگائی
لائی
بالائی

ناصیہ فرسائی
ناقابل رسائی
چورسائی
ہم سائی
بھلمنسائی
ھنسائی
جگ ھنسائی
جبین سائی
گھسائی
ھاتھ گھسائی
جبہہ سائی
ناصیہ سائی
عیسائی
کلیسائی
تماشائی
ترشائی
رازافشائی
لب کشائی
مشکل کشائی
عقدہ کشائی
روزہ کشائی
قصائی
رضائی
فضائی
شاہ راہ فضائی
خطائی
سنبل خطائی
نان خطائی
فسطائی
سوفسطائی

تڑائی
(۱) جڑائی
(۲) جڑائی
گڑائی
پکڑائی
باگ پکڑائی
انگڑائی
لڑائی
چورلڑائی
چوڑائی
لمبائی چوڑائی
بھڑائی
لڑائی بھڑائی
چھڑائی
گھڑائی
رزائی
مرزائی
افزائی
عزت افزائی
ھمت افزائی
حوصلہ افزائی
سائی
شناسائی
(۱) پسائی
(۲) پسائی
رسائی
پارسائی
نارسائی
گام فرسائی
خامہ فرسائی

مترائی
مجرائی
(۱) چرائی
(۲) چرائی
صحرائی
سرائی
مدح سرائی
سخن سرائی
ھرزہ سرائی
نغمہ سرائی
سلام کرائی
ٹھکرائی
مرائی
امرائی
مدورائی
ھرائی
بھرائی
منہ بھرائی
پھرائی
ستھرائی
چودھرائی
گھرائی
گھرائی
(۱) پیرائی
(۲) پیرائی
پذیرائی
قابل پذیرائی
ناقابل پذیرائی
گیرائی
بڑائی

سلوائی
چھلوائی
ڈھلوائی
نوائی
(۱) بنوائی
(۲) بنوائی
جنوائی
گھرجنوائی
شنوائی
خوش نوائی
ہوائی
گٹھوائی
افواج
ہوائی
بادہوائی
جزائر
ہوائی
ہائی
بہائی
بھائی
خلیرا
بھائی
سوتیلا
بھائی
دولھا
بھائی
ذات
بھائی
چچازاد
بھائی

کھچوائی
کھدوائی
پروائی
لاپروائی
بےپروائی
حاجت روائی
(۱) چروائی
(۲) چروائی
کارروائی
عدالتی کارروائی
کاغذی کارروائی
کام روائی
فرمان روائی
گھڑوائی
(۱) سوائی
(۲) سوائی
پسوائی
رسوائی
پیشوائی
بکوائی
پکوائی
گوائی
اگوائی
رنگوائی
بلوائی
تلوائی
حلوائی
دلوائی
بدلوائی
اناج دلوائی

حنائی
برنائی
قرنائی
سنائی
کہاسنائی
سنی سنائی
آشنائی
ناآشنائی
صورت آشنائی
عالم آشنائی
روشنائی
رعنائی
غنائی
چکنائی
انگنائی
منائی
تمنائی
ماضی تمنائی
بھنائی
پہنائی
شہنائی
بینائی
اوائی
(۱) بوائی
(۲) بوائی
پوائی
لپوائی
کتوائی
بچوائی
کھنچوائی

سمائی
یغمائی
کمائی
نمائی
انگشت نمائی
بدنمائی
خودنمائی
آثارنمائی
خوش نمائی
چشم نمائی
رونمائی
راہ نمائی
رہنمائی
ہمائی
پیمائی
دشت پیمائی
زمین پیمائی
راہ پیمائی
کوہ پیمائی
نائی
دانائی
توانائی
(۱) بنائی
(۲) بنائی
بےاعتنائی
کٹنائی
استثنائی
جنائی
دائی جنائی
چنائی

گولائی
مولائی
ہلائی
بھلائی
ہاتھ جھلائی
دھلائی
ہاتھ دھلائی
(۱) ڈھلائی
(۲) ڈھلائی
کھلائی
پان کھلائی
دائی کھلائی
پیلائی
بھیلائی
مائی
جمائی
سرمائی
یادفرمائی
کارفرمائی
وعدہ فرمائی
گرمائی
نرمائی
بخت آزمائی
طاقت آزمائی
قسمت آزمائی
نبرد آزمائی
زورآزمائی
طبع آزمائی
طالع آزمائی
جنگ آزمائی

کوئی
نکوئی
کوئی
نہ کوئی
کوئی کوئی
گوئی
عیب گوئی
سخت گوئی
راست گوئی
پوچ گوئی
مدح گوئی
بدگوئی
بسیارگوئی
پرگوئی
شعرگوئی
پیش گوئی
غلط گوئی
دروغ گوئی
صاف گوئی
لاف گوئی
حق گوئی
فال گوئی
غزل گوئی
نظم گوئی
پریشان
گوئی
سخن گوئی
موزون گوئی
پیشین گوئی
زیادہ گوئی

مغلئی
سرمئی
توئی
ٹپے ٹوئی
رضا جوئی
عیب جوئی
رازجوئی
جنگ جوئی
دل جوئی
چارہ جوئی
بہانہ جوئی
دوئی
نندوئی
ڈوئی
ھنڈیاڈوئی
روئی
بے آبروئی
خوب روئی
سرخ روئی
زرد روئی
خصم روئی
کشادہ روئی
خندہ روئی
سوئی
رسوئی
یک سوئی
پنسوئی
کن سوئی
زناشوئی
اشک شوئی

انیائی
گویائی
ٹکھیائی
بمبئی
پنبئی
چمپئی
چوپئی
تئی
فاختئی
پستئی
بھٹئی
بجئی
سردئی
رئی
برئی
ترئی
نقرئی
اگرئی
سگرئی
مرئی
تھوڑئی
جزئی
مرزئی
فالسئی
ھفئی
کئی
چکئی
مکئی
اوسان گئی
پلئی

کھائی
دکھائی
رکھائی
سکھائی
لکھائی
روکھائی
گھائی
شنگھائی
لہائی
نہائی
تنہائی
کنج تنہائی
قید تنہائی
مونس تنہائی
منہائی
دوھائی
گوھائی
بیائی
بے حیائی
ریائی
دریائی
کوریائی
ھریائی
بے ریائی
ایشیائی
افروایشیائی
جغرافیائی
مومیائی
کیمیائی
امتزاج کیمیائی

گربھائی
پیربھائی
دیش بھائی
دودھ بھائی
رضاعی بھائی
تہائی
استھائی
انتہائی
چوتھائی
سٹھائی
مٹھائی
جیٹھائی
بجھائی
لگائی بجھائی
سجھائی
پھرچھائی
دھائی (۱)
دھائی (۲)
بدھائی
سدھائی
بندھائی
سیدھائی
ڈھائی
رہائی
وارنٹ رہائی
اڑھائی
بڑھائی
پڑھائی
چڑھائی
کڑھائی

چھڑے
سے
(۱) کسے
(۲) کسے
(۱) ایسے
(۲) ایسے
پیسے
چارپیسے
دوپیسے
تیسے
جیسے تیسے
جیسے
کیسے
کیسے کیسے
ویسے
ایسے ویسے
شے
اللہ بخشے
بعضے
طے
واسطے
قے
کے
ٹونے ٹوٹکے
بے کھٹکے
تڑکے
کاشکے
ھلکے ھلکے
اوکے چوکے
ھوکے

پرے
پرے پرے
قدرے
سرے
ایکس رے
دوسرے
تیسرے
ورے
اورے دھورے
دھرے
اللہ رے
آزور جزیرے
کیورائل جزیرے
انتھیل جزیرے
الیوشن جزیرے
لیرے
سویرے
صبح سویرے
سانجھ سویرے
سویرے سویرے
پھیرے
سات پھیرے
دھیرے
منھ اندھیرے
دھیرے دھیرے
ھائے رے
دن دھاڑے
پھپڑے
لونگ چڑے
کیڑے مکوڑے

چھل بٹے
الٹے
چپلے چانٹے
چینگی پوٹے
جے
بجے
ھارے درجے
ھجے
بال بچے
کچے بچے
انڈے بچے
نیچے
چخے
پیادے
چندے
لے دے
کرسمس ڈے
پانڈے
سنڈے
ٹھنڈے ٹھنڈے
بے کینڈے
رے
ارے
بارے
ھانکے پکارے
سکارے
مارے
کنارے کنارے
وارے
وارے نیارے

بے
اے
ٹی اے
بی
ابی
ابی تبی
حربے ضربے
الف بے
لبے
بل بے
ھمبے
چوبے
انٹیبے
پے
پے در پے
روپے
پے بہ پے
چوری چھپے
چپ چپاتے
گرتے پڑتے
آستے
نمستے
ھنستے ھنستے
ناتے رشتے
راہ چلتے
ھنستے بولتے
ھوتے
ھوتے ھوتے
بیٹھتے اٹھتے
دیکھتے دیکھتے

بیہودہ گوئی
ھرزہ گوئی
لطیفہ گوئی
افسانہ گوئی
یاوہ گوئی
لوئی
موئی
چھوئی موئی
ھنوئی
بہنوئی
بھوئی
پھوئی
کھوئی
ھئی
بھئی
تھئی
تاتا تھئی
تھئی تھئی
چھئی
ڈھئی
بڑھئی
کھٹ بڑھئی
پیئی
لیئی
******

صائب
الرائے
نضیج الرائے
متفق الرائے
روشن رائے
ورائے
غلبۂ رائے
بمقتضائے
گائے
سراگائے
بن بلائے
بے بلائے
الائے بلائے
نائے
آبنائے
خاکنائے
تنگنائے
وائے
سوائے
ھائے
بیٹھے
بٹھائے
ھائے ھائے
لئے
نئے
جوئے
ازروئے
گوئے
اراگوئے
پیراگوئے

ساڑھے
دن چڑھے
ٹیڑھے میڑھے
زھے
کھے
اونگھے
ائے
پائے
اپائے
تائے
جائے
بجائے
چائے
رائے
برائے
استصواب رائے
ثبات رائے
کثرت رائے
اکثریت رائے
کج رائے
آزاد رائے
خود رائے
اظہاررائے
سرائے
کاروان سرائے
وائس رائے
اختلاف رائے
اتفاق رائے
نفاق رائے
ایک رائے

نوے
بانوے
ستانوے
پچانوے
ترانوے
چورانوے
اکانوے
ایکانوے
ننانوے
اٹھانوے
چھانوے
چھیانوے
ھے
اھے
چاھے
کاھے
گاھے
گاھے گاھے
گاھے ماھے
بھے
ابھے
چوتھے
گھربیٹھے
تجھے
مجھے
بے سوچے سمجھے
بے پوچھے
پیچھے
آگے پیچھے
خھے

دن ڈھلے
کھلے کھلے
بیلے
خیلے
مے
سمے
بط مے
دھیمے
دھیمے دھیمے
نے (۱)
نے (۲)
جانے
نجانے
بن جانے
گرمی دانے
بے ٹھکانے
سرھانے
چنچنے
چرنے
کنے
سامنے
آمنے سامنے
اونے پونے
وے
ناروے
سروے
سوبسوے
ٹسوے
ٹیسوے
ریلوے

تابہ کے
لے دے کے
آگے
لگے لگے
لے (۱)
لے (۲)
اندھیرے اجالے
چار چالے
کالے
سکالے
لالے
پھپڑد لالے
اوپر والے
قلعے والے
چونی والے
ھریالے
تلے
اوپرتلے
ھاتھ تلے
رجلے خجلے
بدلے
مانڈلے
پرلے
مہاپرلے
اللے تللے
ولے
ھولے
ھولے ھولے
پھلے
دوپہر ڈھلے

فتاویٰ
فتویٰ
فحویٰ
دعویٰ
لادعویٰ
دستاویز
لادعویٰ
جواب
دعویٰ
تائید دعویٰ
مدار دعویٰ
اقبال دعویٰ
اشتمال
دعویٰ
بازو دعویٰ
عرضی
دعویٰ
قویٰ
تقویٰ
اهل تقویٰ
مقویٰ
سلویٰ
من و سلویٰ
منتہیٰ
سدرۃ
المنتہیٰ
یحییٰ
******

افسر اعلیٰ
وزیر اعلیٰ
جنس اعلیٰ
حاکم اعلیٰ
دیوان اعلیٰ
ادنیٰ و اعلیٰ
صل علیٰ
معلیٰ
عرش معلیٰ
اردوئے معلیٰ
اولیٰ
جمادی الاولیٰ
ید طولیٰ
مولیٰ
فضَل مولیٰ
لیلیٰ
یتامیٰ
مسمیٰ
اسم بامسمیٰ
عظمیٰ
نعمت عظمیٰ
برطانیۂ عظمیٰ
اعمیٰ
معمیٰ
متبنیٰ
مستثنیٰ
مثنیٰ
ادنیٰ
جنس ادنیٰ
معنیٰ

آتش موسیٰ
سنگ موسیٰ
عیسیٰ
محشیٰ
اقصیٰ
مسجد اقصیٰ
مرتضیٰ
مضیٰ
مامضیٰ
وسطیٰ
مشرق وسطیٰ
مصطفیٰ
مقفیٰ
مابقیٰ
منقیٰ
مویزمنقیٰ
مزکیٰ
تعالیٰ
حق تعالیٰ
اللہ
تبارک و تعالیٰ
اللہ تعالیٰ
انشااللہ تعالیٰ
باری تعالیٰ
مصلیٰ
علیٰ
اعلیٰ
ملاءاعلیٰ
محاسب اعلیٰ
صدر اعلیٰ

یٰ
مجتبیٰ
قربیٰ
مربیٰ
عقبیٰ
طالب عقبیٰ
طوبیٰ
حتیٰ
انثیٰ
خنثیٰ
ضحیٰ
اضحیٰ
عید اضحیٰ
عید الضحیٰ
مہتدیٰ
ہدیٰ
نصاریٰ
کبریٰ
ثریٰ
تحت الثریٰ
اسریٰ
لیلۃ الاسریٰ
صغریٰ
قریٰ
ام القریٰ
قہقریٰ
شوریٰ
مجلس شوریٰ
جزولایتجزیٰ
موسیٰ

چاہئے
یے
لیے دیے
*****